法天下学术文库

新兴权利的国家保护义务研究

STUDY ON THE STATE DUTY TO PROTECT EMERGING RIGHTS

牟春花 著

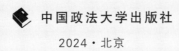

中国政法大学出版社

2024·北京

图书在版编目（CIP）数据

新兴权利的国家保护义务研究 / 牟春花著. -- 北京 ： 中国政法大学出版社，2024.9. -- ISBN 978-7-5764-1821-7

Ⅰ. D921

中国国家版本馆 CIP 数据核字第 202433H3Y6 号

出 版 者	中国政法大学出版社
地　　址	北京市海淀区西土城路 25 号
邮寄地址	北京 100088 信箱 8034 分箱　邮编 100088
网　　址	http://www.cuplpress.com (网络实名：中国政法大学出版社)
电　　话	010-58908586(编辑部) 58908334(邮购部)
编辑邮箱	zhengfadch@126.com
承　　印	北京鑫海金澳胶印有限公司
开　　本	720mm×960mm　　1/16
印　　张	13.5
字　　数	220 千字
版　　次	2024 年 9 月第 1 版
印　　次	2024 年 9 月第 1 次印刷
定　　价	59.00 元

前　言

随着社会转型加剧、科技发展的突飞猛进和公民权利意识的觉醒，涌现出大量的新兴权利主张。新兴权利关涉新兴领域的人权保护问题，已然成为法学界的研究热点，但在一些基础理论问题上，尚未取得理想的进展，亟需解决的有两个问题：一是如何界定新兴权利概念以及如何辨析真假新兴权利；二是如何确定是否保护以及如何实现新兴权利保护。现有研究多从私法视角就新兴权利本身进行研究，缺乏从公法视角的国家保护层面进行义务反思。这两个问题的解决与国家为何以及如何履行保护义务息息相关，新兴权利关涉新兴领域的人权保护，适宜纳入宪法学"人权保护—国家义务"的分析框架研究。本书在界定"新兴权利"这一核心概念的基础上，具体展开"国家为何以及如何保护新兴权利，即新兴权利国家保护的理由、依据和方法"这一核心问题的证成。

第一个问题及解决：如何界定"新兴权利"这一核心概念。

在界定新兴权利概念时，不能囿于法教义学的法律藩篱，应该在社会/文化/经济/历史的综合性视野下进行。本书将新兴权利定义为：以人权为目的和生成演绎框架，以国家保护消极自由不被侵犯和积极保障福利实现为依据，在法律规范之外于实践中存在的社会性权利。据此，社会性基础、人权基础和国家福利保障基础成为辨析和界定新兴权利的充分必要条件。新兴权利是法律规范之外与法定权利息息相关的社会性权利，可能升华为法定权利。同时，新兴权利是符合人权价值标准、具有利益正当性、国家应当保护的可普遍化的社会性权利。以实现人权为目标和框架，既可以避免真假新兴权利泛滥，又不至于将确有实践重要性、保护必要性和实现可能性的新兴权利遮蔽。为了防范这两种弊端发生，国家从基本人权保护（对应主体消极自由保护）和提供福利保障（对应主体积极权利实现）两个方面甄别和确定新兴权利的内容和类型，从理论和现实两个层面发现和证成新兴权利主张是否具有充分合理依据，从而决定应否保护以及如何保护。

第二个问题及解决：如何证成"国家为何以及如何保护新兴权利，即新兴权利国家保护的理由、依据和方法"这一核心问题。

该核心问题需要分四步递进式证成：第一步，从概念层面分析新兴权利。为了避免新兴权利研究落入形式化的窠臼，正确的方法是从证成新兴权利存在、分析新兴性原因和概念要素等实质性内容推进；第二步，从理论层面分析保护依据。国家以外的主体及实现方式在新兴权利保护中收效甚微，事实上相当多的新兴权利都指向国家义务。国家存在的本质和目的是保护人权，维护包括新兴权利在内的公民权利就是国家行动的目的。国家和公民之间基于基本人权保护、福利国家保障、宪法性规范等产生了法律上的保护与被保护关系，保护新兴权利是国家义务；第三步，从现实层面分析保护依据。新兴权利以社会合理且可行需求为基础，根据社会基本需求结合国家的现实条件设计出社会政策体系。基于社会基本需求和社会政策体系的现实依据，对照既有宪法权利，分析新兴权利的可能来源、探寻国家保护的可行方法；第四步，从操作层面分析保护方法。相较于法定权利，新兴权利国家保护的实现方式更加多元。可以通过宪法人权解释框架和运用未列举权利，也可通过立法创制、司法推定和合理配置国家职权实现新兴权利国家保护，以期构建新兴权利的国家保护义务体系。

目 录

CONTENTS

绪　论

一、选题背景

（一）社会背景

正如马克思主义经典理论所说："但社会不是以法律为基础的，那是法学家们的幻想。相反地，法律应该以社会为基础。法律应该是社会共同的、由一定物质生产方式所产生的利益和需要的表现，……"[1]据此，权利的产生与发展并非法学家们书斋中的发明，而是国家和社会发展转变的实践生成及其理论反思的产物。因此，一个国家由于社会转型而产生的新兴权利主张，既是对既有一般权利理论及其实践的挑战，又是深化和完善一般权利理论及其实践的机遇。

我国新兴权利的最早实践可以追溯至改革开放初期，经过几十年的法治建设和法律意识的熏陶，社会民众的权利意识逐渐增强，越来越多的人希望运用权利保护的方法，而非道德要求和其他非规范性的途径保护自身权益。新兴权利主张在社会的各个领域都逐渐涌现出来，这种现象发生自然是法治建设所期许的。但是，如此庞大而复杂的社会工程当然不可能只带来期待中的效果，它不可避免地会带来许多意想不到的后果，从而形成积极的权利保护和消极的权利滥用这样的双重效应。这种双重效应的现实反映就是各种各样的新兴权利主张如雨后春笋般涌现，如"民生权""信用权""养护者受益权""基因权利""环境健康权""祭奠权""亲吻权"

---

〔1〕《马克思恩格斯全集》（第6卷），人民出版社1961年版，第291~292页。

"流浪权""安乐死权""尊严权""区域发展权""同性婚姻权""单身女性生育权""新兴职业群体保护权""少数族裔权""反向歧视权""代孕权""代孕子女监护权""冷冻胚胎权""数字人权""数字财产权"等不胜枚举，展现出我国当前一片权利繁荣的景象。然而，在这片繁荣景象的背后令人忧思的问题也不期而至。如"信用权""民生权""发展权""隔代探望权""基因权利""数字人权"等新兴权利确实反映出当前社会亟需解决的正当权利需求。但"代孕权""祭奠权""吸烟权""自杀权""亲吻权""乞讨权"等模棱两可所谓的新兴权利也凸显出权利泛化的社会问题、冲击了权利观念本身的重要性。对此，我们既不能照单全收全部肯定，也不能一棒子打死全部否定。面对社会民众的新兴权利主张，感性经验和理性要求、法律权利和道德要求、个别化利益和集体利益混杂在一起。我们应当从主体消极自由保护和积极权利实现的权利视角、国家保护必要且可行的义务视角两方面仔细甄别：哪些是个别化、情绪化的利益主张应予否定，哪些符合权利理论和国家保护的要求，应及时以新兴权利的形式确认和保护。传统权利主要解决人民生存和发展的基本人权问题，新兴权利是在此基础上，解决人民追求幸福生活的最大人权问题。为了不断完善人权保障法律体系，促进国家保障人权的实践效果，2017 年国务院发布了《中国人权法治化保障的新进展》白皮书。习近平总书记也多次在不同场合强调，"人民幸福生活是最大的人权。人民对美好生活的向往，就是我们的奋斗目标"。[1]这一目标性与政策性的最大人权是中国式人权发展的总目标，契合我国及广大发展中国家的人权价值取向。因此，我们应当重视新兴权利的权利价值和保障新兴领域的人权要求，"不断实现人民对美好生活的向往"。[2]

---

[1] 习近平：《在北京大学师生座谈会上的讲话》，载《中国高等教育》2018 年第 9 期，第 6 页。

[2] 党的二十大报告指出："为民造福是立党为公、执政为民的本质要求。必须坚持在发展中保障和改善民生，鼓励共同奋斗创造美好生活，不断实现人民对美好生活的向往。"

（二）理论背景

"我们的时代是权利的时代！"[1]新兴权利研究离不开既有的一般权利理论背景。国内学界对一般权利理论问题的研究可追溯至20世纪80年代伊始，一直持续到现在方兴未艾。通过几代法学研究者持之以恒的努力，以及理论界的学说建构和传播发展，公民权利话语和权利意识得到较大提升。可以说，学术界对权利理论和权利话语坚持不懈地研究和倡导，也是新兴权利研究在近些年来如井喷式增长的主要原因。这种现象固然可喜，但不加分辨地确认和保护会造成"权利泛化""权利冲突"和"权利虚位"现象的产生。分析发现，有些新兴权利主张其实并不具备权利的本质，实质上只是个别化的利益主张而已，企图借助权利时代的权利话语将自身的利益需求建构道德分歧，重新包裹道德主张。这样一来，会引起既有权利理论和实施上的混乱，司法实践中新兴权利要求接踵而至、应接不暇的问题。故认真对待权利、审慎对待新兴权利就势在必行。[2]面对"层出不穷的新权利要求现象，在当下中国法律体系建构未臻完善、社会转型期利益格局剧烈变动的背景下，基于何种视角、以何种方法应对这一现象，支持正当的新权利要求以克服立法的迟滞性与制定法的不完满性，同时避免新权利要求的泛滥影响实证法体系的安定性"。[3]这正是本书选题的缘起。

虽然新兴权利的证成标准、实现方式以及具体新兴权利保护的研究成果已经颇多。但笔者对其中权威性、代表性成果进行综合分析后发现：一方面，新兴权利研究存在表层化、零散化弊端，在基础理论分析和系统化、体系化建构方面亟需完善；另一方面，新兴权利研究多从私法视角就具体权利本身进行研究，缺乏从公法视角的国家保护层面进行义务反思。

---

[1]　[美] L. 亨金：《权利的时代》，信春鹰、吴玉章、李林译，知识出版社1997年版，前言第1页。

[2]　为了推进新兴权利研究，自2014年起《法学论坛》《求是学刊》《学习与探索》《北京行政学院学报》《河南大学学报》《苏州大学学报》等多家期刊联合主办了"新兴（新型）权利与法治中国"学术研讨会，法学界掀起了新兴权利研究的学术热潮。

[3]　余军：《未列举宪法权利：论据、规范与方法——以新权利的证成为视角》，中国政法大学出版社2017年版，前言第4~5页。

首先，新兴权利概念界定这一关键问题仍然歧义丛生、莫衷一是。当否定新兴权利存在的"新兴权利否定论"提出后，及时响应并能够与之形成对话的观点寥寥无几，从而在新兴权利研究的基石性问题"新兴权利应否存在？"上缺乏争鸣与共识，反映出总体上新兴权利研究还处于表层化状态；其次，围绕具体新兴权利进行确认和保护的论证模式，大多回避是否存在新兴权利、何谓新兴权利等实质性问题，径直认为存在着某项新兴权利，接着就强调如何重要，主张某权入法入宪，最后提出保护路径等，总体上表现为摊大饼式研究格局。这种研究的直接弊端是：对新兴权利产生原因和概念要素把握不准，对新兴权利主张不加分辨地确认和保护，从而造成"权利泛化"现象。深层次的弊端是：对为何保护以及如何保护新兴权利，即新兴权利保护的依据和方法这一核心问题聚力不够、研究不深，从而造成"权利虚位"的结果。因此，要深入研究新兴权利，就需要聚焦于新兴权利的国家保护义务问题。

二、文献综述

（一）国外文献综述

国外学界对新兴权利的研究主要呈现出两个特点：一是注重从人权及群体性权利的宏观视角展开对新兴权利的起源、本质等问题的研究，较少研究某个具体的新兴权利；二是集中于高新科技发展所带来的新兴权利的变化与生成。

1. 从人权及群体权利宏观视角展开新兴权利的界定与分析

英国著名人权学者米尔恩对新兴权利的必要性和可能性予以肯定，认为如果设立新权利对消除公民实际享有的法定权利和应该享有的法定权利之间的差距是必需的，那新权利就是正当的。他还进一步指出法定权利和社会发展变化之间的适应关系，即从社会构成及其变化当中寻找创设新兴权利的理由和依据。[1]著名的分析实证主义法学家约瑟夫·拉兹以健康权

---

〔1〕 参见〔英〕A. J. M. 米尔恩：《人的权利与人的多样性——人权哲学》，夏勇、张志铭译，中国大百科全书出版社1995年版，第149~150页。

和受教育权为例，认为人权的存在依赖于社会、政治和经济文化等因素，健康权和受教育权被用来说明对这种事实偶然性的依赖。但健康权和受教育权作为基本权利的依据显然已经不在这些偶然性的事实之中，需要到规范性的一般框架中去寻找。很明显，新兴权利的产生及其合法性的论证会极大地凸显这个规范性的一般框架。[1]华纳将人权置于新兴国际秩序的角度下进行审视，指出当经济发展和科学技术进步成为人类事务背后真正的原动力时，国家主权的合法性依据就此从国家本身转换至新兴人权。新兴人权以及由此而来的经济、文化、社会、政治等各个领域的子权利成为塑造国际秩序的根本因素，进而成为国家主权合法性的最终来源。[2]

现代社会中的权利已经不再把"天赋人权"视为不证自明的前提，产生了新兴的群体性权利。德国著名学者汉斯·约阿斯试图为包括新兴权利在内的现代人权提供一个新的理论基础和合法性证成。他认为早期权利主张具有较强的宗教和自然法背景，主要基于个体化视角来进行权利论证。现代社会中这些背景因素已经很淡薄，需要将权利放在一个实证性、群体化的角度下予以重新认知。[3]加拿大多伦多大学朱迪思·贝克教授认为面对新兴群体权利问题，作为法律权利的普遍化适用规范需要一个统一的可解释的基础理论，具体来说就是要回答新兴权利必要而且合法的问题。一项新兴权利之所以能够成为法律上的规范性权利，不可能仅仅是体现出了某个个别化的利益主张，还应该有使其成为符合公平正义标准的可普遍化主张。[4]新托比斯科·卡萨尔斯认为少数人的群体权利不仅能够很好地解决个体权利的不足，还因为其具有增强文化多元主义、具备国际化视角，以及容忍和中立性的特征，从而成为现代社会中不可或缺的新兴

〔1〕　See Joseph Raz, "Human Rights in the Emerging World Order", *Transnational Legal Theory*, Vol. 1, No. 1, pp. 31-47 (2010).

〔2〕　See Warner, D., "Human Rights in the Emerging Global Order: A New Sovereignty?", *Journal of Refugee Studies*, Vol. 13, No. 3, pp. 336-337 (2000).

〔3〕　See Joas, Hans., *The Sacredness of the Person: A New Genealogy of Human Rights*, Georgetown University Press, 2013, pp. 1-190.

〔4〕　See Judith Baker, *Group Rights*, University of Toronto Press, 1994, pp. 3-214.

权利。[1]

2. 集中于高新科技发展所带来的新兴权利的变化与生成

苏格拉底·K. 卡西卡斯和亚历山大·B. 西德里迪斯敏锐地意识到现代科技飞速发展所形成的数据化、可计算的技术化民主社会中，公民权利的本质有没有发生变化，今后会何去何从？在大数据、云计算、万物互联的背景下，从消极的一面来说，公民权利会不会受到侵犯以及如果遭到侵犯该如何保护？从积极的一面来说，会不会将公民权利架构在一个新的权利基础上，产生出新的公民权利样态？[2]弗里德里克·W. 丁格迪认为在飞速发展的信息时代，如果不进行有效和积极的个人信息和隐私权保护的话，个体很可能会沦为信息时代的奴隶。[3]格洛丽亚·冈萨雷斯·福斯特探讨了"个人数据保护权"在欧盟是如何被确立为一项基本权利、如何发挥其基本权利的功能等问题。[4]弗兰茨·维沃认为虽然大多数国家在司法实践中承认"被遗忘权"，但实际上该权利反映的是大数据、信息技术发展和公民个人信息权、隐私权之间的"脆弱的平衡"。虽然基于隐私保护的需要，早在19世纪就有了被遗忘权萌芽，但直至大数据和信息技术时代该权利问题才真正被提上议程。[5]秋克斯等学者对医疗健康领域中的数据隐私权利的生成、样态及其保护问题进行了探讨，认为该领域中最根本、最难处理的问题就是如何在有效治疗和数据共享之间获得平衡。[6]罗莉·费斯·克拉纳和史蒂文·S. 怀尔德慢论述了现代通讯技术发展与新

[1] See Neus Torbisco Casals, *Group Rights as Human Rights: A Liberal Approach to Multiculturalism*, Springer Press, 2007, pp. 28-30.

[2] See Sokratis K. Katsikas & Alexander B. Sideridis, *E-Democracy-Citizen Rights in the World of the New Computing Paradigms*, Springer Press, 2015, pp. 3-228.

[3] See Dingledy, Frederick W, "Owned: Property, Privacy, and the New Digital Serfdom", *Law Library Journal*, Vol. 110, No. 3, p. 406 (2018).

[4] See Gloria González Fuster, *The Emergence of Personal Data Protection as a Fundamental Right of the EU*, Springer Press, 2014, pp. 1-272.

[5] See Franz. Werro, *The Right To Be Forgotten: A Comparative Study of the Emergent Right's Evolution and Application in Europe, the Americas, and Asia*, Springer Press, 2020, pp. 1-102.

[6] See Trinckes, John J. & Jr., "How healthcare data privacy is almost dead . . . and what can be done to revive it!" *Current Reviews for Academic Libraries*, Vol. 55, No. 1, p. 94 (2017).

兴权利演变之间的关联。[1]

3. 国外研究述评

相较于国内，国外学者较少提出新兴权利主张，即使有，也是采取谦抑的态度，尽量在基本人权的理论与实践框架内予以解释并吸收。可以说是进入了不激进、相对保守、较为稳定的"后新兴权利"时代。究其社会原因在于：国外很多国家和地区已经度过剧烈的社会转型期，社会关系比较明朗而且稳定，与之相适应形成的一般权利理论和权利体系结构相对完善。所以，新兴权利主张并不像我国现阶段那么杂多。其理论原因在于：经过多年研究和积累完善，国外权利理论相对较为丰富和深入。权利基础理论的包容性和解释力较强，很多新兴权利主张可以在权利基础理论范畴内得以解释，并不需要为此确立新的权利种类。据此，关于新兴权利研究可以导出三个结论：其一，新兴权利研究是实践性的，新兴权利不是臆想出来的而是社会实践生成的，与社会变迁及对社会的重新挖掘、深度认知有着很强的背景关联；其二，新兴权利研究是本土化的，"我国权利体系在价值方面有殊异于经典的西方式权利体系之处，仅凭西方国家权利体系难以整全理解、表达我国公民的权利主张与需求，因此对我国的新型权利进行研究与建构时必须注重权利的本土化维度"；[2]其三，新兴权利研究是体系化的，新兴权利是建立在既有权利理论之上、对既有权利体系的扩展，新兴权利的确认与保护须与一国的权利体系有融贯性。头痛医头脚痛医脚应对式、零散化的研究方法解决不了新兴权利问题，相反会造成权利泛滥和权利冲突等弊端。新兴权利研究的本土化思维是体系化思维的前提。

（二）国内文献综述

反观国内研究，在前述三方面都与国外有较大不同。从社会原因上分析：我国正处于并可能在较长一段时间内处于社会转型期。在此期间，诸

---

[1]　See Lorrie Faith Cranor、Steven S. Wildman, *Rethinking Rights and Regulations: Institutional Responses to New Communication Technologies*, The MIT Press, 2003, pp. 147-306.

[2]　陈国栋：《新型权利研究的体系化与本土化思维——以公法权利体系为论域》，载《江汉论坛》2019 年第 10 期，第 134~135 页。

多领域都会发生剧烈的根本性变革，在权利领域则体现为名目繁多的新兴权利要求。从理论原因上分析：虽然自 20 世纪 80 年代伊始国内学界已经展开权利基础理论研究，但就广度和深度来讲，尚未形成具有较强包容性和解释力的权利理论。基于这两方面原因，社会上新兴权利主张层出不穷，理论上对既有一般权利理论的内涵解释力不足。虽然，无论是新兴权利的一般性问题研究，还是具体新兴权利的研究都产生了大量的研究成果，显示出较为繁荣的景象。但是，系统分析后发现，在这繁荣景象的背后存在着诸多值得研究的深层次问题，如新兴权利的合法性证成、产生原因、概念界定、实现方式、国家义务，以及具体新兴权利的确认和保护等问题尚待达成共识。这也恰是本书论题的缘起、研究的旨趣。

国内新兴权利的研究主要分两大类：一是对新兴权利的一般性问题研究，着眼于对新兴权利的合法性证成、概念界定、种类作用、实现方式等一般性问题的探讨分析；二是对具体新兴权利的问题研究，着眼于对具体新兴权利的社会背景、表现形态、合法性依据、立法可行性、司法保护和在实证法律体系中的地位等问题的探讨分析。

1. 新兴权利的一般性问题研究

综观学界既有研究成果，新兴权利的一般性问题研究主要集中在三个方面：①概念界定；②证成标准；③实现方式。

（1）概念界定

国内学者对何谓新兴权利从不同视角进行概念界定的不在少数。在国内学界，姚建宗教授较早使用"新兴权利"这一概念并较早展开新兴权利研究，他认为使用新兴权利概念更多是基于策略性的考虑，即在没有更为适宜的权利概念出现之前，用一个相对松散的权利束指称包含诸多不同类型和性质的权利乃是权宜之策。因此，他并未对新兴权利做严格的概念式定义，只是对其判定标准进行描述。[1]魏治勋则与姚建宗持大致相同的观

---

〔1〕 参见姚建宗：《新兴权利论纲》，载《法制与社会发展》2010 年第 2 期，第 5~6 页；参见姚建宗、方芳：《新兴权利研究的几个问题》，载《苏州大学学报（哲学社会科学版）》2015年第 3 期，第 50 页。

点，认为"所谓新兴权利并非某种符合全部标准的特定权利类型，而是一个表征权利束的统合性概念，因而不是严格实证意义上的法律概念"[1]。与之不同的是，谢晖教授对"新兴权利"和"新型权利"进行了概念上的辨析，他认为相较于新兴权利这个概念，新型权利显然位阶更高、具有更多意涵。[2]从而有意采用"新型权利"并将其定义为"是在国家实在法上没有规定，但在司法实践中因当事人向法院提起诉讼而经司法裁判认可或者尽管未经其认可却被社会默认和接受的权利"。[3]霍宏霞则通过对新兴权利用语的梳理，建议从"时段连续性""描述性和规范性兼容""使用者所处时空范围""对法律权利的认知差异"这四个方面综合界定何谓新兴权利。[4]雷磊教授从法理学上对新兴权利的证成标准进行分析之后，另辟蹊径地对新兴权利做了一个位格上、形式上的定义，认为"新兴（新型）权利位于两者之间：它是在道德上值得追求、在法律上具有规范基础且在现实中可能被实现的权利"[5]。

上述研究基本上采取的是"定位"式概念界定模式，即不是从权利生成原因、本质内容、价值基础、义务设置、实现条件、社会效果等这种权利义务视角进行实质性定义，而是从道德或利益主张与法律权利、习惯性权利主张与法定权利，甚至是从词语用法及权利分类的视角对新兴权利加以定义。这些定义方法具有个别化和表面化的弊端，在大多数具体新兴权利的论述中尤为明显。当一个研究领域中最基础的、核心性概念的定义处

---

〔1〕　魏治勋：《新兴权利研究述评——以 2012~2013 年 CSSCI 期刊相关论文为分析对象》，载《理论探索》2014 年第 5 期，第 108 页。

〔2〕　参见谢晖：《论新型权利的基础理念》，载《法学论坛》2019 年第 3 期，第 5~19 页。但笔者发现在已召开五届的"新兴（型）权利与法治中国"学术研讨会上，并没有刻意区分"新兴权利"和"新型权利"，而是合并为"新兴（型）权利"。并且从第六届开始直接改为"新兴权利与法治中国"学术研讨会，说明研讨会是把"新型权利"和"新兴权利"视为同一概念。不仅如此，学界绝大多数学者并没有区分二者有何异同，早期有个别学者采用"新兴（型）权利"一词，后来大多学者直接采用"新兴权利"一词。

〔3〕　谢晖：《论新型权利生成的习惯基础》，载《法商研究》2015 年第 1 期，第 44 页。

〔4〕　参见霍宏霞：《新兴权利的用语梳理》，载《汕头大学学报（人文社会科学版）》2017 年第 6 期，第 76~82 页。

〔5〕　雷磊：《新兴（新型）权利的证成标准》，载《法学论坛》2019 年第 3 期，第 29 页。

于这种内涵和外延均不完整、不确定状态时，很大程度上说明该领域的研究尚处于"自发"阶段，是一种对社会需求简单的、直接的刺激—响应。诚然，这个阶段不可避免，也是任何研究领域不可跨越的试错和积累阶段。但当经验性的积累达到一定程度时，就需要进行基础理论的深入挖掘和"自觉"的系统化反思。综合来看，无论是新兴权利的一般性问题研究还是具体新兴权利研究都已有大量的研究成果，经验性的积累已经基本完成。现在应该进入基础理论的深入探讨和系统化反思的"自觉"阶段。

（2）证成标准

综合分析学界现有研究，新兴权利的证成标准主要有两种截然相反的观点：①大多数学者持"新兴权利肯定论"；②陈景辉、莫纪宏等少数学者持"新兴权利否定论"。

第一，"新兴权利肯定论"的证成。雷磊认为新兴权利泛化已经危及权利观念本身的重要性。为此，需要提出明确的证成标准以区分权利主张和权利本身。证成标准分为概念标准、正当利益标准、地位标准、体系标准、现实性标准。[1]段卫利以"被遗忘权"为例分析新兴权利的证成标准，认为可以从两个维度证成新兴权利：一是个人利益的初步证成；二是共同善的最终证成。两者都是证成新兴权利的内在理由，对新兴权利的合法性都起着决定性作用。[2]刘小平认为在证成新兴权利时，首先需要通过分析一项权利要求所提供的理由是否为内在理由，其次要进一步深入探究内在理由的性质。[3]朱振试图从形式标准以外探寻能够证成新兴权利的实质标准，认为一项新兴权利主张如果能够被确认为一项正式法律权利的话，在于其所依据的"内在理由"得到了承认。因此，研究新兴权利需要

---

[1] 参见雷磊：《新兴（新型）权利的证成标准》，载《法学论坛》2019年第3期，第20~29页。

[2] 参见段卫利：《新兴权利的证成标准分析——以被遗忘权为例》，载《河南大学学报（社会科学版）》2022年第4期，第45~51页。

[3] 参见刘小平：《新兴权利的证成及其基础——以"安宁死亡权"为个例的分析》，载《学习与探索》2015年第4期，第66~72页。

我们"认真对待理由"。[1]陈肇新认为,新兴权利是法外利益和法内利益之间的转换装置,体现出不断变动的社会利益和相对安定的法律规范之间的结构性张力,并因此陷入法律形式上的证成悖论,可以通过结合裁判后果和判例体系一致化要求的"二阶证立理论"来解决。[2]王方玉对既有的研究进行了系统分析,总结出新兴权利证成的三种路径:体现自然法思维的自然路径、基于法律的实证路径、带有法社会学色彩的社会路径。并且认为这三种路径的产生和存在就已经可以证明新兴权利的客观真实性,从而在事实上反驳了认为新兴权利不能够证成,因此并不存在的"新兴权利否定论"。[3]

第二,"新兴权利否定论"的辩驳。陈景辉认为如果新兴权利得以可能的话,无非在特定的领域中或特定的情境下得到证成。但在这两种情况下,都可以通过对既有一般权利理论的本质和内涵予以深入解释来对诸多新兴权利主张进行证成。一言以蔽之,认真对待权利本身即可,无需额外提出新兴权利,新兴权利实则是一个冗余的概念。[4]陈景辉教授的观点一石激起千层浪!刘叶深首先对之予以辩驳,认为既有的法律权利都是依据有限的理由而被证立。据此,新兴权利一是不可能被既有权利所包含并解释;二是也像既有权利一样有可以证明自身合法性的理由。[5]张泽健也随后对陈景辉的观点进行辩驳。其观点和刘叶深大体相同,认为要否定陈景辉的观点实际上只需要否定其对情境命题的论证,可以通过论证既有权利具体化的有限性理论进行反驳。具体来说:一是权利所要促进的事物类别有许多;二是证成既有权利的理由类别并没有穷尽所有能证成权利的理由

---

〔1〕　参见朱振:《认真对待理由——关于新兴权利之分类、证成与功能的分析》,载《求是学刊》2020年第2期,第105~119页。

〔2〕　参见陈肇新:《基于法律形式性悖论的新兴权利证立机制》,载《苏州大学学报(哲学社会科学版)》2020年第6期,第49~55页。

〔3〕　参见王方玉:《自然、法律与社会:新兴权利证成的三种法哲学路径——兼驳新兴权利否定论》,载《求是学刊》2022年第3期,第114~126页。

〔4〕　参见陈景辉:《权利可能新兴吗?——新兴权利的两个命题及其批判》,载《法制与社会发展》2021年第3期,第90~110页。

〔5〕　参见刘叶深:《为新兴权利辩护》,载《法制与社会发展》2021年第5期,第82~103页。

类别。为此，张泽健还引入一种内置于契约主义道德框架的利益论对论证既有权利的有限化理论予以补强。[1]

笔者持"新兴权利肯定论"。当然，要证成肯定论最大的挑战来自以陈景辉教授为代表的"新兴权利否定论"。因为该理论从权利本源上直接否定新兴权利的存在，进而得出结论：对新兴权利做概念定义实属多余。然而可惜的是，较少学者注意到陈景辉教授对新兴权利来讲"毁灭"式的，但同时又是严谨而深刻的挑战。这个挑战应该成为每一位认真对待新兴权利的学者都绕不过去的"休谟之问"。响应该挑战，可以促使我们找到新兴权利真正的理论基础和实践道路。回避该挑战，得到的很多是一些似是而非、主观情绪压倒客观论证的理论与方法。综观学界现有研究，不论是新兴权利的一般性问题研究还是具体新兴权利的研究，很多是自觉或不自觉地以新兴权利的存在和必要性没有问题抑或是无需论证为前提，径直论述概念辨析、权利缘起、实现方式等问题。由于这些研究的表层化、零散化弊端，导致对新兴权利的概念定义、权利分类、理论基础、证成标准、保护方式等方面的研究表面上呈现出繁荣景象，实质上形式散乱、相互冲突的问题也暴露无遗，如概念界定多元化、证成标准多样化、权利分类任意杂多、保护方式杂多不成体系、实践操作性不强等问题。

（3）实现方式

在新兴权利可能的实现方式方面，学者们提出了三种保护方案：①入宪入法保护论；②司法保护论；③国家（义务）保护论。

第一，入宪入法保护论。针对数字化时代产生的新兴权利问题，马长山提出以"数字人权"为代表的"第四代人权"主张，建议构建相应的宪法人权保护机制。[2]张建文也提出新兴权利保护的宪法基本权利路径，并强调适用宪法基本权利保护新兴权利的问题，在国外是新兴权利保护中重

---

[1] 参见张泽健：《权利无法新兴吗？——论既有权利具体化的有限性》，载《法制与社会发展》2022年第3期，第46~65页。

[2] 参见马长山：《智慧社会背景下的"第四代人权"及其保障》，载《中国法学》2019年第5期，第5~24页。

要的甚至是主要的方法。[1]王进文则主张挖掘我国《宪法》第 51 条基本权利限制条款中通常为人们所忽视的权利保障功能，以此应对新兴权利问题所带来的挑战。[2]王保民和祁琦媛借鉴域外经验及我国行政立法保护实践，建议通过完善行政立法的方式保护新兴权利。[3]王庆廷将新兴权利入法分为直接入法和间接入法两种方式，在详尽论述间接入法的三种类型后，认为更为适宜而且理性的方式是间接入法。[4]此外，他还分析了激进式入法和渐进式入法两种路径，提出一种建立在以司法续造为基础的、三部曲式的、依次递进的渐进式入法方案。[5]杨正宇则以美国半导体芯片特殊立法保护为例，论述通过立法方式保护新兴权利的启示和经验教训有哪些。[6]

第二，司法保护论。侯学宾和闫惠认为，当前要把新兴权利保护从立法中心模式转向"弱意义"的司法中心模式，以适应新兴权利保护的多元化、动态化的特点。[7]谢晖认为，若是仅由立法确认和保护新兴权利的话，程序冗长、成本高且风险大。因此，较为适宜的路径是认真对待判例制度，借助司法裁判认可和保护新兴权利。[8]王方玉认为，当法官在对法律没有明确规定的新兴权利予以证成已然成为不可避免的现象时，说明新兴权利的研究不仅需要关注立法问题，还需要从司法角度展开。为此提出

---

〔1〕　参见张建文：《新兴权利保护的基本权利路径》，载《河北法学》2019 年第 2 期，第16~28 页。

〔2〕　参见王进文：《宪法基本权利限制条款权利保障功能之解释与适用——兼论对新兴基本权利的确认与保护》，载《华东政法大学学报》2018 年第 5 期，第 88~102 页。

〔3〕　参见王保民、祁琦媛：《新兴权利的行政立法保护》，载《北京行政学院学报》2018 年第 2 期，第 1~9 页。

〔4〕　参见王庆廷：《新兴权利间接入法方式的类型化分析》，载《法商研究》2020 年第 5 期，第 117~129 页。

〔5〕　参见王庆廷：《新兴权利渐进入法的路径探析》，载《法商研究》2018 年第 1 期，第30~41 页。

〔6〕　参见杨正宇：《新兴权利立法保护"启示录"：激进败笔抑或创新之举——以美国半导体芯片特殊立法保护为例》，载《河南大学学报（社会科学版）》2016 年第 4 期，第 14~21 页。

〔7〕　参见侯学宾、闫惠：《新兴权利保护实践中的司法中心主义》，载《学习与探索》2022 年第 1 期，第 76~85 页。

〔8〕　参见谢晖：《论新型权利的基础理念》，载《法学论坛》2019 年第 3 期，第 5~19 页。

新兴权利司法证成的实质论据、形式依据和技术方法的三阶要件说。[1]他还基于依法裁判要求,提出现行法律规范是推定新兴权利的强势理由,而以伦理道德、风俗习惯等作为推定依据时,司法机关须在不违背无害性、可行性的要求下寻找合理依据认可新兴权利。[2]张昌辉在分析立法确认新兴权利的限度和困境后,提出司法路径在新兴权利确认上的现实优势,能有效避免立法路径的短板。[3]孙跃针对新兴权利的司法保护困境,提出完善法律发现、利益衡量、法律解释、法律修辞和法律论证等法律应对方法。[4]段卫利提出法官在裁判新兴权利案件时可以采用的多种途径、依据和方法的综合性裁判方法。[5]张建文和高悦则以隐私权为例,论述了新兴权利保护中立法和司法综合形成的保护模式。[6]

第三,国家(义务)保护论,魏文松认为新兴权利彰显的是现行法律制度与社会创新实践之间存在的现实张力,新兴权利需要国家保护,而现有新兴权利研究缺乏义务层面的反思。因此,他从"公民权利–国家义务"的宪法逻辑出发,提出国家义务可以为新兴权利保护提供重要的研究视角和新的理论基础。[7]孟融从新兴权利所具有的国家属性出发,认为政治国家的不断建构与持续推进是新兴权利产生及发展的一项重要因素和逻辑前提,公共政策构成新兴权利内容扩充的基本形式。因此,国家以法治化实

---

〔1〕 参见王方玉:《新兴权利司法证成的三阶要件:实质论据、形式依据与技术方法》,载《法制与社会发展》2021年第1期,第113~128页。

〔2〕 参见王方玉:《新兴权利司法推定:表现、困境与限度——基于司法实践的考察》,载《法律科学(西北政法大学学报)》2019年第2期,第14~23页。

〔3〕 参见张昌辉:《新兴权利确认:司法路径的正当性阐释》,载《宁夏社会科学》2017年第2期,第81~87页。

〔4〕 参见孙跃:《法律方法视角下新兴权利的司法困境类型与应对》,载《北京交通大学学报(社会科学版)》2021年第1期,第145~154页。

〔5〕 参见段卫利:《新兴权利案件的裁判方法分析——以欧盟"被遗忘权第一案"为例》,载《学习与探索》2019年第6期,第89~95页。

〔6〕 参见张建文、高悦:《从隐私权的立法与司法实践看新兴权利保护的综合方式》,载《求是学刊》2019年第6期,第102~111页。

〔7〕 参见魏文松:《论新兴权利的国家保护义务》,载《学术交流》2020年第9期,第73~82页。

践的方式确认和实现新兴权利应是必需之举。[1]刁芳远把新兴权利产生的根本原因归结为社会的转型使民众向国家发出分配正义的社会要求，提出消极不干预的自由主义国家保护新兴权利的思路。[2]随着我国经济社会发展的加速，地区间发展不平衡的问题越来越凸显，集体权意义上的区域发展权也浮出水面。李海平认为区域发展权是需要国家履行的宪法上的客观法义务，目的是保障欠发达地区人们的基本权利需求。[3]对于新兴群体性权利的保护，张钦昱和李海平持相似观点，他认为和个体性权利相比，群体性权利在如何实现上有许多新问题和限制，求助于国家行政机关和社会公益组织是一条较好路径。[4]

2. 具体新兴权利的问题研究

具体新兴权利的研究种类杂多，比较零散。限于篇幅，本书不对各类具体新兴权利进行一一赘述，仅以学界和实务界关注较多的新兴的环境权利为例进行阐述，学者们大多支持将新兴的环境权利作为基本权利保护的入宪论。钭晓东和叶舟认为，保护新兴的环境权在实证的宪法规范中已经得到体现，国家环境义务的宪法溯源能够为环境义务体系提供完整的效力链条，是环境保护法治化和美丽中国建设事业的必要保障。[5]杜健勋持同样的观点，认为自2018年修宪后，已经形成了序言、总纲、国家机构职责配套的、国家义务为内容的国家任务驱动型的环境保护宪法立法模式。[6]王小钢认为个体清洁空气权是可以得到证成的，但前提是需要将其归入宪

---

〔1〕 参见孟融：《政治国家如何回应新兴权利——一个理解新兴权利的"国家"视角》，载《河南大学学报（社会科学版）》2020年第4期，第71~79页。

〔2〕 参见刁芳远：《新型权利主张及其法定化的条件——以我国社会转型为背景》，载《北京行政学院学报》2015年第3期，第43~51页。

〔3〕 参见李海平：《区域协调发展的国家保障义务》，载《中国社会科学》2022年第4期，第44~63页。

〔4〕 参见张钦昱：《新型权利之检讨与义务之勃兴——群体性权利的视角》，载《思想战线》2021年第1期，第144~151页。

〔5〕 参见钭晓东、叶舟：《国家环境义务溯源及其规范证成》，载《苏州大学学报（哲学社会科学版）》2020年第1期，第79~85页。

〔6〕 参见杜健勋：《国家任务变迁与环境宪法续造》，载《清华法学》2019年第4期，第181~196页。

法中公民基本权利和义务。[1]吕忠梅也提出将公民环境权作为基本权利予以保护的入宪观点。[2]张翔则从国家义务视角进一步阐释，我国环境宪法并非采取"环境权"而是采取"国家目标"的规定方式，即通过对国家权力课以不同的义务来满足环境权入宪的功能性期待。[3]

学界对具体新兴权利的研究可谓百家争鸣、百花齐放。为此，有学者专门撰文予以综合评述。如魏治勋以2012—2013年CSSCI期刊的相关论文作为分析对象，指出在新兴权利名义下包括有人格权、环境权、信息权、民生权、基因权利以及特殊群体的权利等多种新近兴起或更新的社会事实性权利群。[4]他还以首届"新兴（新型）权利与法治中国"研讨会的入选论文作为分析对象，总结出学者们集中研究的五大类新兴权利：人格权、环境权、数据权与信息权、社会权与其他主体性自由权利、物权与其他财产性权利。[5]李涛则针对第五届"新兴（型）权利与法治中国"学术研讨会，综述了学者们集中研讨的五大类新兴权利：人身权、环境权、新兴（型）财产权和资源权、信息权和数据权、刑事领域的新兴（型）权利。[6]综合看来，近些年来学界已有大量具体新兴权利的研究成果，可谓不胜枚举。

笔者梳理发现，这些具体新兴权利的研究在论证模式上趋同性较强：大多数具体新兴权利的提出是基于经验和感性，先认为存在某项新兴权利，接着就论证其合法性与合理性，再建议从立法、司法、立法加司法三

---

[1] 参见王小钢：《个体清洁空气权何以可能——兼论环境权利的宪法表达》，载《吉首大学学报（社会科学版）》2020年第6期，第48~54页。

[2] 参见吕忠梅：《环境权入宪的理路与设想》，载《法学杂志》2018年第1期，第23~40页。

[3] 参见张翔：《环境宪法的新发展及其规范阐释》，载《法学家》2018年第3期，第90~97页。

[4] 参见魏治勋：《新兴权利研究述评——以2012~2013年CSSCI期刊相关论文为分析对象》，载《理论探索》2014年第5期，第108~116页。

[5] 参见魏治勋、张新语：《新兴（新型）权利研究的最新进展——以首届"新兴（新型）权利与法治中国"研讨会入选论文为分析对象》，载《东北师大学报（哲学社会科学版）》2017年第1期，第69~76页。

[6] 参见李涛：《第五届"新兴（型）权利与法治中国"学术研讨会综述》，载《社会科学动态》2019年第2期，第119~128页。

种路径中择其一确认和保护。这种研究模式存在的问题是：①混淆了权利主张和权利论证，以主张遮蔽或替代论证；②不成系统、散乱任意，以至于提出许多似是而非所谓的新兴权利，引起权利泛滥或权利冲突；③就权利论证权利，缺乏义务层面的反思，权利和义务的断裂造成权利虚位。诚然，具体新兴权利研究不可或缺，正如事物都有其两面性：从正的方面来说，具体新兴权利个例积累的经验素材越多，越能够扩大和丰富对新兴权利内涵和外延的认知，引导我们逐渐发现新兴权利研究的一般性本质；从反的方面来说，那些基于主观利益和经验性感知提出的所谓新兴权利，非但不会帮助对新兴权利一般性本质的认知，反而会造成新兴权利研究的混乱和无序。

3. 国内研究存在的问题及其反思

综观国内新兴权利研究，虽然既有研究成果比较丰富，研究视角也比较多元，但还是存在一些值得反思的问题：①"零散化"问题；②"黑箱预设"问题；③"保守性"问题。

（1）"零散化"问题及其反思

既有新兴权利研究，从权利内容上讲，有基因权利研究、数字权利研究、环境权利研究、个人信息权利研究、新兴社会性权利研究等。从保护类型上讲，有立法保护、司法保护、民事法律保护、行政法律保护等，看起来似乎每种类型每个方面都涉及了。但正如有学者所指出，这些研究者大多从自身理想状态的观念出发，采取传统的价值准则和价值分析方法来判断某项新兴权利主张是否能够确认为新兴权利实现保护。对新兴权利的认知不能只局限于直觉主义的、朴素的价值观，而应当用科学的、逻辑的思维方法去把握。[1]在宪法基本权利研究中也存在"零散化"问题，缺乏体系化思维。有宪法学者对此有充分意识并精辟地总结为"破碎"和"稗贩"，"破碎"意指基本权利的个别化强调，"稗贩"意指比较法上的草率

---

〔1〕　参见侯学宾、郑智航：《新兴权利研究的理论提升与未来关注》，载《求是学刊》2018年第3期，第91、94页。

借鉴。[1]仔细对照发现，在既有新兴权利研究中也存在"破碎"和"稗贩"现象：一方面，当前新兴权利研究更注重各种具体新兴权利的确认和保护，而对更为重要的新兴权利基础理论缺乏共识性研究，这种研究现象容易因强调某项新兴权利的重要性而夸张此权利的保护领域，因缺乏理论基石而根基不牢；另一方面，经与他国实在法比较，发现我国实在法并未规定某项新兴权利，便径直主张修改某法以使某权入法入宪。如"同性婚姻权"在美国甚至南非等国家已合法化了，但在中国民众心中尚属不能承受之重。新兴权利研究中"零散化"问题所得出的结论，要么是迎合了民众朴素的直觉价值观，要么是反映了小众自我中心主义的狭隘权利需求。

"零散化"问题需要我们运用体系化思维展开深入研究。体系化强调新兴权利研究在逻辑上具有融贯性、在价值上具有同一性。权利体系是在社会事实及社会关系之上编织的一个类型化网络。新兴权利的权利属性意味着被嵌入类型化网络之中能够逻辑自洽形成一个权利体系之网。有学者从公法权利体系视角提出，当前新兴权利研究问题的出现"与未曾充分认识到我国新型权利的本土化维度有关，未曾认识到我国法治建设的经济基础是社会主义公有制。新型权利研究必须具备体系化思维与本土化思维"。[2]如此看来，新兴权利研究不能继续零散化，需要在体系化的复合型框架内进行。复合型框架的意思是：一方面，既有权利理论和权利体系尤其是宪法权利体系是新兴权利研究的论域，不能肆意逾越权利体系的边界。亦即说，不能无视既有权利理论和权利体系可能的解释空间、解释方法、立法意旨、司法资源分配现状、立法司法职能界分等限制性条件，而只专注于迎合社会民众的朴素情感和直觉主义、伦理道德要求、政治意识形态、历史文化传统、民族风俗习惯等。另一方面，既有权利理论和权利体系不是新兴权利研究的桎梏，而是新兴权利区别于伦理道德主张、社会舆论要求、意识形态要求、政治权力命令的法网，新兴权利研究不应突破这一权

---

〔1〕 参见张翔：《基本权利的体系思维》，载《清华法学》2012 年第 4 期，第 12~13 页。

〔2〕 陈国栋：《新型权利研究的体系化与本土化思维——以公法权利体系为论域》，载《江汉论坛》2019 年第 10 期，第 129 页。

利网可能的射程范围。概言之，"新型权利的主张与论证要秉持技术理性思维，放置于既有成熟的、实证化的权利体系中"。[1]退言之，如果不能将新兴权利研究置于权利体系中加以审视，会造成新兴权利因缺乏体系化的支撑而陷入论证不能的窘境。因此，既有权利体系对于新兴权利研究具有双刃剑效应。

（2）"黑箱预设"问题及其反思

所谓"黑箱预设"指在新兴权利研究中出于对社会复杂性的忧虑，认为社会关系和权利事实的产生、发展和变化是一个异常复杂的系统，如同一个"黑箱"一样不可探究，不可能深入其中进行实质性的认知、分析和把握。因此，不去研究新兴权利是在什么社会情境下、基于什么原因、由哪些要素构成、权利实现所需条件等这些实质性的先验问题，自觉或不自觉地将新兴权利问题视为不可认知（或无需认知）的"黑箱"。仅利用既有权利理论和体系、司法职能和司法资源来认知、消化、整合新兴权利主张，以致动辄主张某权入法入宪。除此之外，不越雷池一步。这种自觉或不自觉的"黑箱预设"，是当前新兴权利研究之所以呈现出"零散化"状态的主要原因之一。由于研究怠惰，不去深入探究新兴权利产生、存在、发展、实现的实质性和现实性问题，还会造成未来新兴权利研究呈现出"形式化"的弊端。

现代社会迭代更新，社会关系复杂化、权利事实多样化已是不争的事实，尤其是高新科技引发的新兴权利事实更是呈现出令人叹为观止的复杂样态。无论是从个体/群体到社会国家，还是从社会国家到个体/群体，其间的交互行为和关系形成都不再是透明的了，多样性和复杂性的叠加纠缠已经超越了人们的认知限度。人们试图以"上帝之眼"来事无巨细地洞察社会关系和权利事实，而对于认知能力有限的人们来说实属不可能之举，人们逐渐接受了黑箱结论。然而，社会关系和权利事实虽然复杂，但并不意味着不可探究。聚焦于新兴权利保护的研究，如果观察角度和分析方法

---

[1] 陈国栋：《新型权利研究的体系化与本土化思维——以公法权利体系为论域》，载《江汉论坛》2019 年第 10 期，第 135 页。

适当的话，同样可以客观全面地呈现出社会关系和权利事实本来的样态。

（3）"保守性"问题及其反思

"保守性"问题是"黑箱预设"所带来的必然结果。缘于黑箱预设，人们对于新兴权利的事实来源、形成因素和实现条件等一系列实质性问题不可认知，认为新兴权利是随着变动不居的社会关系和权利事实的变化而涌现出来的，事先不可能观察或预测，只能在产生权利要求后再加以调整和规范。"保守性"的意思是不积极主动地去探究新兴权利的实质性问题，固守于既有一般权利理论和体系框架内进行有限的、形式化论证。殊不知，新兴权利研究的意义恰在于对既有一般权利理论的深化和对现行权利体系的扩展。例如，不少学者围绕着新兴权利的证成标准进行论述和辩驳，形成了新兴权利肯定论和否定论两种观点。但由于肯定论局限于界定新兴权利的形式化标准，从而没能真正响应新兴权利否定论的挑战。换言之，由于肯定论者的保守性，事实上在此争辩中胜出者是否定论者。只要肯定论者仍局限于形式化论证中打圈圈，否定论的观点会一直有优势，从而导致新兴权利是一个冗余的概念、新兴权利的研究纯属多余。公民权利具有多样性，如果固守现有权利种类，对民众的新兴权利要求不闻不问的话，那么国家存在的本质和正当性又何在？国家存在的本质目的是保障人权，保障新兴领域的新兴人权自然是其正当性所在。

"保守性"从正面意义来说，新兴权利研究是个复杂论题应该具有适当的保守性，不应太过于激进、太过于深入介入琐碎的社会生活中去，应该和具体而微小的社会事实保持一定的距离，避免被社会事实所左右、避免情绪化的价值判断。加之，社会生活瞬息万变会出现许多不确定的因素，有些会是助推未来社会发展的动因，有些却是干扰未来社会发展的噪音。所以，在社会变迁过程中尤其是新旧社会转型期，各种社会关系还没有充分成型时，法律对此最好先保持谦抑，待各方面社会关系明朗化之后，再站在一个系统化的层面上对社会生活予以规范化调整。新兴权利研究有其独特语境，不能忽视这一社会背景因素。而"保守性"从负面意义来说，基于保守性会导致不能及时有效地响应社会变迁和现实需求，进而在法律的规范性调整和社会变迁产生的民众需求之间留下空白。由于社会变迁会出现一些新兴的社会关系和权利事实，其又代表了社会发展的客观规律和前进方向，民众的新兴权利要求不应视而不见。新兴权利彰显的是法律规范与社会创新之间的现实张力，所以新兴权利研究还应具有适当的能动性，善于运用法律发现、法律解释、法律修辞和利益衡量等法律方法对新兴权利进行确认和保护。由此看来，新兴权利研究之路上，适宜选择保守与激进适当平衡的第三条道路。

4. 国内研究述评

新兴权利的一般性理论研究和具体新兴权利研究是相互依存、互相促进的关系：一方面，具体新兴权利的研究要以廓清核心概念和确立证成标准等一般性理论为前提，具体新兴权利从各种实践视角向一般性理论提出解释要求和疑问，不断催生并修正一般性理论；另一方面，新兴权利的一般性理论甄别具体新兴权利的合法性、论证其保护方案的可行性，从而使具体新兴权利能够有效响应社会需求，实现新兴权利促进人权发展的价值功能。然而令人遗憾的是，综观既有研究，两者之间互动较弱。研究一般理论的学者们自觉或不自觉地把研究重点放在新兴权利概念界定、成立与否和证成标准等问题上。运用的研究方法是法教义学规范分析、概念的逻辑分析，希望以此获得对新兴权利整全性、不变的本质认知。这种研究方法笔者称之为"削足适履"；研究具体新兴权利的学者们大多给出一个自我定义的、不证自明的权利概念并据此展开论证，很少有人在对一般性理论全面细致的分析总结之后，进行有效的社会需求应对并提出可操作性方案。这种研究方法笔者称之为"盲人骑瞎马"。

在新兴权利问题的研究上，不能认为已经有了一个对所有的（既有的、未来的）新权利事实都有解释力和实践指导力的一般性权利概念及理论。新兴的权利实践并不能够总是在既有的权利概念和理论框架内得到解释，它会不断地突破其边界，向其提出更为全面和深层次的本质认知要求。但反过来并不是说，具体新兴权利的确立和保护不需要一定的标准，相反，它的确立和实践必须在一定的权利框架模式内进行。所以，这个框架模式就是"基础性的、开放式的",从法律渊源的角度来看就是"宪法性的"。既然是宪法性的,那就意味着新兴权利的确立和证成需要在宪法学人权保护和国家义务的框架内展开。这并非法学研究者的主观臆想,而是新兴权利在实践层面是由基本人权保护需求和国家所能提供的福利保障条件所决定的。尽管新兴权利主张多样化,但还是有一些共同性特征可寻,其中对于我们如何理解和实践颇具启发意义的笔者称之为"既强又弱"特征。所谓"强"意指新兴权利彰显的是新兴社会事实和社会关系合法化要求,是社会发展和人权保障的必然,强劲而不可阻挡;所谓"弱"意指新兴权利还处于民众自发的社会需求和权利要求阶段,有待国家确认和升华为法定权利,脆弱而亟需保护。既然新兴权利兼具既强又弱的属性,它的确立和实践又需要在宪法框架模式内进行,新兴权利就适宜通过国家保护的方式来实现。

三、研究问题

通过文献综述梳理出国内外新兴权利研究的现状、特点与趋势,得以知晓当前新兴权利研究的重点应该是建构一般理论。如前所述,既有一般理论研究主要包括概念辨析和界定、产生原因、证成标准、可能的实现方式这几个方面。需要注意的是,这几个方面并非没有关联、散漫和并列式的,它们的产生和解决都紧密关联于这样一个问题:有没有新兴权利?如果有,怎样确认和保护?将这个问题具体展开可以得出四个递进式的子问题:①新兴权利是什么?②有没有新兴权利?③为何要确认和保护新兴权利?④怎样确认和保护新兴权利?更进一步的问题是相较于"为何要确认和保护新兴权利"而言,"怎样确认和保护新兴权利"则更为重要。因为前者不是一个规范性的法律问题,民众可以基于多种目的和价值标准提出确认和保护新兴权利的要求,而且这些目的和价值标准极有可能是不可共约的,从而无法证明孰优孰劣。后者聚焦于实现新兴权利在法律上的规范性途径,避免了不可探寻的目的判断和空泛的价值取舍。

社会关系迭代变迁是影响权利产生和变化的基本诱因,新兴权利研究可以深化对既有一般权利理论本质和内涵的认知。需强调的是：首先，新兴权利扩展的是对人权保护本质及范围的认知。正如韩大元教授指出："为扩大基本权利保护范围，可以依照人权条款提炼现有条款中隐含的新的权利类型、当基本权利有规定，而没有具体法律规定时提供具体的救济途径、对基本权利条款作出宪法解释时为解释的合理性提供价值基础与标准、当出现宪法和法律上没有规定的新的权利要求时，可依照人权条款作出必要的判断等。"[1]其中，依照人权条款提炼的基本权利条款中隐含的新权利，笔者称之为"衍生性的新兴权利"，依照人权条款判断的宪法和法律上没有的新权利笔者称之为"全新的新兴权利"。故新兴权利的合法性论证"既可以辩护一种全新的权利主张，也可以辩护一项要求可以归属于某个既有基本权利的子集"[2]；其次，如何保护新兴权利离不开国家义务。正如有学者所言："然而遗憾的是，当下中国新兴权利的研究主要是从权利主体角度出发的，而忽视了国家作为义务人所应当履行的相应义务和职能转变。而事实上，相当多的新兴权利直接指向了国家义务。"[3]由此看来，新兴权利保护的研究适宜纳入宪法学"人权保护–国家义务"的分析框架内予以探讨。这是一个限制性框架，通过它可以把国家权力、风俗习惯、道德观念、社会舆论等因素排除在外；这又是一个开放性框架，其中蕴含着多种实现方式。通过国家义务实现新兴权利是一个总体性、导向性的要求，在这一系统性框架下结合现行法律体系、权利理论、法律方法、司法资源、社会条件等因素，可以探寻国家为何以及如何保护新兴权利的依据和方法，从而建构新兴权利的国家保护义务体系。

综上，"国家为何以及如何保护新兴权利，即新兴权利国家保护的理由、依据和方法"成为本书的核心问题。

---

〔1〕　韩大元：《宪法文本中"人权条款"的规范分析》，载《法学家》2004 年第 4 期，第 11~12 页。

〔2〕　朱振：《认真对待理由——关于新兴权利之分类、证成与功能的分析》，载《求是学刊》2020 年第 2 期，第 119 页。

〔3〕　侯学宾、郑智航：《新兴权利研究的理论提升与未来关注》，载《求是学刊》2018 年第 3 期，第 95 页。

四、研究思路

本书的研究思路分三个层次：第一层次关于两个关键问题→第二层次关于两个核心论证步骤→第三层次关于五种保护方法。具体研究思路是：第一层次，本书的两个关键问题"新兴权利的概念界定"和"国家为何以及如何保护新兴权利"之间具有逻辑关联性：要证成国家保护新兴权利，须先界定好新兴权利是什么，否则皮之不存毛将焉附，就像建房子先要打好地基。新兴权利是一个学术概念而非规范概念，目前学界对新兴权利的概念界定尚未形成共识性的理论基础。新兴权利的国家保护义务这个论题的证成，必须以新兴权利的概念界定为逻辑前提；第二层次，根据通行的权利理论，创设及认定一项权利的标准是：国家甄别某项利益主张是否能够成为赋予相对主体义务的合理理由和充分依据。所以论题需要证立：国家基于什么样的理由和依据来甄别新兴利益主张，从而确立并保护新兴权利。国家不可能无条件地确立并保护新兴权利，一般来说国家基于两方面的理由和依据：一是必须保护的基本人权；二是国家在现实情况下的福利能力和所能够提供的保障条件。据此，本书将"国家为何以及如何保护新兴权利"这个核心问题分解为两个递进的子问题："为何保护"论证保护的必要性问题，"如何保护"论证保护的可行性问题；第三层次，依据学界既有的入宪入法保护论、司法保护论、国家（义务）保护论等新兴权利保护理论，以及新兴权利主要通过权利创设和权利推定两种方式实现的共识性观点。[1]本书在综合学界既有研究的基础上，既从法社会学、法教义学视角运用实证研究、法律解释、法律推理、利益衡量等多元化的论证方法，又从系统论视角运用本土化、体系性思维展开研究。我国通过建立以宪法人权保障为核心，以立法保障、司法保障和行政保障为主要内容的公民权利保障机制，切实保障公民各项权利。聚焦于新兴权利，从国家义务

---

〔1〕 例如，姚建宗教授将其界定为新兴权利"兴"的"方式"，包括立法和司法两个方面，即通过立法对权利进行"创制""设定""确认"与"转化"，通过司法对权利进行合理"推定"。参见姚建宗：《新兴权利论纲》，载《法制与社会发展》2010年第2期，第11~12页。

视角对此权利保障机制进行反思，本书尝试建构以宪法人权保护为价值核心，以立法保护、司法保护和行政保护为主要方法的国家义务保护机制。

循此思路，本书的研究框架是：将新兴权利的国家保护义务纳入宪法学"人权保护－国家义务"的分析框架，以人权为目的和生成演绎框架，在界定新兴权利概念的基础上，从理论和现实两个层面分析国家为何保护新兴权利的依据，从操作层面探寻国家如何保护新兴权利的可行方法，从实践层面进行具体新兴权利实例检验。依此框架，本书的研究路线图为：按新兴权利国家保护的概述及现状（第一章解决新兴权利是什么以及保护现状如何？）→理论依据（第二章解决从理论渊源分析国家保护的依据是什么？）→现实依据（第三章解决从现实条件分析国家保护的依据是什么？）→具体方法（第四章解决从实现方式探寻国家保护的可行方法有哪些？）→实例展现（第五章解决对于具体新兴权利国家应如何确认和保护？）这一宪法逻辑递次展开。

五、创新之处

通过文献综述，笔者发现国内学界在新兴权利研究方面的特征是"两头大中间小"，呈现出哑铃型结构：一端集中于从宏观的理论法学视角对新兴权利的概念、特征、证成标准等进行基础理论研究；另一端集中于从微观的部门法学视角对具体新兴权利的确认、实现方式等进行具体而微观的研究。然而，理论法学视角研究呈现出"表层化"弊端，即研究者大多怠于从广度上拓展和深度上挖掘既有权利理论，过度消费既有权利理论，企图套用一个无限包容性和解释力的权利理论囊括所有新兴权利，缺乏从本土化、实质性方面深入思考新兴权利的独特语境和实践背景、基本需求和人权要素的本质特征；部门法学视角研究呈现出"零散化"弊端，即研究者大多基于直觉主义和朴素价值观，从财产权法、人格权法、亲属法及侵权法等分析具体新兴权利的保护问题，片面强调某项新兴权利的重要性，径直主张某权入法入宪，缺乏从体系化、可行性方面深入思考所主张的新兴权利是否具备权利实质要素、保护实现条件。值得反思的是，无论是宏观的理论法学研究，还是微观的部门法学研究，都存在"过分关注与权利有关的现象、缺乏研究方法、消费既有法学理论、忽视司法保障和没有从公共政策角度出发研究新兴权利等诸多问题。这些问题的存在直接影响新兴权利研究的理论品位和理论层次"。[1]

鉴于学界"既有的研究成果存在一个共同的特点，即基本上都是以'权利主体'或'个人'为视角来探讨新兴权利的生成、确认、保护与救济等相关问题，这在一定程度上忽视了新兴权利产生和发展的'国家维度'"。[2]故本书从公法视角的国家保护层面对新兴权利进行义务反思，国家保护义务的出场拓展了新兴权利研究的层次和疆域，将有益于推动新兴权利保护的理论延展及实践发展。"新兴权利的国家保护义务"这一论题的证成，将有助于新兴权利研究在本体论、价值论和方法论方面的有益诠释和理论自觉，从而彰显新兴权利研究对于推进中国式法治现代化的权利价值。

相较于学界既有新兴权利研究，本书的创新之处有以下三点：

第一，选题和研究视角的创新：新兴权利保护是一个复杂论题，却关涉新兴领域的人权保护，有研究的必要和意义。学界既有研究大多以"权利主体"为视角探讨新兴权利的确认和保护问题，忽视了新兴权利生成和实现的"国家维度"。多从私法视角就新兴权利本身进行研究，缺乏从公法视角的国家保护层面进行义务反思。本书尝试从宪法学国家义务视角，将新兴权利保护纳入"人权保护-国家义务"的分析框架研究，具体展开新兴权利这一核心概念的界定，国家为何以及如何保护新兴权利这一核心问题的证成，以期抛砖引玉。

第二，基础理论的创新：新兴权利这一基石性概念是新兴权利研究的逻辑起点，但学界既有新兴权利界定仍然歧义丛生、证成不足、尚未达成学术共识，这显然不利于持续深入地推进新兴权利研究。为了避免新兴权

---

〔1〕 侯学宾、郑智航：《新兴权利研究的理论提升与未来关注》，载《求是学刊》2018年第3期，第89页。

〔2〕 孟融：《政治国家如何回应新兴权利——一个理解新兴权利的"国家"视角》，载《河南大学学报（社会科学版）》2020年第4期，第72页。

利概念界定形式化的弊端，本书不囿于法教义学的法律藩篱，而从社会/文化/经济/历史的综合性视野，在分析新兴权利的产生原因、证成"新兴权利肯定论"的基础上，从社会性基础、人权基础和国家福利保障基础等实质性权利要素进行新兴权利概念界定，以期构建共识性的理论根基、深化既有权利理论和拓展权利体系疆域。

第三，论证方法的创新：学界既有研究缺乏从权利需求、公共政策、国家职能转变角度研究新兴权利，在基础理论分析和体系化建构方面亟需完善。研究方法的非体系化会消解权利的神圣性使权利话语媚俗化，如果不以体系性思维来配置与权利相应的义务及资源保障，权利会因无从得到全面保障沦为修辞。本书运用本土化、体系性思维从可行性方面，紧扣"国家为何以及如何保护新兴权利"这一核心问题展开论证。先从理论渊源和现实条件的双层面向证成保护依据，再从实践操作层面探寻保护方法。通过设计横向对照表 1（见第 116～121 页）和纵向关系图 1（见第 124 页），以期构建新兴权利的国家保护义务体系，从而按图索骥式地实现新兴权利国家保护。

六、研究方法

本书主要采取四种研究方法：法律价值分析方法、社会实证研究方法、法教义学方法和案例分析方法。

（一）法律价值分析方法

法律价值分析方法是一种从价值评价入手，对法律现象进行分析的研究方法。该方法围绕的基本问题是"法律应当是怎样的？"该方法不拘泥于现行制定法的具体规定，用应当如何的价值观点和价值标准分析法律为何存在、应当如何存在等问题。本书运用法律价值分析方法，以人权价值为评价标准，来判断社会实践中权利主体提出的新兴权利主张，哪些应当确认为新兴权利和如何实现新兴权利保护。既不拘泥于现行制定法的具体规定，又以既有一般权利理论和体系为论域。用人权保护的价值标准辨析真假新兴权利、分析新兴权利为何存在、国家为何保护以及如何保护新兴权利的问题。

（二）社会实证研究方法

社会实证研究方法是在价值中立的前提下，通过对经验事实的观察，检验知识性命题的研究方法。该方法的关键是，在研究过程中研究者本人不能预设前提，不能用自己的价值标准和主观好恶影响数据和结论的取舍，以此保证研究过程和结论客观可信。聚焦于新兴权利，"需要考虑权利生成的实践基础，应当从立法实证层面探究相应的新兴权利是否具有普遍的适应性、能否反映出一定的社会共识，其间可以借用社会学的研究方法来作为理论工具"。[1]本书运用社会实证研究方法，概因不少研究者不对新兴权利进行法社会学方面的实证研究，从感性认知、伦理道德甚至主观好恶出发，径直预设某某新兴权利存在的前提，从而得出某某新兴权利应当确认和保护的研究结论。新兴权利是实践生成的社会性权利，应当从社会/文化/经济/历史的生成背景，综合分析是哪些社会因素引发新的社会关系、产生新的权利事实、提出新的权利要求。新兴权利的合法性证成以及国家保护依据和方法的论证，必须基于经验事实、实证分析的基础上，必须经得起具体权利检验。否则研究过程就是闭门造车、研究结论就是空中楼阁，难以令人信服。

（三）法教义学方法

法教义学方法是将现行实在法的基本原则、规范及体系，作为法律理论和实践过程中坚定信奉不加怀疑的前提，以此为出发点展开体系化辨析、建构和解释的规范性法律分析方法。聚焦于新兴权利，"还需要考虑现行法律对权利法定化的包容性，需要从立法技术层面探索新兴权利的法律空间，必要时应当以教义学方法作为理论工具"。[2]本书运用法教义学方法，概因新兴权利的国家保护义务需要在规范性前提下、在权利体系内、运用法律解释等方法讨论必要性和可行性问题。新兴权利的入宪入法

---

〔1〕 魏文松：《论新兴权利的国家保护义务》，载《学术交流》2020年第9期，第80页。
〔2〕 魏文松：《论新兴权利的国家保护义务》，载《学术交流》2020年第9期，第80页。

需与现行法律体系相融贯，应以现行宪法及相关实在法的基本原则、规范内容及权利体系为前提，将宪法人权条款作为解释规则和价值基础，通过《宪法》第 33 条第 3 款、第 38 条、第 51 条及基本权利体系的解释框架，探寻新兴权利以及数字人权、基因权利国家保护的规范理据和保护方法。

（四）案例分析方法

法谚云"法律被正确适用的过程，就是以一个个具体案例得以正确分析的过程"，说明法律论证和实证研究离不开案例分析方法的运用。新兴权利的合法性证成、国家保护依据和方法的论证，也是社会实践中一个个具体鲜活的新兴权利案例得以正确分析的过程。因此，本书论证过程中加入了许多社会实践和司法审判中发生的新兴权利案例来辅助论证。不仅如此，前四章对新兴权利国家保护进行理论证成之后，最后一章还专门选取了颇具典型性和关注度较高的数字人权和基因权利进行实例展现。通过素材丰富的具体新兴权利案例分析，更为本书的理论研究增添实践活力、为抽象的法律论证增加说服力。

第一章
新兴权利国家保护的概述及现状

"工欲善其事、必先利其器。"在研究一个主题之前，除了方法的选择之外，预备性的工作还包括对该主题所涉及的核心概念和性质的界定。从某种程度上来说，论述一个主题，就是做出一个判断，即提出一个命题。在社会科学中，提出一个命题是建立在对相关性概念（尤其是核心概念）的定义、范围的厘清，概念之间关系的梳理与证成基础上的。本书研究的主题是"新兴权利的国家保护义务"，提出的核心命题就是"保护新兴权利就是保护人权，新兴权利需要通过国家义务的方式，国家保护新兴权利是必要且可行的"。该命题研究的逻辑起点要求首先厘清核心概念——新兴权利，核心概念是本书的基石，同时也需要阐明相关性概念——国家保护义务。故本书开篇先厘清这两个重要概念，在此基础上对新兴权利国家保护的现状展开分析。

第一节　新兴权利概述

一、新兴权利的新兴原因

综合来看，新兴权利的产生既有社会原因（新的社会事实和社会关系），又有法律原因（新兴法益、法律遗漏、法律冲突），这两种原因有时还结合成为新的原因。

（一）新兴（型）社会事实和社会关系

既定的规范世界难以应对迷离的事实世界，守成的法律规范与流变的社会事实之间产生了"规范距离"。当面对新兴社会关系和权利需求时，既有法律权利的调整无力便需要新兴权利的出场承接。新的社会事实和社会关系的产生是新兴权利产生的直接的、基础性的原因。从类别上又分为新兴的和新型的两种：新兴的是指从无到有产生的。例如高新科技发展带来的、以前未曾出现过的社会事实和社会关系，包括基因编辑实验、网络中个人信息的所有和处置纠纷、数字化鸿沟事实等；新型的是指原来事实上有，但不凸显不认可，后来或者是形式和范围改变了，或者是人们的认知和评价标准改变了，不适合再以原来的概念和方式认定的。例如同性婚姻、单身女性生育等。这两种新的社会事实和社会关系是新兴权利产生的可能原因。[1]

之所以说这两种新的社会事实和社会关系是产生新兴权利的直接的、基础性的原因，在于：新兴权利的确认首先要进行权利要素、属性和类型分析；其次，新兴权利的产生原因、实质内容和利益指向是和特定的社会事实和社会关系密切相关的。也就是说新兴权利不仅需要从一般性概念的角度确认，还需要从权利产生、存在和发展的具体社会背景去辨析。一项新兴权利的确认首先是社会主体（个体/群体）在社会生活中产生新的利益主张，其次是该利益主张或者是通过法律解释被法律承认，或者是通过立法创制和司法推定等被法律保护。而耶利内克认为，被法律承认与被法律保护通常被认为是等同的。[2]诚然，并不是每一项新的利益主张都有必要和可能被确立为新兴权利，辨析、确立和保护某项新兴权利须具备三个条件：一是依据既有法律权利不能够解释该新的利益主张及其社会背景，

---

〔1〕　部分学者虽然不否认存在新兴社会事实和社会关系，但否定由这些新兴社会事实和社会关系推导出新兴权利存在的必要性。如谢晖认为，新兴权利的提出是自发、自然和多样的，是基于法律规范性之外社会学视角得到的。为此，需要经过法教义学的规整转变为新型权利，并通过司法裁判的方式推定和认可为佳。参见谢晖：《论新型权利的基础理念》，载《法学论坛》2019年第3期，第5~19页；陈景辉认为，通过对既有一般权利理论予以动态化、具体化解释便可以应对各种各样的新兴权利主张，从而无需另外确立任何新兴权利。参见陈景辉：《权利可能新兴吗？——新兴权利的两个命题及其批判》，载《法制与社会发展》2021年第3期，第90~110页。

〔2〕　参见［德］格奥格·耶利内克：《主观公法权利体系》，曾韬、赵天书译，中国政法大学出版社2012年版，第311页。

即出现了新的社会事实和社会关系；二是该新的社会事实和社会关系需要通过新兴权利的方式予以调整和国家保护；三是该新的社会事实和社会关系能够通过新兴权利的方式予以确认和实现，并且确立的新兴权利能够被一国的权利体系所容纳。

对此，笔者列举正反两方面的示例予以阐明：①反面以"祭奠权"为例。祭奠行为和对该行为的阻碍从古至今都有，并非现代社会才出现。从内在的权利内容来讲，涉及的是个别化情感和伦理道德，因而不适宜通过法律途径解决。从外在的社会效果来讲，如果被侵犯完全可以诉诸实际被侵犯的财产、人格、名誉、精神损害等既有的法律权利保护方式来解决，无需单独确立一项祭奠权。有学者从身份权视角证成祭奠权的合法性，但身份权的存在须以身份关系的存在为前提，在祭奠情形发生时身份关系的一方已经死亡，其身份权也应随之消灭，故其论证逻辑不能成立。②正面以"基因权利"为例。随着现代生命科学技术的发展出现了基因权利主张，而以前从未有过。如果不对基因编辑、基因歧视、基因数据管理等行为予以规范调整的话，势必会引发一系列伦理、社会和法律问题。[1]首先，基因权利所涉及的行为方式和权利内容较为明晰。如有将克隆的人类胚胎植入人体或动物体内、对生物黑客进行基因编辑等行为，涉及个人基因数据识别、基因数据管理等内容；其次，基因权利的法律保障范围较为确定。基因权利是基因隐私权、基因平等权、基因知情权、基因专利权、基因人格权和财产权等组成的权利束；再次，基因权利的主体界定较为明晰，如有科研机构、医疗机构、商业开发机构、基因个人所有者等；最后，基因权利的核心问题已浮出水面，就是基因所有者因自然原因获得的基因所有权、潜在细胞中的生命潜能改变的决定权是一项基本权利吗？答案是肯定的。基因权利是新的综合性基本权利，关涉基本人权保护，保护基因权利是国家义务。

---

〔1〕 如中国"首例基因编辑婴儿"事件引发了社会各界的强烈谴责，被认为是有违科学精神和伦理道德的所谓生物科技的研究与应用，最终南方科技大学副教授贺某奎等3人被判非法行医罪。

（二）新兴法益

新兴（型）社会事实和社会关系只是新兴权利产生直接的、基础性的社会原因，新兴权利的产生还有法律方面的原因。因为，有些新出现的社会事实和社会关系并不能确立和证成新兴权利。譬如，由于现代社会节奏加快和竞争加剧，对很多年轻人来说，有些是迫于无奈而在他乡工作，有些是忙于工作而疲于奔命，难免在家庭关系的呵护方面有所疏漏，此类现象在当前社会中较为普遍。此时有人大代表提出将"常回家看看"的权利作为一项新兴权利入法，从而赋予父母亲人情感上被呵护的权利。此种主张可能有一定的普遍性，尤其是反映出某些"留守老人"的心声。但是，要把该新兴权利主张确认为新兴权利的话，在实践必要性和保护可能性两方面都不能成立。在权利义务关系上，要保护"常回家看看"的权利就必须履行相应义务，虽然该义务具有较强的道德义务性质，但要上升为法律上的义务则很不现实且没有必要。主要原因在于：一是会给履行义务主体子女造成极大负担甚至难以实现，不履行国家公权力难以强制；二是义务的法律标准难以规范化，是否履行、如何履行难以判断，从而缺乏可诉性。故"常回家看看"的权利适宜停留在道德权利抑或习惯性权利层面，在社会群体中被道德认可和自觉遵行，而不适宜确认为新兴权利入法由国家义务强制履行。正如有学者所言："立法上对父母要求子女'常回家看看'的权利，在司法实践中遭遇操作上的难题，导致这项权利在实践操作上的不可能性，那么这种新兴权利的立法确认只能是一种虚假的口号宣传。"[1] 又如，新近提出的"乞讨权"，乞讨现象自古有之，绝非现代社会中的新兴事物，在古代社会很常见，现代社会随着生活水平的提高鲜少见到。但奇怪的是，只是到了晚近才有人提出"乞讨权"要求。在物质财富极大丰富的现代社会提出"乞讨权"，其意图主要不是帮助乞讨者获得权益，而是在于借助乞丐这个特殊群体的权利主张来彰显所谓个人自主权

---

［1］ 侯学宾、郑智航：《新兴权利研究的理论提升与未来关注》，载《求是学刊》2018 年第 3 期，第 93 页。

利的绝对性。[1]进一步分析，"乞讨权"的社会需求不具有基础性、利益指向不具有广泛性、权利主体不具有普遍性、且会苛以义务主体过多的施舍义务和法律责任；退一步分析，"乞讨权"如果被确立为一项法律权利，不但会造成社会秩序混乱引发管理难题，还会沦为拐卖和残害儿童的黑色利益链。所以，"乞讨权"不能作为新兴权利得以证成。如果该证成逻辑可以成立的话，是否还可以主张"自杀权"？从而围绕"安乐死"合法与否的争论也就没有意义了？

以上两例，"常回家看看"的权利和"乞讨权"虽然是基于新的社会事实和社会关系，但要么是在法律义务配置上不具备必要性和可行性，要么是新兴权利要求过于绝对而且空洞，因此都不适宜被确认为新兴权利。如此看来，真假新兴权利还需要一个法律上的标准进行筛选，这个标准就是法益。"近年来新兴权利的研究之所以难有实质性推进的重要原因之一就是基本范畴——新兴权利的错误，而基本范畴的错误则源于对基石性质的概念——法益的遗忘。"[2]那什么是法益？该概念最早源于德日刑法学理论，指的是为犯罪行为所侵害的、刑法所保护的特定利益，日本学者关哲夫将其定义为"作为社会的实在概念的'利益'与作为法的评价概念的'法的要保护性'相结合的产物"[3]。从"法的要保护性"标准对社会利益予以评价需满足两个要件：需要法律保护和通过法律能够保护，即法律保护的必要性和可能性都要符合。需要注意的是，以"法益"作为新兴权利的产生原因，不仅可做减法，还可做加法，即不仅会筛除掉不适宜上升为新兴权利的利益避免"权利泛化"，还会增加适宜上升为新兴权利的利益避免"权利遗漏"。譬如：围绕数据的生成、拥有、携带、使用、传播

---

[1] 对此，列举美国一例：1985年冬天纽约街头气温降至零下，为了避免流浪街头的人冻饿而死，纽约市政府发布一项政令，将街头流浪者集中起来带到指定居所予以照顾。但此举却意外遭到一些流浪者抵抗，理由是他们享有不被救助街头乞讨的权利。参见［美］弗里德曼：《选择的共和国：法律、权威与文化》，高鸿钧等译，清华大学出版社2005年版，导论第1页。

[2] 孙山：《从新兴权利到新兴法益——新兴权利研究的理论原点变换》，载《学习与探索》2019年第6期，第80页。

[3] ［日］关哲夫：《法益概念与多元的保护法益论》，王充译，载《吉林大学社会科学学报》2006年第3期，第67页。

和限制行为所产生的新兴利益，既有必要也有可能成为需要保护的"数据法益"，保护数据法益就是保护数据权利。[1]感情背后有宪法渊源的话也可成为新兴法益，如法律上对烈士名誉的保护规定，其权利基础就是需要通过国家保护义务实现的"感情法益"。[2]

（三）法律遗漏

法律不是僵死的，而是发展变化的。我们希望"法网恢恢、疏而不漏"，但实际上很难做到，或者说根本就做不到。权利法网之下难免有漏网之鱼，至于怎么漏掉的大致有两种情况，一是网眼过大，把原本应该予以规范和调整的社会事实和社会关系漏掉了。这种网眼过大的遗漏又有两种情形，笔者将其称之为"真遗漏"和"假遗漏"。"真遗漏"指宪法和法律完全没有规定的遗漏，即立法空白。"假遗漏"指宪法和法律虽然没有明文规定，但运用法律解释或权利推定还是可以找到规范依据的，如宪法上的未列举权利。二是网眼即使合适甚至过小的话，仍然会有遗漏。此时的权利遗漏实质上就不是网眼大小的问题，而是法网范围的问题，笔者将其分为"空间范围的遗漏"和"时间范围的遗漏"。"空间范围的遗漏"指在一定时空背景下，法律应该而且可以笼罩的社会事实和社会关系没有笼罩到，这种遗漏大多起因于立法者和社会主体之间存在着认知、意志和利益偏差。"时间范围的遗漏"指随着社会发展出现的新兴社会事实和社会关系没有被法律关注到，这种遗漏大多起因于高新科技的发展、新的伦理道德和社会舆论氛围的转变，立法和司法没能及时有效响应。这是当前新兴权利遗漏的主要类型。

（四）法律冲突

新兴权利产生中的法律冲突指的是现有法律精神、原则、规则和新兴

---

〔1〕　关于数据作为新兴法益的必要性和可能性的详细论证，参见黄鹏：《数据作为新兴法益的证成》，载《重庆大学学报（社会科学版）》2022年第5期，第192~206页；任颖：《数据立法转向：从数据权利入法到数据法益保护》，载《政治与法律》2020年第6期，第135~147页。

〔2〕　对于感情，尤其是对英烈尊敬之情的法益分析，参见张梓弦：《感情法益：谱系考察、方法论审视及本土化检验》，载《比较法研究》2022年第1期，第130~144页。

权利主张之间的矛盾和冲突，不是法律和法律之间的冲突。新兴权利的确认应能被一国既有的法律体系所容纳，权利的"新兴"性应以一国现行法律文本为参照系。一般来说，产生冲突的原因有两种：一是法教义学和体系化所致；二是新的社会事实、社会关系和道德伦理观念变化所致。基于法教义学和体系化的要求，立法者和司法者不可能也没有必要支持所有道德要求，要在法律和道德之间保持适当距离，从伦理道德选择和价值判断中适当抽身或做出决断，以此维持法律的权威性、稳定性，否则不断变化的社会事实、社会关系和道德伦理观念会频频与法律相冲突。既然如此，某一阶段的立法不可避免地带有该阶段主流的伦理道德烙印。当这些伦理道德观念发生转变后，冲突在所难免。

举例来说，我国《民法典》第 1041 条第 2 款规定"实行婚姻自由、一夫一妻、男女平等的婚姻制度"。该条背后映射的是立法者的伦理道德选择和价值判断，根据"一夫一妻、男女平等"可以判定立法者保护的是异性婚姻关系。立法者之所以保护异性婚姻关系，没有将同性婚恋关系考虑进去，是符合立法时社会主流的伦理道德观念的。不过，随着社会发展和伦理道德观念的转变，人们对传统的婚恋观念及婚姻模式逐渐从单一转向多元，同性婚恋逐渐从禁忌走向开放，人们开始思考是否应该考虑其合法化的问题。传统异性婚姻关系作为唯一合法的婚姻模式确实内涵了特定的道德因素。而依法律的价值位阶原则，如果想要保护更为重要的"人的选择自由权"这一价值的话，那么同性婚姻关系就不应被排除在法律视野之外。然而，我们发现当前立法者并没有修改这一条款的意图，现实社会中同性婚姻合法化要求却越来越多，关于"同性婚姻权"的法律冲突就此产生。

我们再用"单身女性生育权"的例子来证成。随着婚恋观念的发展、社会包容度和自由程度的提升，逐渐有一些未婚或离异单身女性不想结婚却希望生育自己的孩子。2022 年四川省卫健委发布《四川省生育登记服务管理办法》，取消了对生育登记对象是否结婚的限制性条件。从古至今人们已经形成"结婚才能生育孩子"的伦理道德观念，非婚生子从来都是一件上不了台面甚至遭人唾弃谩骂的事情。而四川省却打响了"单身女性生育权"的第一枪，单身女性也可以生育孩子了吗？这是独身主义女性的福音、还是婚育道德观念沦丧的隐忧？我们从法教义学和体系化上寻找答案。我国《人口与计划生育法》第17条规定："公民有生育的权利，也有依法实行计划生育的义务，夫妻双方在实行计划生育中负有共同的责任。"无论是未婚或是离异的单身女性都是公民，"公民有生育的权利"依文义解释这类女性是有生育权的。但该法全文绝大部分条款规定都以"夫妻""一对夫妻""夫妻双方""育龄夫妻"为前提，依目的解释可以推出该法保护的生育主体并不包括未婚或是离异的单身女性。再从体系解释上分析，我国《民法典》保护的生育主体也不包括未婚或是离异的单身女性。这样一来，关于"单身女性生育权"的法律冲突就此产生。既有法教义学和体系化所致的法律条文之间相冲突，也有新的社会事实、社会关系和道德伦理观念变化所致的新兴权利主张和法律规定之间相冲突。

新兴权利的产生还会基于其他一些原因，但主要是以上四种。之所以探讨权利"新兴性"的产生原因，作用在于：一是通过分析新兴权利得以产生的社会背景、动因、效果等，说明确立新兴权利的必要性和可能性；二是知晓了新兴权利的产生原因，可以为科学界定其概念打下坚实的理论基础。

二、新兴权利的概念界定

在对新兴权利的概念进行界定之前，必须解决一个问题，即说明新兴权利否定论不成立，否则新兴权利存在论就难以令人信服、新兴权利的概念就会根基不牢。

（一）新兴权利概念否定论之否定

既有研究中对新兴权利进行概念定义的不在少数，但相对比较混乱。缘于在社会科学研究中，对一个事物或现象下定义的话，不可能指望像自然科学定义研究对象那样，以发现该物质绝对不变的组成成分及结构为恒定标准。社会科学研究者总是不可避免地基于某个视角某种标准定义研究对象，因而在研究的初始阶段出现多种概念在所难免。但随着研究的逐步深入，就应该对各种概念所基于的不同视角和标准进行辨析，找出更具科学性、合理性、客观性及规范性的标准形成该研究领域中共识性、基础性的一般概念。

目前来看，研究者们在定义新兴权利概念时视角多元、标准多样。有建立在对感性现象描述基础上的、朴素的、直觉性的标准，[1]有基于各种新兴社会现象背后的原因标准，[2]有鉴于某些新兴观念之上的价值标准，有动态的阶段化描述与情境化标准，有法律的模型化形式化标准，有概念论层面上的结构性标准等等。譬如，提出动物权、植物权，就是以权利主体和客体标准（人、动物、群体、生态环境）进行的。[3]提出权利束（丛）概念，认为"新兴权利是用以描述我国社会现实中所存在的某些具体权利要求和权利主张现象的一个松散的概念"，[4]秉持的是综合性价值标准。认为新兴权利是"法定权利的对称，是法定权利之外的、实存的社会权利，但与此同时，它是与法定权利息息相关的权利"，[5]采取的是概念结构标准。

综观既有新兴权利定义方式发现，不少研究者采取的是"外在视角"，即基于某种原因、情境、现象或后果的需要界定新兴权利概念。以这种"外在视角"定义所能得到的是现象化和描述性的结论以及功能性和效果

---

[1] 例如，从时间和空间的标准来界定何谓新兴权利。以现行实证法为限，认为只有在当下或未来发生的，或者一国法律主权范围内能够调整的才是新兴权利。参见姚建宗：《新兴权利论纲》，载《法制与社会发展》2010年第2期，第6~8页。

[2] 在很多具体新兴权利论述中，论者经常以某种社会需求的出现、某种社会后果的发生为由，直接推导出应该确立某项新兴权利，然后予以定义。例如：以独身女性生育需求会带来哪些社会后果为标准，证成独身女性生育权。参见李勇：《独身女性生育权的证成及其实现路径》，载《山东女子学院学报》2022年第1期，第77~81页；以是否能够确保公民民主权利、有效监督公权力行使为标准，来确立法律文件的审查启动权。参见王春业：《法律文件审查的启动权：公民的一项新兴权利初探》，载《河南大学学报（社会科学版）》2014年第3期，第104~108页。

[3] 例如：以"社群"为标准，将公民身份理论拓展至动物，推导出动物也应享有"公民权利"。See Sue Donaldson & Will Kymlicka, *Zoopolis: A Political Theory of Animal Rights*, Oxford University Press, 2011, pp. 48-57. 还有在冷冻精子、卵子、受精卵和胚胎上提出的新兴权利。

[4] 姚建宗：《新兴权利论纲》，载《法制与社会发展》2010年第2期，第6页。

[5] 谢晖：《论新兴权利的一般理论》，载《法学论坛》2022年第1期，第41页。

性的说明，所造成的直接结果是"权利泛滥"。从"接吻权""祭奠权"
"乞讨权""贞操权""植物权"诸如此类令一般民众不太能接受的新兴权
利主张被提出，即可略见一斑。除了容易造成权利泛滥，采取外在视角还
可能会造成"权利冲突"。外在视角依据的或是特殊情境、或是个别群体
需求、或是为了实现某些功能和效果。当出现特殊情境转变、需求主体转
换、需求目的改变等外在因素变化时，由这些因素形成的新兴权利就会变
成个别化利益主张，极容易和既有法律权利相冲突。因此，"新兴权利理
论不应满足于对'新兴权利'现象作生活化或描述性说明，而首先应该从
逻辑上对它予以证成或证否"。[1]如此看来，新兴权利的概念界定应采取
"内在视角"，转向研究权利的内在伦理。[2]一项新兴权利主张被提出根源
于某种利益和价值，但并非每种利益和价值都可能使其成为实在法上的权
利。因为"一项新兴权利的主张表现为一个要求（demand），这个要求要
想成为真正的实在法上的权利，即成为实在法上的排他性理由，需要价值
上的证成"。[3]进一步，"探求一个有价值的要求是否为权利时，我们需要
先寻找构成那个基础权利的内在理由"。[4]故实质性界定新兴权利的概念
需要我们认真对待理由，即符合人权所体现的基本价值。

　　寻找界定新兴权利概念的"内在理由"，也就是要找出新兴权利得以
确立的本质性的因素。在有的学者看来，这就需要在比新兴权利的证成更
为纯粹和基础的概念论层面上探讨，因为"相比于新兴权利的证成问题，
新兴权利的概念问题显然处在更深的层次，因为它界定了相关证成问题的
讨论对象，从而影响了相关证成问题的讨论质量"。[5]新兴权利的概念论

---

〔1〕　周赟：《新兴权利的逻辑基础》，载《江汉论坛》2017年第5期，第114页。

〔2〕　对外在视角下新兴权利的泛滥，及内在伦理转向问题的论述，参见王方玉：《权利的内
在伦理解析——基于新兴权利引发权利泛化现象的反思》，载《法商研究》2018年第4期，第82～
92页。

〔3〕　朱振：《认真对待理由——关于新兴权利之分类、证成与功能的分析》，载《求是学刊》
2020年第2期，第112页。

〔4〕　朱振：《认真对待理由——关于新兴权利之分类、证成与功能的分析》，载《求是学刊》
2020年第2期，第105页。

〔5〕　张泽健：《权利无法新兴吗？——论既有权利具体化的有限性》，载《法制与社会发展》
2022年第3期，第46页。

者认为，既有的新兴权利概念定义还不够基础，名义上是概念定义，实质上是权利证成。"现有的讨论新兴权利证成的文章关注的核心问题基本都是：是什么使得一项新出现的权利主张成为真正的权利，乃至于应该得到法律层面的保护?"[1]仔细观察不难发现，既有的新兴权利证成隐含或回避了一个没有经过论证的前提——存在（应该存在）新兴权利。然而，这是需要先行论证的，所以更应该探讨的深层次问题是：新兴权利存不存在？对此有学者认为新兴权利其实是不存在的，新兴权利面对一个难以克服的悖论，即"如果新兴权利已经存在，那么它就不是新（兴）的权利了；如果新兴权利事实上并不存在，那么也就缺乏主张'存在新兴权利'的理由了。也就是说，新兴权利的支持者不可能同时主张这项权利既存在又不存在"。[2]对此，不应当额外确立新兴权利来应对新情况新问题，完全可以通过对既有权利进行动态化和具体化的解释性操作予以解决，从而权利观念之外无需单独主张新兴权利的必要。[3]

从概念论层面上说，我们把这种否定新兴权利存在必要性的观点称为"新兴权利概念否定论"。该论点无疑是深刻的，杜绝了从各种外在视角定义新兴权利，避免了各种似是而非的定义和权利泛滥的后果。然而其错误也是明显的，在于其混淆了"是什么"和"如何表达和形成什么"之间的不同。按照否定论的观点，谈及新兴权利时新兴权利就应该已经存在，但新兴权利如果已经存在，该权利就不是新兴的，因此，新兴权利不存在。显然这是把原本应该关注"如何表达和形成什么"不自觉地转换成了关注"是什么"，从而一心想要找到一个实实在在的、在那里存在着的实体性事物——新兴权利。殊不知新兴权利也好、法律权利也好，都是在特定的概念及关系结构中形成并被表达出来的，是不能够在实体性、还原论的意义

---

〔1〕 张泽健：《权利无法新兴吗？——论既有权利具体化的有限性》，载《法制与社会发展》2022 年第 3 期，第 47 页。

〔2〕 陈景辉：《权利可能新兴吗？——新兴权利的两个命题及其批判》，载《法制与社会发展》2021 年第 3 期，第 92 页。

〔3〕 参见陈景辉：《权利可能新兴吗？——新兴权利的两个命题及其批判》，载《法制与社会发展》2021 年第 3 期，第 90~110 页。

上予以定义的。否则，要么就会出现无限后退的难题，要么就会陷入鸡生蛋还是蛋生鸡式的悖论。某种程度上说，如果我们不涉及制宪权问题的探讨而只是从概念论的角度来看的话，每一个主权国家的宪法性权利都是新兴权利，因为在此之前没有哪一项基础性权利可以依据。这些初始性的宪法性权利固然要符合权利的基本法理，但权利的基本法理只是表达法律权利的方法和标准，并不是法律权利本身。就像人们理解一张桌子，现实世界中有各种材质和形状的桌子，它们共享"桌子"这个概念。但我们不可能想象，一个人在从来没有接触到具体桌子的前提下，仅凭"桌子"这个纯粹抽象的概念在大千世界中认识什么是桌子，什么不是桌子。这是典型的"理念先行""世界是理念的摹本"的柏拉图式世界观及其思维方式。这种世界观和思维方式认为，如果遇到新情况新问题难以解释，原因只是我们对于理念和现实之间关系理解得不够到位而已。具体到新兴权利问题上就会得出否定论，认为之所以提出新兴权利缘于我们没有认真对待权利，认真对待权利动态化和具体化就可以将所有新兴权利吸纳在既有的权利理论中，故主张新兴权利实属没有必要。然而，正如理论界所批评的那样，这是一种"头脚倒置"的世界观和思维方式。对此，权利理论家阿隆·哈勒尔引用爱因斯坦的一句话："如果我们知道我们正在做的是什么，那就不叫研究，不是吗?"[1]所以，正确的做法是，在社会/文化/经济/历史等多元化视野下对何谓新兴权利进行社会性考察和界定。

（二）新兴权利的概念要素

1. 新兴权利的社会性基础

通过分析我们知晓，新兴权利的产生有社会和文化的原因，也有法律上的原因。社会和文化的原因是直接的、基础性的，法律上的原因（新兴法益、法律遗漏、法律冲突）虽然表现为法律上的问题，但不同程度上都是缘于深层次的社会和文化原因所致。由社会和文化原因引发新兴权利要求一般有三种模式：①新的社会事实和社会关系产生，在既有的道德观

---

[1] Alon Harel, *Why Law Matters*, Oxford University Press, 2014, p. 1.

念、舆论氛围和观察视角下提出新兴权利;②新的社会事实和社会关系产生,再加上既有的道德观念、舆论氛围和观察视角转变提出新兴权利;③并没有新的社会事实和社会关系产生,但由于道德观念、舆论氛围和观察视角发生转变提出新兴权利。第一种模式较为典型的有数字人权、基因权利等因为高新科技出现而产生的新兴权利主张。其权利机理是,以人之所以为人的基本人权为框架应对新的社会事实和社会关系。第二种模式较为典型的有女性主义权利范畴内的一些新兴的女性权利,如女性社会平等权、性自主权、单身女性生育权、堕胎权,此外还有医疗救助权等。[1]此类新兴权利主张的出现,必要的前提一是社会条件的改变,二是道德观念和舆论氛围的转变,二者共同作用缺一不可。第三种模式较为典型的有同性婚姻权、不知情权等。这类权利主张的提出不以新的社会事实和社会关系为前提,原本就存在着权利主张所依据的社会事实和社会关系,后来是因为道德观念、舆论氛围和观察视角转变才提出新的权利主张。仔细分析我们就会发现,无论哪一种实质上都是社会和文化实践的结果。

接下来,我们以第三种模式举例说明。例如,"同性婚姻权"就是因道德观念和舆论氛围转变提出的。同性相恋意欲结为秦晋之好的现象早已有之,并非现代独有,只不过为当时的道德观念和舆论氛围所不容,因而绝无权利主张的可能。现代文明进步的一个重要方面就是在不触犯道德伦理底线的前提下,对各种不同群体、不同价值观尽可能予以包容。随着道德观念和舆论氛围的转变,同性婚姻群体及其支持者越来越多,同性婚姻合法化成为当代社会一个颇具争议的社会问题。"同性婚姻权"在当前中国尚是一项新兴权利主张,但在欧美、南非一些国家已不是新兴权利了。又如,信息过剩时代和基因检测背景下的"不知情权"。信息过剩的当下,

---

〔1〕 以"医疗救助权"为例。古代社会医疗技术水准和医疗条件较为落后,对疾病的治疗机理和标准的认知也很简单,加上对生死疾患的自然主义和神秘主义文化观念的影响,人们很容易接受现实的诊疗结果,不太可能产生医疗救助权要求。现代社会则不同,医疗技术水准和医疗条件发达,对疾病的病因、治疗机理和标准也有深入认知,加上人的主体意识和权利意识的增强,人们就会产生对自己应该接受什么样的诊疗、诊疗应该达到什么样的效果等问题产生要求,提出医疗救助权主张。

人们既想知道得太多，又怕知道得太多危险系数更大，这是智慧信息时代的悖论。为确保人们不受信息过度传播的影响和免受其害，保留一点属于自己的宁静空间，不知情权被提出。随着基因检测技术的飞速发展，与之相关的伦理问题也浮出水面。为减少基因检测技术对受测者带来精神和心理伤害的风险，人们希望拥有一项得到他人尊重的新兴权利，那就是依据自我意愿和价值观念对可能造成伤害风险的检测结果选择不被告知的权利，基因检测中的不知情权应运而生。这两类不知情权都是因思维观念和观察视角转变而产生的。目前国外已有用于医疗领域的不知情权相关法律文件。[1]

以上三种模式都不是建立在既有法律权利观念上出现的，其表现出来的也不是上位概念和下位概念之间的逻辑推演关系，而是说明新兴权利是因新的社会事实和社会关系和/或既有的道德观念、舆论氛围、观察视角发生变化产生的，其实质都是社会和文化实践的结果，新兴权利是在实践中存在的社会性权利，有其生成的实践性、社会性基础。如此看来，新兴权利的概念界定是一个由新的社会事实和社会关系到概念定义、由概念定义再到新的社会事实和社会关系，这样一个实践生成、目光往返流转的过程。

2. 新兴权利的人权基础

社会事实和社会关系的发展变化会产生各种利益的新兴权利要求，相互之间的冲突在所难免。当利益冲突时，哪一种权利要求更具有合法性，能够成为新兴权利主张和保护的依据，可以成为界定新兴权利概念不可或缺的要素？笔者认为，仅仅从利益的角度来看，没有哪一种利益具备这种性质和功能。因此，需要跳出利益的限制，进入一个具备基础性和普遍性功能的维度来思考。需要注意的是，此处说的是"跳出利益的限制"，并不是说不关涉利益。相反，笔者是站在拉兹的"权利利益论"立场上的，认为权利的本质是法律所保护的利益。那么，什么样的思考维度能够同时

---

[1]　1995 年世界医学协会《患者权利宣言》指出："患者有要求不被告知（医疗数据）的权利，除非是为了保护他人生命。"

具备基础性普遍性功能和利益取向？答案是：人权。需明确的是，无论是什么样的主体主张何种新兴权利，从可分析及其可证成的角度来看，都应当而且可以纳入一个最基本的框架和标准当中予以分析，那就是人权，即人之所以为人的权利。[1]因为，对于一个国家和政府而言，尽管其可能承担着各种各样的义务，但究其根本而言，就是为了保障公民的人权。经过这样的理论梳理，自然就呈现出国家保护公民人权的内在关联性。同时，学界经过长期研究所形成的共识是，人权是一个异常复杂、多角度、多层次、动态生成发展的复合性权利，既包括已有的得到共同承认的权利，也包括正在生成的有待承认的权利。国家保护人权是共识，自然得出的结论就是，国家保护新兴权利也是国家保护人权的题中应有之义。

在国外研究综述中，笔者已阐明国外学者较注重从基本人权视角展开对新兴权利的界定与分析，尽量在基本人权的理论与实践框架内予以解释并吸收。新兴权利关涉新兴领域的人权保护问题，辨别真假新兴权利和界定新兴权利概念适宜以人权为解释框架。在经过漫长的理论和实践历程、积累了浩如烟海的文献之后，著名人权研究专家詹姆斯·格里芬仍然感慨："在'人权是什么'这个问题上，我们尚未取得足够清晰的认识。"[2]之所以如此，概因人权并非永恒不变的，而是发展变化的。在杰克·唐纳利看来："任何人权概念和人权一览表——以及人权思想本身——都具有历史的特殊性和特定性。"[3]如此看来，人权思想在本源上具有历史性，是特定历史发展阶段的产物；人权概念在生成上具有实践性，和新兴权利一样也是社会实践的产物；人权谱系在认知上来自民众对社会实践的总结和类型化。总的说来，人权就像是一个集中装置，以"人之所以为人"的标准来包容、解释和甄别层出不穷的新兴社会事实和社会关系，在此基础上逐

---

〔1〕 需要说明的是，并不是任何主体主张任何新兴权利都是成立的，这应该是一个基本常识。一个主体主张一项权利能否被承认，实质上是有两个阶段或曰两个层次的肯定：一是肯定其是一项人权，如果连人权都不是，怎么可能进一步辨明其是哪项具体权利；二是在人权的基础上，再具体辨明并分类该主张的权利属性和类型。

〔2〕 ［英］詹姆斯·格里芬：《论人权》，徐向东、刘明译，译林出版社 2015 年版，导论第 1 页。

〔3〕 ［美］杰克·唐纳利：《普遍人权的理论与实践》，王浦劬等译，中国社会科学出版社2001 年版，导论第 1 页。

步展现人权概念的本质、拓展人权概念的内涵和外延。对于新兴权利来说，人权概念及其构成要素既是人之所以为人的底线标准、又是追求幸福生活的最高标准。人权作为底线标准意义在于：一项新兴权利主张是否能够确立，要符合人权概念的本质和实现人之所以为人的目的，否则就只是个别化的利益主张或道德权利而已。人权作为最高标准意义在于：一项新兴权利主张是否能够确立，从权利内容及目的功能来说，要尽可能地实现追求幸福生活的最大人权和社会的共同善。

本书认为，以宪法人权为解释框架、作为新兴权利的概念要素，优势至少有五点：①在漫长的理论与实践发展进程中，对于什么是人权及人权的必备要素有哪些已有较为一致的观点，以之作为甄别真假新兴权利的标准，既便于清晰识别又可以避免权利泛滥；②人权保护是宪法最核心的价值追求，是国家的本质和目的。新兴权利关涉新兴领域的人权保护，相当多的新兴权利都直接指向国家义务，适宜通过宪法学"人权保护-国家义务"的分析框架证成新兴权利的国家保护义务；③以宪法模式及其规范方法来确立和保护新兴权利，能够确保新兴权利研究的本土化和体系化思维。新兴权利是为人权价值所统摄的权利束，但并不意味着是一束散乱的权利大杂烩。人权统摄下的实践性新兴权利和实证性法律权利之间应相互配合，持续不断地弥补既有权利理论的空白、挖掘其更深层次的内涵和扩展权利体系的射程范围；④以人权为基础可以为新兴权利找到宪法上的以人权保护为基础的基本权利保护依据，新兴权利保护的基本权利路径可以较好地解决新兴权利的实在法困境和可诉性难题，只在部门法或司法的层次上保护容易引发权利冲突；⑤新兴权利主张的背后很多是既有人权类型不能包含在内的新兴人权。对于此类新兴人权的确立和保护，如果仅通过部门法规范的解释适用和司法中法官对个案裁判的衡平，虽然可能会在司法适用的层面上及时解决个案问题，但也可能会带来部门法之间解释冲突、类案不同判、基本人权保护不到位、利益平衡不公平等弊端。因此，为了避免诸如此类问题，需要上升到宪法层次的人权解释框架和国家义务体系。

3. 新兴权利的国家福利保障基础

明确了人权是新兴权利的基底以及国家义务是实现新兴权利的最优化选择之后，接下来要探讨的是国家保护的理由与方式。

新兴权利体现为人权在新兴社会事实和社会关系领域的深入和扩展。宪法权利是已被立法确立的实然人权，新兴权利是尚待立法确立的应然人权。从宪法的目的和功能来讲，确立和保护基本人权是其核心要义和国家义务。然而由于主观认知偏差和客观条件限制，新兴权利的确立和保护不可能一蹴而就，是一个逐渐从社会性权利升华为法定权利、从应然人权实现为实然人权的过程。主客观影响和制约的因素有很多：权利观念、社会舆论、文化类型、经济发展水平、政治文明程度、立法司法资源等都有可能，这些因素在人类文明发展的历程中已被熟知。建立在这些条件基础上的传统人权的类型及保护途径也被反复探讨且定型，成为人权保护最低限度及最权威的文本。[1]这些文本和本国宪法在内共同构成新兴权利得以产生的"母本"。但如同生物繁衍一样，仅有"母本"没有"父本"也产生不了新兴权利。那么，"父本"是什么呢？所谓"父本"，按其原意是指能够引起母本孕育的外在的、活跃的基因载体。母本相对稳定，父本多变难以预测。母本保持物种的不变性，父本刺激产生生物多样化。运用到新兴权利保护问题上，父本是指国家福利保障。

福利关乎每个公民的利益，更与社会弱势群体的利益息息相关。福利意味着人民对美好生活的人权追求和福祉满足，是一种满足人民幸福感的制度安排。因而，福利是国家社会制度建构的实现目标之一。随着当前经济社会的飞速发展，公民的权利范围逐步从自由权扩展至福利性权利，包括福利性权利在内的社会保障类人权成为新兴权利的主要发生场域，而社会权的实现与国家福利保障息息相关。在具体实现方式上，国家通过社会政策制度和体系的设计，从两方面提供新兴权利得以产生的契机：一是规制风险；二是提供福祉。国家福利保障和社会风险防范密不可分，"风险

---

[1] 较为典型的例子就是 1966 年联合国大会通过的《公民权利及政治权利国际公约》《经济、社会、文化权利国际公约》和 2004 年我国人权入宪。

是市场社会的典型特征，公民将遭受风险之苦并由此产生特定需要，而国家则负有为他们提供援助和支持（不管是用钱还是用物）的明确义务，并且这种援助是作为公民的合法权利而提供的"。[1]这两方面涵盖了从最低限度生活保障到最优化福祉提供，编织出一张立体化、多角度、全方位的需求和价值网络，以此向立法者提供了一份详细的、应该确认哪些新兴权利、如何确认新兴权利的清单。[2]开出这份清单的学者不在少数，典型的有以英国著名学者皮特·阿尔科克牵头，联合众多学者编撰的《解析社会政策》（上、下）。[3]有了这份权利清单，就可以按图索骥地发现、甄别和确认新兴权利，避免当前新兴权利研究中由于零散不成体系、没有主线和逻辑而造成的：要么权利冲突、要么权利泛滥、要么权利空白等乱象。

（三）新兴权利概念的界定及释义

新兴权利概念当是本书研究的逻辑起点，亦是论题研究的基石性概念。因此，我们需要先对学界较为代表性的新兴权利概念进行分析总结，在此基础上进行本书的概念界定及解释说明。

1. 学界对新兴权利的定义及总结

（1）姚建宗教授的定义及观点

国内学界最早研究新兴权利的姚建宗教授将新兴权利定义为："我们所谓的'新兴'权利事实上并不是一个真正的法学意义上的概念，它所表征和代表的实际上是一系列不同类型和性质的权利，因此，可以说它实际上是一个表征'权利束（丛）'的统合概念。"[4]虽然姚建宗教授没有进

---

[1] [德]克劳斯·奥菲：《福利国家的矛盾》，郭忠华等译，吉林人民出版社2006年版，第2页。

[2] 为了保障公民权利和社会福祉的实现，国家和政府制定实施详尽的社会政策，从各方面控制社会风险、实现整体最优化的社会福祉。如从就业、收入分配、教育、医疗、住房、老年人照护、妇女儿童保护、农民工福利、残疾人福利、流浪乞讨规制、区域间协调发展、社会互助等进行福利保障。参见李迎生等：《当代中国社会政策》，复旦大学出版社2012年版，第32~423页。

[3] 在这本皇皇巨著中，从收入分配、健康照护、社会照护、学校教育、终身学习和培训等不同社会领域和事项，以及少数族裔、种族、儿童、女性、老年人、残疾人、移民和寻求庇护者等不同需求主体，分析了社会政策体系的建构。参见[英]Pete Alcock等主编：《解析社会政策（下）：福利提供与福利治理》，彭华民主译，华东理工大学出版社2017年版，第189~377页。

[4] 姚建宗：《新兴权利论纲》，载《法制与社会发展》2010年第2期，第5~14页。

行严格的定义式概念界定，但却从实践重要性角度对新兴权利进行了描述性界定。首先，他从类型化的角度对新兴权利予以描述：一是以现实实践为基础的法律实定化的权利；二是未曾法律实证化，但具有社会实践真实性的社会性权利或者事实性权利；三是有悖于权利传统和权利常态的一些权利要求形式，从实践可行性来看我们很难将其制度化，因此，在一个相当长的时期内其只能是以观念和思想的方式存在的权利主张；其次，他从时间和空间的形式标准，以及权利的主体、客体、内容和情景等实质标准的角度来界定新兴权利。[1]

另外，他还强调："'新兴权利'这个概念还是比较'有用'的，特别是其作为表征'权利束（丛）'的统合概念，运用该概念在法学理论层面来研究这些权利的'新'现象与'新'的权利要求也显得很方便。对于新兴权利的思考和研究还是要尽可能地从现实社会实践及其需求出发，尽可能避免将新兴权利研究直接等同于仅仅以道德和伦理正当性的证成为核心的而从应然性出发的单纯价值可欲性研究，而应坚持以现实性为基础结合其可欲性与可行性来进行新兴权利的研究。"[2]

（2）谢晖教授的定义及观点

谢晖教授颇具特色的是区分了新型权利和新兴权利，认为这是两个容易混淆的不同概念。二者的区别在于"前者是自觉的、法定（裁定）的和统一的；而后者是自发的、自然的和多样的"。[3]他还明确指出新兴权利和法定权利的关系："它是法定权利的对称，是法定权利之外的、实存的社会权利，但与此同时，它是与法定权利息息相关的权利。新兴权利是一种在法律规范之外实存的社会权利。它不是法定权利，但可能升华为法定权利。"[4]

此外，谢晖教授还认为新兴权利面临着这样一个更为基础性的追问：

〔1〕 参见姚建宗：《新兴权利论纲》，载《法制与社会发展》2010年第2期，第5~14页。

〔2〕 姚建宗、方芳：《新兴权利研究的几个问题》，载《苏州大学学报（哲学社会科学版）》2015年第3期，第52~53页。

〔3〕 谢晖：《论新型权利生成的习惯基础》，载《法商研究》2015年第1期，第44页。

〔4〕 谢晖：《论新兴权利的一般理论》，载《法学论坛》2022年第1期，第41、54页。

"新兴权利是'权利'吗？它在法律上能够证成吗？如果回答是，当然就有研讨的合法性基础，否则，皮之不存，毛将焉附？"[1]对此，他的解决思路是应当突破权利研究的法律藩篱，在两种视野下展开权利问题的讨论：一是在法律权利视野下进行，这是我们通常讨论法律权利问题的方式；二是法律权利视野之外的类型化综合性方式。当在外延上对权利概念做类型化处理时，就打开了在法律权利之外关照和审视权利这一概念的窗口，使人们可以进一步开阔权利研究的视野。因而，全面深入探讨权利问题的应有方法是，不仅可以从"法律的观点"看权利，还可以从"社会/文化/经济/历史的观点"看权利。这样一来，新兴权利是不是"权利"的问题，就有了完全不同的观察和研究视野。在解决了新兴权利在法律上可以证成其"权利"性质这个关键性问题之后，谢晖教授将新兴权利界定为："所谓新兴权利，是指在人们的交往行为中，尽管于法无据，但实际上能够普遍地、一般地、经常地影响人们资格、利益、主张等得以拥有、运用和处分的情形。这种情形，实质上使新兴权利处于一种规范状态。"[2]

（3）其他学者的定义及观点

如任喜荣教授以信访权为例，将新兴权利界定为"正在被理论证成、被普通公民实践并开始达成一种普遍的权利共识"。[3]聂佳龙和史克卓两位学者则以公民启动权为例，将新兴权利界定为"为人权所统摄的在一定程度上得到社会认可但未被法律确认或被保障的'权利束（丛）'"。[4]因在本书文献综述的概念界定部分已有论述，故在此不再一一列举赘述。

综合看来，姚建宗教授最早展开对新兴权利问题的研究，其研究因此也具有开创性的特征，主要集中于对现象的描述和总结，以定性研究为辅。在此基础上，谢晖教授将研究继续推进，主要集中于定性研究，对新

---

[1]　谢晖：《论新兴权利的一般理论》，载《法学论坛》2022年第1期，第41页。

[2]　谢晖：《论新兴权利的一般理论》，载《法学论坛》2022年第1期，第42页。

[3]　任喜荣：《信访制度的属性与功能检讨——作为"新兴"权利的信访权》，载《法商研究》2011年第4期，第37页。

[4]　聂佳龙、史克卓：《论作为"新兴权利"的公民启动权》，载《广州社会主义学院学报》2013年第2期，第101页。

兴权利展开一般性理论研究，表现为对新兴权利进行概念和类型的区别与定义。其他学者则进一步加以补充完善。综观学界现有定义，我们总结出四个特点：①对于新兴权利的概念界定不能囿于法律研究的视野，应当在社会/文化/经济/历史的综合性视野下进行，在这些领域都会生成新兴的子权利。②新兴权利不是法定权利，而是法定权利之外实践中存在的社会性权利，但与法定权利息息相关，可能升华为法定权利。③新兴权利与习惯权利、自然权利、实在权利、道德权利之间有关联。在社会变迁、观念转变、利益调整转化、社会关系更迭等因素作用下，这些权利有可能会催生出新权利、转变为新兴权利。新兴权利与这些权利呈现的是交集关系，更像是这些权利与法定权利之间的转换装置。④研究新兴权利的核心理由在于，其具有实践重要性和保护必要性。通过对其权利属性的探讨，在理论上会推进对权利概念及一般权利理论的深入认知。

2. 本书对新兴权利的定义及释义

本书认为，所谓新兴权利是指：以人权为目的和生成演绎框架、以国家保护消极自由不被侵犯和积极保障福利实现为依据、在法律规范之外实践中存在的社会性权利。

接下来，我们对新兴权利的定义进行进一步的解释说明：

（1）为什么新兴权利的权利属性是社会性权利，不是法律权利？

所谓法律权利顾名思义指的是法律所确认的权利，即能够依据现行法律规范直接确定的权利。而新兴权利指的是在法律规范之外社会实践中自发生成的、自然的和多样性的权利，这些权利要么是基于习惯、要么是基于人权标准、要么是基于道德权利、要么是社会规范要求等。但无一例外的是，这些权利都没有现行法律上的直接的规范依据，往往是习惯规范、道德规范、宗教规范、乡规民约等社会规范依据。所以，从性质判断的权利属性角度说，新兴权利不是法律权利。这是一个基本前提，在此前提之下我们才可以进一步探讨其他问题，我们所探讨的核心问题才可能有准确的判断和定位，即全文是在什么样的层面上和视角下、探讨新兴权利中的什么问题、应该通过哪些方法探讨新兴权利等，否则会产生一系列的概念混淆乃至基本原理错误。为了避免这种混淆和错误，谢晖教授采取了一个颇有洞见的、较为宽泛的权利视野，以此突破既有权利研究的法律藩篱。即权利研究不仅仅包括法教义学视野下的法律权利研究，还应当包括"社会/文化/经济/历史视野下"的综合性权利研究。谢晖教授的这一观点颇具启发意义，较为深入全面地拓展了新兴权利研究乃至一般权利理论研究的视野。郭道晖教授也持相似观点，认为权利不是只有法定权利一种，从大的方面来说，包括国家法定权利和法外社会性权利两种。从具体的权利存在形态角度来看，又可以细分为：①应有权利：人权、道德权利；②自在权利：习惯权利；③法定权利；④实享权利这四种。因此，权利具有多元属性。[1]随后，郭道晖教授继续调整和深化对权利形态的认知和分类，以人权作为统领性概念，将这四种权利形态包括在人权之内。[2]

以上说明，新兴权利不是法律权利，这是对新兴权利属性的基本厘定。不过，新兴权利虽然处于现行法律规范之外，却与法律权利息息相关。从一般性权利理论的另一个视野，即社会/文化/经济/历史的视野来看，新兴权利不仅具有实践上的重要性，并且将其作为基本人权的类属时，可以从具体人权的法律保护视角来分析，从而具有权利关联属性；将其作为社会自在权利来看时，因其具有实在的、普遍性的社会规范性地位和作用，因此具有一般性的权利规范性属性；此外，新兴权利和法律权利之间有着紧密的关联性，即使从法教义学的权利分析视角来看，新兴权利当中所包含的道德权利、习惯权利等，也经常被拿来作为分析法律权利的背景性因素及其来源，因此具有权利要素分析属性。综合这三方面来看，

---

〔1〕 权利的多元属性包括两方面："一是基于权利具有多种存在形式和多种运行状态，最基本的有法律上的权利（法定权利）和非法定的法外权利（自然权利或社会自发形成的权利）两大类。后者又有人权、社会习惯权利、道德权利、宗教权利、团体权利等等；二是权利的内容和形式也随社会经济和政治文化发展的不同阶段而发展变化……因此，固守某一特性来定义权利概念，难免僵化、粗疏化、绝对化。比较实事求是的办法是，从权利的起源和形成、发展、权利的多种存在形式，分别具体地对权利的本质内容与本质形式诸多方面，多角度考察其多元属性，而不必拘泥于规限一个或几个基因、要素。"参见郭道晖：《法理学精义》，湖南人民出版社2005年版，第90~102页。

〔2〕 参见郭道晖：《人权论要》，法律出版社2015年版，第10~21页。

恰恰证实了学者们所说的新兴权利在法律规范之外存在，但与法律权利息息相关。这也意味着，从法律上的证成性来讲，对新兴权利进行探讨的合法性基础就具备了。

所谓社会性权利是指社会中自发形成和独立存在的非法定权利，是独立于法律之外存在的权利，又称之为社会自在权利。[1]社会性权利和自然权利在权利来源上不同，在权利存在形态及其运行形式上有交集。之所以区分出社会性权利，目的和功能在于"既以之区别于纯然以人的自然属性为依托的'自然权利'，又以之相对应于由国家权力确认和支持的'国家法定权利'"。[2]正如姚建宗教授对新兴权利的描述性定义所言，新兴权利是一个表征权利束（丛）的统合概念。现在看来，这个统合性的权利束（丛）所表征的一系列不同类型和性质的权利包含与自然权利的交集部分、道德权利、习惯权利等非法定权利，并且与法定权利相对应，我们可以将新兴权利视为社会性权利。谢晖教授直接将新兴权利定义为社会权利，并具体分析了作为社会权利的新兴权利和习惯权利、自然权利、实在权利等权利之间的关系。[3]总结谢晖教授对新兴权利和诸多非法定权利之间关系的论述，提出社会权利作为新兴权利的权利属性，其实就是以权利新兴化的视角去一一检索和分析诸多非法定权利当中哪些可以催生或转化为新兴权利，凸显了新兴权利生成的社会性、实践性基础。

综合上述分析，本书认为新兴权利的权利属性不是法律权利，而是社会性权利，是在法律规范之外实践中存在的社会性权利。

（2）为什么以人权（一般人权和具体人权）为目的和生成演绎框架？

按照本书的定义，新兴权利在本质上是社会性权利，与法定权利相对

---

〔1〕 参见郭道晖：《法理学精义》，湖南人民出版社 2005 年版，第 91 页。

〔2〕 郭道晖：《法理学精义》，湖南人民出版社 2005 年版，第 91～92 页。

〔3〕 在谢晖教授看来，"分析习惯权利时，尽管不能排除其老、旧、传统等特征，但相对于既有法律，它也是或至少可能是新兴权利"；"自然权利也有其随着社会关系内容的更迭和变化，而催生出新的自然权利之可能"；"实在权利，不仅因为传统的社会关系和社会事实而存在，而且也会因为新社会关系的产生而存在。如网络虚拟财产权、网名权、网络密码权、代码权、变性权、复姓使用权等"。参见谢晖：《论新兴权利的一般理论》，载《法学论坛》2022 年第 1 期，第 43～44 页。

应，和自然权利有着内在关联性。这种关联性不仅表现在某些自然权利会随着社会关系内容的更迭和变化催生成为新兴权利，还体现在以人权作为实现新兴权利的目的和生成演绎框架的作用方面。社会性权利作为实存的自在权利，主要是基于"马克思主义者批判自然法论者关于自然权利的来源论"而被提出。[1]这种概念意义上的社会性权利虽然有其特定的目的及优势，但毕竟由于其着眼于唯物的客观的角度，而对于人的自然的本质属性就不予涉及。换句话说，对于何谓人之所以为人，我们固然可以从马克思主义基本原理所说的是一切社会关系的总和来理解，但同时，我们也不能忘记马克思主义基本原理当中所说的另一个方面，即如果人完全被还原至物化的关系当中，那么，"人的异化"则在所难免。所以，我们还需要从脱离物质关系的角度来理解人，即人不依靠物而拥有的精神性本质，这应该也是人的本质的另一个来源，在道德和法律上有效维护和调整这个本质来源的就是人权保护。在这个意义上的人权保障可以对实存的社会性权利起到引领、价值和权利冲突时作为底线性标准的作用。这也是为什么以人权（一般人权和具体人权）为新兴权利的目的和生成演绎框架的原因之一。其原因之二在于，契合我国《宪法》第 33 条第 3 款"国家尊重和保障人权"即人权条款的规定。我国现行宪法所规定的人权条款相当概括和抽象，更适合作为指导性的宪法原则来适用。如何体现和完善该原则，无非两条路径：一是通过既有法定权利的适用；二是通过新兴权利进行确立及转化。[2]新兴权利要想被纳入法律所保护的权利范畴，就必须遵循既有权利体系的逻辑与价值而不得违背，从而实现权利的体系化和权利体系内价值的统一化，否则新兴权利价值的证立就会存在正当性危机。从这个意义上说，人权最适宜作为新兴权利的目的和生成演绎框架。进而言之，新兴权利一旦被纳入人权这个经典分析框架、一旦寻得人权这个"安身之所"，便帮我们找到了新兴权利的证立方法与保护之道。

---

〔1〕 郭道晖：《法理学精义》，湖南人民出版社 2005 年版，第 91 页。

〔2〕 郭道晖教授专门就自然权利、社会权利和法定权利之间的转化进行过详细论述。参见郭道晖：《法理学精义》，湖南人民出版社 2005 年版，第 102~111 页。

新兴权利主张如雨后春笋般涌现出来，类型五花八门、不一而足，很难以某一种或某几种利益类型将其全部概括。从能够普遍化地影响人们资格、利益且具有合法性证明力的角度来讲，以一般人权理念即人之所以为人的理念及其权利保障为基础、以人权的具体实现作为标准较为适宜。首先，无论是哪一种新兴权利主张，如果能够得到普遍性承认，从而具有社会规范性的话，都必须以实现一般人权为前提，或者说最起码以不妨碍普遍性的人权实现为前提；其次，虽然说每一种新兴权利的实现都会对一般性的人权起到促进作用，但新兴权利主要的目标和作用还是在于如何将抽象人权予以具体化实现；最后，以实现具体人权为目标，自然包含着以基本人权保护和具体人权实现的双重标准。这样一来，就有了一个统一的辨别新兴权利主张是否正当性的底线标准，同时，又有促进和保障各个社会领域、各种类型具体福利的积极权利以及消极自由的人权作用。也就是说，以人权（具体人权）实现为目标，既包括了能够通过国家福利保障的方式来实现的积极的新兴权利，又包括了不适宜通过国家福利保障的方式来实现的消极的新兴权利。以此，以实现具体人权为目标，既可以避免真假新兴权利泛滥，又不至于将正当性的新兴权利遮蔽。

（3）为什么以国家保护消极自由和积极保障福利为依据？

从国家义务保护的人权类型来讲，可以分为消极人权的国家保护和积极人权的国家保护两大方面。例如，隐私权、被遗忘权、婚恋自由权、创作自由权、择业自主权、流浪权、变性权等，这些新兴权利的实现以及有效保护所需要的是国家义务主体保持克制和谦抑，避免干扰新兴权利主体的自主性权利行使。从人权保护的代际划分来讲，这类权利大多属于第一代人权中较为典型的新兴类型。彰显的是如何把人从神权、国家权力的桎梏中解放出来，把个体化的人真正作为独立自主的、构成社会最基本单元的权利主体。直至现在，这种思想及法律实践一直被坚持着，在公法中以"公民权利—国家义务"的形式，在私法中以"个人权利本位"的形式体现出来。不仅成为现行法律体系中的构成性原则，而且，在现代社会发展中成为消极人权保护的核心原则，进而成为消极自由权保护的核心原则和依据。

　　随着福利社会的发展以及中国主张消极人权和积极人权并重，包括福利性权利在内的社会保障类人权成为国家积极保护义务的主要发生场域。譬如，发展权、住宅权、环境健康权、公共知识财产权、数字财产权、基本医疗服务权、公平优质受教育权等，这些新兴权利的实现以及如何进行有效保护，国家义务主体就不能继续保持克制和谦抑，新兴权利主体也不可能自主性权利行使，需要的是国家积极提供帮助和福利保障。现代社会发展出现越来越多的经济组织、社会组织，如大的科技组织和网格平台，相较于这些强势组织，个体化的公民事实上在很多方面处于劣势，国家需要仔细甄别哪些是促进经济社会发展和保护公民新兴权利必须履行的积极义务。随着国家发展和社会进步社会财富极大增加，但个体和社会组织的财富分配、利益保护、权利实现并没有如我们所期许的那样同频共振。不仅如此，还出现了越来越多的两极分化、区域发展不均衡、社会发展成果共享机制不配套、阶层利益分配机制不公平等一系列问题。这些问题依靠个体化力量是难以解决的，必须依靠国家进行积极的社会福利保障，而国家积极的社会福利保障需要动用国家和社会的共同财富及财政力量进行再分配，这当中就必然涉及公平正义问题。这些问题体系化后映射在学术上就是第二、三、四代人权理论的提出，第二、三、四代人权理论的核心问题是国家如何实现积极的人权保护。国家积极保护人权不是无条件的，每一个国家的经济发展水平、社会物质条件、文化历史传统、司法资源分配等都不尽相同，能够提供积极人权保护的程度及方式也不尽相同。为了能够做到最大化福祉实现而又不失公平地对社会弱势群体进行合理扶助，社会福利保障和福利国家保障应运而生。社会福利保障和福利国家保障是一份全面细致的菜单式的积极人权保护索引。其中，有些福利保障已经被现行宪法和法律所采用，成为法定权利。还有许多尚未采用，可以据此成为主张新兴权利的基础和素材。

　　综上所述，从本书新兴权利的概念可以导出，新兴权利可以依据"人权的国家保障义务"理论进行确认和保护。具体保护方式上：一方面，从人权保护主体和价值核心角度出发，可以通过宪法人权解释框架的方式确认和保护。因为"以基本权利的方式保护新兴权利能够赋予新兴权利更高的位阶，增强其保护程度"。[1]当然，如何通过对宪法的解释性操作实现基本权利规范和新兴权利之间的涵摄，将是一个永无止境的动态发展进程。具体操作层面上，"在新兴权利的保护进程中，一种重要的进路就是依据宪法关于基本权利的规定通过对宪法相关基本权利条款的解释，将新兴权利所体现的利益纳入已经存在的具体基本权利之中，或者在概括性基本权利条款下创设未被宪法明文列举的新的基本权利，从而根据基本权利的规定保护新兴权利"。[2]以此，从是否有宪法法源、能否被人权涵摄和运用未列举权利规范支持，可以有效识别哪些新兴权利主张应该而且可以确认为新兴权利、哪些是既有法律权利的动态化或具体化而无需单独主张、哪些要是确立为新兴权利会造成权利冲突和权利泛化、哪些不具备成为新兴权利的实践重要性和保护可行性而无需再议等；另一方面，从国家保障义务主体和职能转变角度出发，可以通过立法创制、司法推定及合理配置国家职权的方式确认和保护。在分析和定义新兴权利时，需要参照义务、自由、权力等相关性概念，在与这些概念动态关联的过程中进行，其中最具规范性的就是在权利与义务之间的动态关联中进行。以此，通过新兴权利与国家义务之间的结构关联及实践互动，动态地实现新兴领域中人权的国家保障义务。

三、新兴权利的证成标准

（一）新兴权利主张与新兴权利证成

主张一项权利和证成一项权利之间是什么关系？尽可能做周延分析的话无非有这三种：其一，毫不相关是两码事，而且不要混淆，防止以感性、个别化的价值判断和利益主张替代理性的、普遍化的法律权利规定和适用；其二，完全等同，权利主张就是权利证成，二者没有区别；其三，

---

[1] 张建文：《新兴权利保护的基本权利路径》，载《河北法学》2019 年第 2 期，第 21 页。

[2] 张建文：《新兴权利保护的基本权利路径》，载《河北法学》2019 年第 2 期，第 17 页。

本质上可以等同，但是有前提条件。权利主张如果被证成为规范性的法律权利，需要区分主张的主体、程序和内容。个人和社会性组织的个别化的、道德意义上的主张在没有经过国家有权机关承认的情况下，就只是主张而已，相反就是证成。笔者认为，这三种关系类型当中，可行且合理的关系是第三种。聚焦于新兴权利，新兴权利主张和新兴权利证成之间的关系需要从两个层面来看待：①个别化的价值和利益主张不能够成为新兴权利，不能够成为证成新兴权利的标准；②经由国家认可和保护的普遍化的价值和利益主张既是新兴权利主张的内容，又是可以以此证成和创制新兴权利的标准。

（二）新兴权利的证成标准

1. 学界新兴权利的证成标准

学者们或是基于对法律权利泛化的担忧，或是基于对新兴权利否定论的否定，提出各自的标准以证成新兴权利。在王方玉看来，新兴权利不断地被人们大量地主张，不能简单地认为是法律权利泛化，而是法治化社会的必然反应和必然现象。当然，也需要避免新兴权利主张的任意性而造成法律权利泛滥。他认为："新兴权利指一定时间阶段内新出现的观念性权利以及新近获得立法确认的法定权利和获得司法保障的事实性权利。"因为"新兴权利的出现往往是对既有权利体系的突破，所以在司法实践中被提出的新兴权利更类似于学者提出的权利主张（assertion of rights）"，[1]这样一来，在司法领域当中如何将新兴权利主张证成为规范性的新兴权利就比较重要了。在具体的证成标准上，他从正当性层面的实质论据提出宪法中的权利保障理念、部门法蕴含的权益保护理念、社会公共秩序中包含的合理利益；从规范层面的形式依据提出宪法中的概括性权利条款、部门法中的具体规定或原则条款、最高司法机关的司法解释等标准；从技术层面的论证方法列举出对既有法定权利进行扩张解释从而推定证成新兴权利、

[1] 王方玉：《新兴权利司法证成的三阶要件：实质论据、形式依据与技术方法》，载《法制与社会发展》2021年第1期，第114页。

基于概括性或兜底性权益保障条款推定新兴权利、基于生活事实补充法律漏洞从而"创造"新兴权利这三种具体的司法操作方法。[1]虽然从实质论据、形式依据、技术方法方面列举出一些标准和方法，但最终还是需要法官在具体的个案裁判过程中去发现和创设新兴权利，所以，"新兴权利的证成在某种程度上是法官作出理性价值判断的过程"。[2]这个结论既是王方玉在论述新兴权利证成时的闪光点，也是其缺陷所在。很明显，为了论证新兴权利之"新兴"是一种既在现行实证法律权利体系之外，又应该在整体性、一般性意义上的法律权利体系之内的特殊权利属性，王方玉的论证策略是取道于司法证成。虽然这是一个创见，但最终还是没办法解决这样一个问题：法官依据理性价值判断能够保证将新兴权利主张转变为规范性的法律权利吗？王方玉后来又对此进行了扩展论述，从自然法思维的自然路径、基于法律的实证路径和带有法社会学色彩的社会路径三个方面来证成新兴权利。[3]显然，他跳出了最终不得不依赖于法官进行理性价值判断的弊端，其论证思路及其方法在证成标准的提出方面较之以前有了实质性的推进。贾永健根据权利义务统一性命题提出"对应义务验证说"的证成标准较有新意。[4]他认为："一项权利是否成立可能存在不休争论，但若转化为'该权利所对应义务是否应当成立'，就有可能引导论者超越价值情感纠葛对新兴（型）权利主张是否成立形成较为清晰的内心确证。"[5]笔者认为，以义务作为对照论证权利既符合基本法理，又能够符合较强的法律权利规范性要求，还能够据此提出较为具体可行的证成标准。不过，以义务作为对照提出相应的新兴权利主张，还需要进一步论述谁的义务、

〔1〕 参见王方玉：《新兴权利司法证成的三阶要件：实质论据、形式依据与技术方法》，载《法制与社会发展》2021年第1期，第113~128页。

〔2〕 王方玉：《新兴权利司法证成的三阶要件：实质论据、形式依据与技术方法》，载《法制与社会发展》2021年第1期，第128页。

〔3〕 参见王方玉：《自然、法律与社会：新兴权利证成的三种法哲学路径——兼驳新兴权利否定论》，载《求是学刊》2022年第3期，第118~126页。

〔4〕 参见贾永健：《再论新兴（型）权利的证成标准：对应义务验证说》，载《北方法学》2022年第5期，第42~52页。

〔5〕 贾永健：《再论新兴（型）权利的证成标准：对应义务验证说》，载《北方法学》2022年第5期，第42页。

何种义务能够成为证成新兴权利的对应性参照物。一项新兴权利主张必须能够找到应该而且可以承担义务的主体才能被证成，否则没有任何意义。然而遗憾的是，贾永健并没有展开这方面的实质性论述。

姚建宗较早进行过新兴权利证成的论述，其论证的特点聚焦于阐明新兴权利之"新兴"的标准，"既可以从以时间和空间为核心的形式标准来判定，又可以从权利的主体、客体、内容和情景为核心的实质标准来判定"。[1]进一步，他又提出形式标准主要是时间标准和空间标准。实质标准有全新出现的纯粹的新兴权利、主体指向的新兴权利、客体指向的新兴权利、境遇性新兴权利。[2]在刘小平看来，虽然姚建宗提出了较为全面的形式和实质性标准，但是，"首先，无论是所谓的形式标准还是实质标准，集中关注的都是权利之'新'的标准，而更为核心的问题即为何可以称之为新兴'权利'的标准问题却基本上没有涉及；其次，对标准问题忽略的原因是姚建宗教授把新兴权利问题变成了一个纯粹描述性的问题"。[3]在刘小平看来，分析一项新兴权利主张是否能够证成为新兴权利，进而成为一项法律权利，需要"通过分析一项要求所提供的理由是否为内在理由来证成"，那么，一般性的新兴权利的证成就需要通过分析何谓内在理由来进行。何谓内在理由的研究就涉及对权利理论的探讨，是一般性权利理论的核心内容。段卫利也认为应该通过对内在理由的探讨来证成新兴权利，并且进一步提出内在理由的两种类型：个人利益和共同善。[4]

通过内在理由证成新兴权利，一是为了有效避免新兴权利的泛化，二是可以为新兴权利的证成提供一般性的理论基础。不过，什么是内在理由？这是一个非常复杂的概念，涉及道德自治、至善标准、个体利益和群体利益等一系列主体及其关系整合问题，以至于很难得出较为具体的标准

---

〔1〕 姚建宗：《新兴权利论纲》，载《法制与社会发展》2010年第2期，第3页。

〔2〕 参见姚建宗：《新兴权利论纲》，载《法制与社会发展》2010年第2期，第6~9页。

〔3〕 刘小平：《新兴权利的证成及其基础——以"安宁死亡权"为个例的分析》，载《学习与探索》2015年第4期，第67页。

〔4〕 参见段卫利：《新兴权利的证成标准分析——以被遗忘权为例》，载《河南大学学报（社会科学版）》2022年第4期，第45~51页。

和结论。以个人利益和共同善来说，原则上讲个人利益要服从共同善的要求，但是，何谓共同善？客观来说，共同善不可能是所有个人利益的总和。因此，共同善要么是功利主义式的最大多数人的最大利益从而只是部分人的善，要么只是指向某个理想化憧憬的符号式的概念。既然共同善可能只是部分人（哪怕是大多数人）的共同利益，那么，为什么这部分人的利益就是"善"，而少部分人的利益就不是？难道仅仅是因为人数多？这似乎有多数人暴政之嫌。从自然法的角度来说，少部分人和个体的利益有内在的善。现代宪法的精义须保护少数人的利益，因为在民主社会当中，再对多数人的利益予以特别保护的话反而是一种不公平。笔者不否认内在理由对于新兴权利证成的必要性，但在学术界目前对内在理由的研究尚未给出较为明确的定义和标准的情况下，加之新兴权利亟需较为明确的证成标准的现状，可行的方案应该是在内在理由的框架内寻找较为具体化的一般标准。对此，雷磊教授做出了有益的研究。在他看来，为了防止权利泛化，必须明确新兴权利的证成标准以严格区分权利主张和权利本身。新兴权利既然被冠以权利名号，当然要符合权利的概念标准，意味着其具有被保护的充分理由。具有被保护的充分理由可分为两方面，即"一方面必须体现正当利益，另一方面还必须说明对个人选择保护的重要性"。[1]除了符合权利的概念标准之外，还需要具备两方面标准，即"这项新兴（新型）权利应当为既有的法律体系所容纳，即通过权利推定的方法证明，它可以从法律明文规定的基础权利中推衍出来。最后，还要证明它有被实现的可能性，也就是基于社会成本或/和政治现实等方面的政策性考虑它在当下是有可能实现的"。[2]这样一来，新兴权利在合理性、合法性和现实性三个方面都得到证成。

综合以上学者们的研究，笔者认为雷磊教授总结提出的新兴权利证成的三个维度：合理性、合法性和现实性，是一个较为全面具体的标准框架体系，与本书对新兴权利的定义和整体的论证框架比较契合。

---

[1] 雷磊：《新兴（新型）权利的证成标准》，载《法学论坛》2019年第3期，第20页。

[2] 雷磊：《新兴（新型）权利的证成标准》，载《法学论坛》2019年第3期，第20页。

2. 本书新兴权利的证成标准

首先，需要具备合理性标准。何谓新兴权利原则上来说，不可能是个别化的利益主张，而是群体化的共同善。不过，即使是定义为群体化的共同善，也需要分清何种群体的善？社会中各种群体不一而足，其善的标准林林总总，那么，以谁的善为准？笔者认为，在各种群体当中，国家最为独特，代表的是最大化的普遍性的善，是抽象的共同善在现实世界中的具体化。所以，应该以国家理性作为新兴权利的证成标准。新兴权利当然也需要符合权利的概念标准及本书所定义的新兴权利概念，具有利益的正当性和充分的被保护理由。具体来说就是经由国家理性判断新兴权利主张是否具有被保护的充分理由，如果有，则确认为新兴权利及转换为法律权利，如果没有或者不够充分，则停留在新兴权利主张的层次，具体体现为道德主张、习惯主张等。经过合理性分析，可以发现合法性和现实性其实都与合理性相关。一项新兴权利主张如果不具备合理性，合法性和现实性也就不会具备。同时，合法性和现实性标准也会反过来支持和证成合理性标准。

其次，需要具备合法性标准。如果说一项新兴权利主张具备合理性标准，但是不能够予以合法化转换的话，那么，从何体现其合理性？难道我们仅仅只是进行概念界定和厘清理念的工作即可？很显然不是，仅仅满足于这些工作的话，那就还是新兴权利主张。将新兴权利主张确认为新兴权利的话，在具备合理性标准的同时还需要具备合法性标准，即通过权利推定、立法和司法解释等方法可以被现行法律体系所容纳。如果一项新兴权利主张确认为新兴权利及转换为法律权利之后，与既有的法律权利相冲突或与现行法律体系不能够逻辑自洽，则不能通过合法性标准的检验，不能获得国家保护。

最后，还需要具备现实性标准。按照雷磊教授的观点，具备现实性标准的意思是"基于社会成本或/和政治现实等方面的政策性考虑它在当下是有可能实现的"。[1]笔者在此基础上从两方面进一步细化该标准：一是

---

[1]　雷磊：《新兴（新型）权利的证成标准》，载《法学论坛》2019 年第 3 期，第 20 页。

加上主体标准，即谁来考虑？二是谁以什么标准考虑？答案就是，因国家是新兴权利保护的刚性义务主体，所以应由国家作为主体来考虑，以国家所能够提供的社会福利条件为标准考虑。国家能够提供何种福利却不提供、国家不具备提供某种福利条件和能力却要求其提供都是不现实的。国家需要在其经济发展水平、政治意识形态、社会道德氛围、历史文化传统等一系列综合性、现实性条件下，通盘考虑民众的某项新兴权利主张应否以及能否予以实证化、体系化。

四、新兴权利的类型划分

学者们依据不同的标准对新兴权利进行了不同的类型划分：①从利益的角度来看，既然被称为新兴权利自然是为了保护新兴利益，而且是以将现行实证法律规范所规定的"有名权利"之外的道德权利、社会性权利、习俗权利等转换为法律权利的方式实现。因此，"新兴权利包括法律权利的边缘性利益、法外利益或类型化中的利益三种类型"。[1]相应的新兴权利的类型可以分为"边缘性新兴权利""法律之外的新兴权利""类型化中的新兴权利"这三类。②可以采取列举式的方式对新兴权利进行类型划分。如姚建宗教授在《新兴权利研究》一书中，将新兴权利划分为"行政知情权、信息权利、基因权利、性权利、同性恋者的婚姻权、安宁死亡权、适当生活水平权、清洁饮水权、食物权、动物的权利（法律保护动物的伦理学依据）"这几类。[2]③从新兴权利入法的形式角度来看，有直接入法和间接入法两种方式。直接入法意指在法律中直接赋予权利名号表达权利内容的入法方式。间接入法分为三种方式：①通过法律义务的反射间接入法，主要适用于自然体的新兴权利、个性自由类新兴权利、成长中的新兴权利、极易滥用且容易失衡的新兴权利等情形；②通过国家职权的映射间接入法，主要适用于社会权类新兴权利、不宜提倡的个性自由类新兴

---

〔1〕 陈肇新：《基于法律形式性悖论的新兴权利证立机制》，载《苏州大学学报（哲学社会科学版）》2020年第6期，第49页。

〔2〕 参见姚建宗等：《新兴权利研究》，中国人民大学出版社2011年版，第45~386页。

权利等情形；③通过一般条款的涵摄间接入法，主要适用于一些零散、琐碎的新兴权利。[1]根据入法的方式不同，可以把新兴权利划分为"显性的新兴权利"和"隐性的新兴权利"两大类。

除了以上学者们的划分标准及不同类型外，还可以从其他观察视角对新兴权利进行类型化区分。例如，基于不同的主体标准可以分为：一般意义的人（自然人、法人、男、女）、动物、嫌疑人、犯罪人、残疾人、消费者、病患者、孕妇、同性恋者、流浪者、无国籍者、新兴产业从业者、公共人物、低收入者等。随着社会生活环境、道德意识转变、国家保障条件、文明进化程度、知识水平提升等因素的改变，这些主体及其阶层在这些因素发生变化时极有可能生发出不同种类的新兴权利主张。此外，也可以从权利对象、权利被承认的方式、与现行法律之间的关联程度等方面来进行分类。总之，基于不同的视角依据不同的标准得出的分类结果，客观上会极大地丰富我们对新兴权利的全面认知和深入研究，但同时也显得比较杂多、缺乏共识，既可能会相互冲突、也可能会有所疏漏。对此，姚建宗教授进行过系统化总结，专文讨论了新兴权利之所以"新"的标准是什么。他指出，当前虽然存在着许许多多的新兴权利主张，但仔细考察一下就会发现，很多并不是新兴权利或权利主张，而是"自由"甚至是"特权"主张。具备新兴权利的性质可以依据两方面标准辨明类别：一是形式标准，包括时间标准和空间标准；二是实质标准，包括纯粹的新兴权利、主体指向的新兴权利、客体指向的新兴权利和境遇性新兴权利。[2]

本书认为，尽管目前学界对新兴权利的研究存在着诸如此类不同的标准、类型及其范围，但不同的标准总是附着了相应的价值和目的，不可能综合所有分类标准和类型而形成一个无所不包、整全性的标准及其类型，

---

[1] 参见王庆廷：《新兴权利间接入法方式的类型化分析》，载《法商研究》2020 年第 5 期，第 117~129 页。另有学者也持有类似的分类方法，以民法中所涉及的新兴权利为例，也分为直接入法和间接入法的新兴权利两大类。具体为在我国《民法典》中采取"新增有名权利""新增有名权益""增加一般人格权益保护条款""扩大有名权利的内涵"等方式。前三种被视为直接入法，后一种被视为间接入法。参见彭诚信、许素敏：《"新型权利"在〈民法典〉中的表现形式及规范价值》，载《求是学刊》2022 年第 3 期，第 102~113 页。

[2] 参见姚建宗：《新兴权利论纲》，载《法制与社会发展》2010 年第 2 期，第 4~9 页。

只能就某一个方面突出进而予以取舍。当然，进行取舍时不是任意而为，是以一定的目的和条件为前提。对于新兴权利的标准和类型问题来说，既有的理论大多忽略了非常重要的一点，那就是，固然可以从多角度提出各种各样的标准及其分类，但这些标准和分类的意义及其可行性何在？权利不能够仅仅停留在认识论的层面，更重要的是权利要能够实现，而权利的实现离不开国家保护义务。离开国家保护，尽管可以貌似言辞有理地列举论述，根据什么标准可以发现哪些新兴权利、划分为什么类型，但是，这些新兴权利由于不具备实现的条件缺乏国家保护，就只不过是一些纸上谈兵的学术观点而无现实意义。因此，较为可行且客观的标准及其分类应该以国家保护为基点。根据国家保护的条件、权利本身的性质等标准，可以将新兴权利分为"国家积极保护的新兴权利"和"国家消极保护的新兴权利"两大类。国家积极保护的新兴权利表现为福利权、发展权等社会保障类新兴权利，是在基本生存权基础上的、国家根据其所能够提供的福利条件、结合权利主体的需求形成并发展的权利。应该说，这种类型的新兴权利占据新兴权利的主要部分，从第二代人权到第三、四代人权一直在不断地发展变化，亦是当前国家保护的主要类型。国家消极保护的新兴权利表现为个人隐私、自由、精神性权利等个性自由类新兴权利。这些新兴权利的特点是权利主体的主导性和自治性较强，偏向于思想、隐私、自由等精神性利益需求及其保护，国家如果过分干预反而会适得其反。

第二节　国家保护义务概述

国家最明显的标志是拥有垄断性、强制性国家权力，那么运用国家权力来保护新兴权利是否可行呢？答案当然是否定的。通过权力实现权利显然是行不通的，国家权力对应的是政治义务，只有从"权利-义务"的结构理论出发才能实现权利的生成和演变。正确的研究方法是将新兴权利的国家保护义务纳入宪法学"人权保护——国家义务"的分析框架中展开。"宪法逻辑为新兴权利保护问题提供了根本规范层面的制度空间，促使国家保护义务得以具体展开，国家保护义务在宪法逻辑之中为新兴权利的保障提供了足够的包容性。……新兴权利宪法保障的根本依据就是国家保护义务。"〔1〕因此，确立和实现新兴权利与国家义务密不可分，个人健康之维持、良好生活环境的确保、家族或母性之保护、社会扶助、社会保险、社会援助救护、雇佣关系之确保、良好劳动环境之确保、享有自由休闲机会之确保等作为国家之义务。新兴权利关涉民生和福利问题，民生和福利问题本质上属于人权问题，民生和福利的实现需要国家保护义务。走向义务国家时代，就是走向人民幸福生活时代。

一、国家保护义务的意涵

论及国家保护义务问题，需要围绕三个递进的问题展开：首先，国家为什么要保护其治下的公民、群体和社会？其次，国家保护公民、群体和社会的哪些方面？最后，国家通过什么方式保护？

首先，国家为什么要保护其治下的公民、群体和社会？学者对此给出了国家保护义务的四个理由：社会契约理论、福利国家理论、客观价值秩序理论、现代公共性理论。〔2〕由于这四种理论比较庞杂，此处不予展开。不过可以明确的是，这四种理论虽然各自的立论基点不尽相同，但都力图证明一个共同性的结论：国家保护其治下的公民、群体和社会是必要且可能的。

其次，国家保护公民、群体和社会的哪些方面？对此，亚当·斯密进行过分析，他认为国家保护体现在三个方面：一是保护本国社会的安全，使之不受其他独立社会的暴行与侵略；二是保护人民不使社会中任何人受其他人的欺辱或压迫，换言之，就是设立一个严正的司法行政机构；三是建立便利商业社会的公共工程和公共设施。〔3〕第一方面关涉国防和外交保护，因不在本书论题范畴在此忽略不谈。与本书相关的是第二和第三方面

---

〔1〕　魏文松：《论新兴权利的国家保护义务》，载《学术交流》2020年第9期，第79页。

〔2〕　参见蒋银华：《国家义务论——以人权保障为视角》，中国政法大学出版社2012年版，第59~109页。

〔3〕　参见〔英〕亚当·斯密：《国民财富的性质和原因的研究》（下卷），郭大力、王亚南译，商务印书馆1974年版，第254、272、285页。

的国家保护。第二方面关涉国家保护人身、财产、平等、人格、荣誉等不被非法侵害，属于国家保护人权中的"消极保护"。第三方面关涉国家为其治下的公民、群体和社会提供公共环境设施等福祉，属于国家保护人权中的"积极保护"。消极保护义务的履行是国家保护人权的底线，随着社会经济发展水平、政治文明程度、文化发展程度的逐步提升，国家保护义务的广度和深度也会随之扩展为"积极保护"。

最后，在国家义务逐渐扩展时，国家通过什么方式保护呢？相关的方式有很多，重要的有家长主义（paternalism）保护模式和法治国宪法保护模式这两种。家长主义亦称为父爱主义，《法律哲学：百科全书》原指像父亲那样行为，或像对待孩子一样对待他人行为。现指国家和政府基于"为了他好"的目的制定执行政策和法律，要求公民和社会群体从事或不从事某些活动的治理模式。家长主义既可体现为善意的规劝和引导（软家长主义），也可体现为单方面的强制或干预（硬家长主义）。硬家长主义的极致例子之一就是中国古代的国家治理模式。该模式的要义是民众既愚且弱，皇帝作为老百姓的家长自然负有替他们做决定和保护他们的义务。虽然包括软家长主义在内的家长主义屡遭诟病，但西方主要资本主义国家逐渐从"守夜人"转变为"行政国"的事实说明家长主义（主要指软家长主义）是不可或缺的。现代社会尤其是进入自动化行政时代，风险逐渐增强，个体难以应对，公民和社会群体要求国家承担积极义务，希望国家职权积极介入个人生活和社会公共领域，规制风险并提供福祉。不过，这种介入不再是父爱式的介入，而是法治化的介入，是国家通过法治保护公民和社会群体的法治国宪法保护模式。

二、国家保护义务的特征

本书所探讨的新兴权利国家保护模式就是一种法治国宪法保护模式。相较于家长主义保护模式，这种法治国宪法保护模式有着明显的特征：

（1）基础不同。家长主义保护模式的基础是伦理，还是那种前近代的、基于血缘和亲情基础之上的伦理；法治国宪法保护模式的基础是法理，即建立在社会契约理论、人权保障理论、福利国家理论、现代公共性理论和客观价值秩序理论等多种理论渊源基础之上的国家义务论。

（2）原点不同。家长主义保护模式的原点是国家，国家有权力要求公民和社会群体遵守其意志，公民和社会群体的福利有哪些、如何实现都依赖于国家的判断和实施；与之相反的是，法治国宪法保护模式的原点是公民和社会群体，公民和社会群体自行判断什么是自己的福利、如何实现福利最大化，国家依据社会基本需求制定相关社会政策和法律具体实施。

（3）方式不同。家长主义保护模式通过单方面善意规劝或强制行使权力的方式来实现；法治国宪法保护模式也可视为一种法律家长主义，表现为一种国家对公民和社会群体强制的爱，这种爱是通过公民权利和国家义务的双向交互模式来实现的。

三、国家保护义务的类型

国家保护义务本身就是一个异常复杂的社会系统工程，再纳入宪法学"人权保护-国家义务"的分析框架，研究如何确认和保护新兴权利的国家保护义务问题就越发复杂。为此，本书以国家义务为理论基础和分析框架，针对新兴权利的特性、国家保护的目的进行宪法学上的类型化分析，以避免产生盲人摸象的弊端。

（一）国家义务的类型：尊重义务、保护义务和实现义务

有学者指出："国家义务的层级结构与具体构成是一个体现层级的动态体系：尊重、保护、实现、促进为其层级构造的基本要旨。"[1]这种体现层级的动态体系及其要旨围绕的核心就是为了有效保护人权。新兴权利的国家保护义务也是一个以尊重、保护和实现人权为核心要旨的层级动态体系。相较于传统权利研究，国家在公民权利保障和实现过程中主要履行的是尊重和保护的义务。新兴权利研究"需要国家积极地介入人们的日常生活。国家在新兴权利的实现过程中不但要履行相应的尊重和保护的义

---

[1]　蒋银华：《国家义务论——以人权保障为视角》，中国政法大学出版社2012年版，第3页。

务，还应当履行采取积极有效措施逐步推进和实现的义务"。[1]

在新兴人权领域，除了公民权利和政治权利以外，更需要建构系统化的经济、社会和文化权利体系。既如此，实现经济、社会和文化权利体系所依赖的国家保护义务体系是什么样的呢？对此，学者们发展了一种分析框架，"使得我们得以辨别国家在经济、社会和文化权利方面的具体义务。这一被称为三层类型的国家义务划分了'尊重''保护'和'实现'各项人权的不同义务"。[2]挪威人权学者 A. 艾德也秉持需求和权利多样性以及对应国家义务多样性的观点，提出国家义务的三重递进分类法。他认为，权利要求关联着义务承担，虽然义务承担问题并没有在主要的人权文本中得到明确表述，但仔细领会国家义务可以发现"人权对于缔约国规定了三种或三个层级的义务：尊重的义务、保护的义务和实现的义务。转过来，实现的义务又包含了便利的义务和提供的义务"。[3]依据国家义务的层级化结构理论，按国家义务履行的难易程度，尊重义务、保护义务和实现义务之间并非简单并列关系，而是第一层级、第二层级和第三层级的逐级递进关系：尊重义务是第一层级义务，意味着国家"在最初层级上必须尊重个人拥有的资源"。[4]保护义务是第二层级义务，意味着国家必须保护行动自由、利用国家资源防止侵害、不道德行为等。国家通过立法、司法和行政进行的就是这个层级的保护义务。实现义务是第三层级义务，意味着国家有义务通过提供便利或者直接提供物质帮助的形式来实现公民的经济、社会及文化权利。第三层级实现义务没有像第二层级保护义务那样普遍性地被立法、司法和行政确立和实现，具有不定型、不确定的特性。

---

〔1〕 侯学宾、郑智航：《新兴权利研究的理论提升与未来关注》，载《求是学刊》2018 年第 3 期，第 95 页。

〔2〕 ［挪］B. 托比斯："健康权"，载 ［挪］艾德等：《经济、社会和文化的权利》，黄列译，中国社会科学出版社 2003 年版，第 201 页。

〔3〕 ［挪］A. 艾德："作为人权的经济、社会和文化权利"，载 ［挪］艾德等：《经济、社会和文化的权利》，黄列译，中国社会科学出版社 2003 年版，第 22 页。

〔4〕 ［挪］A. 艾德："作为人权的经济、社会和文化权利"，载 ［挪］艾德等：《经济、社会和文化的权利》，黄列译，中国社会科学出版社 2003 年版，第 22 页。

经济、社会和文化权利是新兴权利的主要发生场域，所以第三层级是新兴权利国家保护义务的主要实现领域，国家在新兴权利的保护进程中应当积极履行提供便利或直接提供物质帮助的实现义务。实践中，第三层级实现义务尚有许多值得我们思考的问题。比如：可理解为国家有保障"人民吃饱穿暖"基本需求的实现义务，但有没有保障更高程度"人民幸福生活"需求的实现义务呢？进一步讲，即便有这种实现义务，如果国家能力和资源不匹配的话，是不是就变成应然人权了呢？要想将"人民幸福生活"这一最大人权转变为实然人权，就需要国家履行制定相应社会政策体系的实现义务。又如：实现义务是满足社会所有公民的需求，还是低收入者或弱势群体的需求，如果是后者，理由是什么？是否仅仅从结果来看，还是应该综合考虑后天习得的能力、资源的合法拥有与经营，甚至是每个人的运气？以新兴的发展权为例，发展权中又会包含区域发展权、文化发展权、阶层发展权、种族发展权等。从国家的角度来看，发展和福利是目标同一的，但从个体化公民的角度则未必如此。倘若因为发展权影响甚至减损公民福利的话，那国家发展的正当性理由是什么？会不会有公民福利需求击破国家发展的正当性理由？从这些问题得知，国家的实现义务关键是实现对应谁的权利？是妇女老人儿童、失独家庭、移民、同性恋者、弱势群体、中产阶级还是社会民众？当然，我们还可以进一步思考国家的实现义务是实现对应什么权利？是物质性权利、精神性权利，还是自身权利、他人权利抑或社会性权利？这些问题的探讨或许能够为国家如何履行实现义务和相应社会政策的制定实施提供些许智力支撑。

（二）国家保护义务的类型：消极保护义务和积极保护义务

学者蔡定剑认为："古典的宪法基本权利仅仅是消极地对抗国家权力，维护个人自由的领域。但是，保障社会、经济弱者的基本权利和劳动权、受教育权、平等权等，这些权利并非消极性权利，而是有待于国家采取措施予以实现的积极权利。"[1]霍尔姆斯与桑斯坦也提出，"权利实现需要国

---

[1]　蔡定剑：《中国宪法实施的私法化之路》，载《中国社会科学》2004年第2期，第57页。

家的介入，这种介入有消极和积极的不同类型，这和权利保障中的国家职能和角色密不可分"。[1]对应公民的消极权利和积极权利以及前述人权和福利国家中的消极保护和积极保护，从国家保护义务的行为状态同样可以分为消极保护义务与积极保护义务。所谓消极保护义务是指"国家不得干预、妨碍个人自由的不作为义务，是国家尊重和维护自由权的基本手段"[2]。因为公民权利和政治权利的重点是保护公民免于来自公权力的侵害，故一般被视为国家消极保护义务的权利来源。所谓积极保护义务是指"国家以作为的方式，为保障个人自由和满足个人利益提供条件、资源的义务，是国家促进和实现社会权的主要手段"[3]。因为社会、经济和文化权利的目的是促使国家积极介入、提升公民的福利水平，故一般被视为国家积极保护义务的权利来源。

法谚云："没有无义务的权利，没有无权利的义务。"权利的实现依赖于对应义务的履行。对于新兴权利的确立来讲，综合考虑消极保护义务和积极保护义务的行为状态、行为条件、行为后果等因素，对应面向的新兴权利的权利样态、权利边界、权利内容等也就清晰可见。对于新兴权利的实现来讲，通过消极保护义务和积极保护义务的类型化分析，可以构建出从最低限度意义上的基本人权保护到最大化福祉实现的新兴权利保护体系。新兴权利关涉新兴领域的人权保护，无论是履行"国际人权宪章"的国际义务，还是履行"尊重和保障人权"的宪法义务，消极保护义务和积极保护义务都是保护新兴权利不可或缺的、同等重要的国家义务。

（三）新兴权利国家保护义务的类型分析

上述国家保护义务的类型划分是针对新兴权利保护而言的，并且两种分类之间并非没有关联。我国《宪法》第33条第3款人权条款所规定的

---

〔1〕 侯学宾、郑智航：《新兴权利研究的理论提升与未来关注》，载《求是学刊》2018年第3期，第98页。

〔2〕 龚向和、刘耀辉：《基本权利的国家义务体系》，载《云南师范大学学报（哲学社会科学版）》2010年第1期，第77页。

〔3〕 龚向和、刘耀辉：《基本权利的国家义务体系》，载《云南师范大学学报（哲学社会科学版）》2010年第1期，第77页。

"国家尊重和保障人权"，把国家的人权保护义务分为"尊重"和"保障"两种。学界通说认为，国家义务有尊重、保护、实现（或曰给付）这三种。"在国家义务的具体类型划分中，对应于消极义务层面便形成了尊重义务，而对应于积极层面则形成了保护义务与给付义务。"[1]其中，尊重义务是在古典自由主义的发展中不断凸显出来的义务，内涵是对权利主体自主、自觉和隐私予以尊重，外在的方式是消极的不干预。这种尊重义务在古典自由主义社会当中无疑是适用的，但国家义务的基础和重心会随着公民权利的需要和社会现实的发展而不断变化。在现代自由主义社会尤其在建构中国式新兴福利国家的环境背景下，对于大部分新兴权利国家保护来说，国家仅以尊重、不干预的方式进行保护是达不到理想效果的。即便是消极自由类新兴权利的实现，也需要国家创造经济、社会、文化、物质等外部环境协助落实。因此，国家尊重义务虽然是必要的但又是远远不够的。现代社会人权发展不断推进，人权需求从个体自由权已逐渐推进到社会福利权并变得越来越重要。在社会权问题凸显的当前，更显现出国家保护义务的核心价值。[2]比如，同性婚姻权和单身女性生育权。这两种新兴权利的特点是，从法律权利的角度来看是可以主张的。但是，从现有的社会道德观点和社会舆论氛围来看，还是会遭遇很多来自社会或个人的刁难和阻碍。又如，数据隐私权和"数字弱势群体"保护权。在数据公司和网络平台的权力越来越大的网络时代，国家如果只是不干预不作为的尊重，不履行监管保护职责，不对数据权力企业的市场准入和权力运行进行防范，创造良好的外部网络环境，仅在侵权行为发生后进行处理的话，网民的数据隐私权和"数字弱势群体"的权利很难得到有效保护。在这些情况下，如果国家仅仅是对其予以尊重从而不干预的话，这些新兴权利的保护和实现往往会流于空言。当然，国家也不适宜通过积极手段直接进行保

---

〔1〕　魏文松：《论新兴权利的国家保护义务》，载《学术交流》2020年第9期，第78页。

〔2〕　"为了履行尊重人权的义务，国家既负有积极的义务，同时也要负消极的义务。在社会权领域，国家尊重人权的义务主要表现为满足与促进，积极而适度地干预公民的生活。在自由权领域，国家尊重人权主要表现为国家负有消极的义务，自我控制国家权力对自由权的侵害。"韩大元：《宪法文本中"人权条款"的规范分析》，载《法学家》2004年第4期，第12页。

护，较为妥当的做法是消极保护适度干预，为这类新兴权利的实现创造外部条件进行间接调整。这种做法比尊重要积极，但是，比积极保护要消极，本书将其称为消极保护，意思是归类于国家保护义务这个义务类型当中，再把国家保护义务细化为消极保护义务和积极保护义务这两种，以之有效地应对和衔接新兴权利的消极权利和积极权利两种类型。其实，仔细分析新兴权利的"新兴"性质就可以发现，由于这些权利主张处于萌芽状态，往往是在新旧道德观念转变、不同利益关系博弈等因素当中存在着，如果不加强国家保护力度突出国家保护义务的话，不利于这些新兴权利的实现。加之，保护义务较之于宪法文本中的"保障"一词则更为具体，包括福利权在内的社会保障权是新兴权利的主要实现领域，更需凸显国家需实际履行的保护义务。

或许有论者会追问：为什么本书不以"新兴权利的国家义务"为论题？正如有学者所言，"国家保护义务是权利保障与实现的主要依凭，也担负着当下及未来满足权利内涵扩张需求的重要使命。……新兴权利宪法保障的根本依据就是国家保护义务"。[1]国家保障与实现新兴权利的重要使命，在传统国家义务类型的理论基础上，针对新兴权利的特殊性和国家保护义务的包容性，为实现国家保护义务的功能，将其类型化为消极保护义务（保护公民消极自由不被侵犯）和积极保护义务（积极保障公民福利实现）。其中，消极保护义务比传统尊重义务要积极、涵义更为广泛；积极保护义务包含了实现义务，这契合了实现幸福生活最大人权和建构新兴福利国家的行动目标。以社会为本位的国家义务观，要求国家不再是一个消极的不作为角色，而是一个积极的社会资源的调控者。以此，拓展了新兴权利国家保护义务的疆域，推进了新兴权利国家保护义务体系的建构。"从国家保护义务的视角出发，国家应当为新兴权利的救济提供制度供给，具体需要由司法机关、行政机关和执法机关履行相应的积极义务。"[2]故此，本书以"新兴权利的国家保护义务"为论题。

---

[1] 魏文松：《论新兴权利的国家保护义务》，载《学术交流》2020年第9期，第79页。
[2] 魏文松：《论新兴权利的国家保护义务》，载《学术交流》2020年第9期，第81页。

四、国家保护义务的限度

新兴权利国家保护义务的实现不是一蹴而就的，需要考虑的因素有很多，国家的财政状况很大程度决定了国家保护义务履行的限度。依据"权利成本"理论，新兴权利的保护质量及实现程度与国家行为的成本密切相关，即国家保护义务的履行需要一定的成本支出。如果不顾及国家所能提供的成本支出和保障条件，动辄入法入宪，就会发生诸如2009年希腊将新兴权利盲目入法造成的混乱与无序事件。不仅会使国家遭受财政赤字、经济滑坡、发展停滞的不能承受之重，无法担负起民众权利扩张需求的重要使命，还会使民众对国家形成习惯性依赖，造成国民能力的整体性退化。所以，需要以有效保护人权为依归，以国家现阶段所能提供的福利保障条件为支撑。实践中，判断某项新兴权利是否应当受到国家保护，我们既不能囿于法律文本的规范表达，也不能一味迎合民众的逐权冲动，而应进行国家保护必要性和可行性的考虑。国家不可能无条件保护所有新兴权利，而是有保护限度的。因为，国家总是在具体的政治、经济、文化、社会条件下保护人权。国家保护人权这个结论是理论推理，表达的是国家义务和人权保护之间必然性的逻辑关系。实践中，不同的具体情境及其条件要求决定了国家保护新兴权利是有限度的。概言之，新兴权利国家保护义务的限度，需要遵循"禁止过度保护"和"禁止保护不足"的比例原则。

（一）禁止过度保护原则

对于个性自由类新兴权利的国家保护义务限度，如"变性权""变性人的婚姻权""流浪权""同性婚姻权""单身女性生育权""复姓使用权""网络密码权""数据隐私权""基因隐私权"等，因这类新兴权利的主体对国家保护具有强烈的防御性要求，这一特质为国家义务设定了不得过度干预权利行使的行动界限。因此，对于个性自由类新兴权利，现阶段虽不宜直接入法赋予权利名号，但可通过对国家义务的反向设置间接保障权利主体享有"无名有实"的权利效果。国家应秉持尊重包容的态度，以保护消极自由不被侵犯为界限标准，界限标准是国家干预最小伤害的必要性。

通过对国家保护界限义务的设置来尊重新兴权利主体行使自由的边界，即通过对国家课以禁止人身伤害、人格歧视、名誉贬损等消极保护的界限义务，彰显对社会民众张扬个性自由的宽容，展现国家对新兴权利主体价值观的包容。如此一来，通过对国家义务"禁止过度保护原则"的限度设定，一方面个性自由类的新兴权利实际上得到了国家保障，另一方面表达了国家尊重但不鼓励、保护但不提倡的保护立场。以"变性权""变性人的婚姻权"为例，对于"变性人"，国家和社会不应以谩骂侮辱、人格歧视甚至人身伤害等方式强行干涉主体的变性意愿，更不应违反"禁止过度保护原则"在婚姻、教育、就业、医疗等方面设置禁入门槛，国家应保障变性人平等地享有婚姻权、受教育权、平等就业权、医疗救助权等基本权利。

（二）禁止保护不足原则

对于社会保障类新兴权利的国家保护义务限度，如"基本生活水平权""福利权""住宅权""区域发展权""环境健康权""基本医疗服务权""公平优质受教育权""数字弱势群体保障权"等，因这类新兴权利具有厚重的社会福利及民生福祉的权利内容，权利主体对国家保护具有明显的福利性要求，而国家所提供的权利保护可能有所不足。因此，对国家义务提出积极保障福利实现的行动要求，设定国家不作为的底线标准。底线标准是国家保护的最低限度有效性。基于国家和公民之间的"社会契约"关系和实现人民美好生活的奋斗目标，国家本质上就是为了实现人民福祉而存在的，国家权力服务于人民福祉和公共利益等共同善。国家应通过立法保护、司法保护和合理配置国家职权等国家义务，积极提供权利实现所需的便利条件和物质帮助、组织和程序保障，尽最大可能实现公民的社会保障类新兴权利。随着社会经济科技的发展和公民权利意识的高涨，近些年来包括福利权在内的社会保障类新兴权利入宪入法的呼声不绝于耳，但在现有经济条件、立法现状、司法重荷、权利成本、财政支持等综合考虑下，大部分社会保障类新兴权利直接入法尚属不可能之举，通过国家职权义务的映像方式增进公民福祉可谓明智之举。通过对国家义务"禁止保护不足原则"的限度设定、国家积极保障福利实现的最低限度有效性要求，公民的社会福利性新兴权利得以有效保障。以"环境健康权"为例，虽然我国现有环境法律文本中并没有出现"环境健康权"字样，但从我国《宪法》第 26 条"国家保护和改善生活环境和生态环境，防治污染和其他公害"，到《环境保护法》《森林法》等的规范表达和立法精神可知，从中央到地方都层层规定了国家环境保护的刚性义务，设定了禁止保护不足的底线要求，公民的环境健康权得到了"无名有实"的国家职权层级保障。再以"公平优质受教育权"为例，地区之间经济发展不均衡导致教育不公平现象已成为当前社会民众热议的话题，侵犯宪法受教育权和平等权的司法诉讼亦屡有发生。随着公民对受教育权的重视"公平优质受教育权"浮出水面，这一新兴权利的提出映射出国家在欠发达地区提供的受教育权保护可能有所不足。"公平优质受教育权"对国家职权义务提出积极保护的行动要求，设定了国家保护欠发达地区民众受教育权最低限度有效性的底线标准。基于"禁止保护不足原则"，国家应在义务教育保障、基础教育设施、教育资源投入、教育师资配备、高考分数划定等方面给予欠发达地区公平的教育保障，使欠发达地区与发达地区之间跨越教育鸿沟、减少教育屏障、缩小教育差距，平等地享有公平优质的受教育权。

综合看来，新兴权利国家保护义务的限度应符合"比例原则"：一方面，基于基本人权保护的底线要求，国家应秉持尊重包容的态度，保护公民消极自由不被侵犯的个性自由类新兴权利，禁止过度保护；另一方面，基于实现人民幸福生活的最大人权目标，国家应在现实条件下积极保护公民福利性的社会保障类新兴权利，禁止保护不足。以此，在过度禁止与不足禁止的适度比例之间，国家的消极保护义务和积极保护义务合理化行使，公民的个性自由类和社会保障类新兴权利最优化实现。

第三节　新兴权利国家保护的现状

在阐明本书论题研究的两个重要概念——新兴权利和国家保护义务之

后，需要回答当前新兴权利国家保护的现状如何。对此，我们从立法保护现状、司法保护现状、行政保护现状以及民众现实保护需求这几方面进行论述。

一、立法保护现状

（一）新兴权利立法保护的现状

立法保护具有规范性、稳定性、可执行性、体系化等优势，通过立法路径当是新兴权利国家保护的首要方式。然而，缺乏实在法上的依据是新兴权利国家保护面临的首要困境。我国是成文法系国家，在各个领域进行法典化是立法者追求的目标。不过，法典化是有一定条件限制的，能够以系统化、整体性的法典形式立法的，要么立法调整对象是可以归入某种类型的社会关系，要么是调整手段可以类型化或者具有独特性。例如，民法之所以法典化，在于其调整对象虽然杂多，但都属于平等主体之间的财产关系和人身关系这种类型。刑法虽然调整对象千头万绪，不可能进行单一的类型化处理，但其调整手段是单一而独特的，即以犯罪——惩罚方法贯通整个刑法典。那么，我们以这两个标准来分析新兴权利的立法保护现状：

第一，以是否调整相同的类型化的社会关系为标准，新兴权利很难法典化。从社会/文化/经济/历史各个领域观察来看，各种类型五花八门的具体新兴权利调整的都不是相同类型的社会关系。恰恰相反，新兴权利调整的社会关系类型无所不包。从同性婚恋关系到城市发展成果共享、从信访现象到数字社会弱势群体保护、从代孕子女监护到法律文件审查的启动，林林总总不一而足，难以对其简单归类。之所以新兴权利能够作为一个学术概念被提出，能够作为一个有价值的学术问题被研究，各种具体新兴权利能够作为一个权利束被讨论，只有一个原因，那就是这些权利都具有"新兴性"属性。"新兴性"属性指向的不是所调整社会关系的类型相同，而是由新旧社会关系比较而来的特性。

第二，以调整手段是否单一或独特为标准，新兴权利也不具备法典化的条件。综观现有新兴权利，无论是环境健康权、区域发展权，还是基因权利、数字人权，没有哪个单一或独特的调整方法可以担此重任。如此看来，尽管新兴权利早在改革开放初期就已显现，理论界的研究也方兴未艾，但一直没有系统化的立法，对新兴权利的确立依赖多种，散见于宪法和多个部门法中的调整方法。从现有的立法保护现状来看，我国新兴权利立法以零散化的规章、条例及办法的形式居多。

然而，新兴权利研究可以丰富既有一般权利理论的内涵和外延，扩展既有权利体系的射程范围。国家对于有实践重要性、保护必要性和充分理由依据的新兴权利，应当及时升华为法定权利进行立法保护。新兴权利的法定化可以有效化解权利冲突、弥补权利空白、丰富权利内容，动态地保障人们正当利益的不断实现。

（二）新兴权利立法保护的示例

近年来，因生命科学和基因工程、网络数据科学、信息和通讯技术、环境污染方面的问题，引发社会关系变化而产生的新兴权利是学界研究热点，在立法中有较多体现。接下来，笔者以这些热点领域中的新兴权利为例阐明具体新兴权利的立法保护现状。

1. 生命科学和基因权利保护方面

首先，生命科学保护方面的立法有：2000 年上海市人大通过了《上海市遗体捐献条例》，2007 年国务院颁布了《人体器官移植条例》等；其次，基因权利保护方面的立法有：1997 年欧盟颁布了《人权与生物医学公约》，联合国颁布了《人类基因组与人权问题的世界宣言》，1998 年法国、丹麦等十多个欧洲国家通过了《禁止克隆人协议》，2008 年美国颁布了《反基因歧视法》。我国于 1993 年由国家科委颁布《基因工程安全管理办法》，1998 年科技部和卫生部颁布了《人类遗传资源管理暂行办法》。此外，还有《人用重组 DNA 制品质量控制技术指导原则》《人体细胞治疗及基因治疗临床研究质控要点》等。综合来看，我国生命科学和基因权利保护方面的立法特征是：①立法的层次较低，体现为规章、条例和办法居多，法律层次的立法较少。②内容规定单一且滞后。体现在规章和办法大多是就某一方面的问题而制定，且颁布实施的时间较早。

2. 数据信息权利保护方面

最早的立法是 2012 年全国人大常委会颁布的《关于加强网络信息保护的决定》，第一次提出对个人电子信息予以保护。2016 年《网络安全法》对网络个人信息保护作了规定，明确了网络运营者的删除和更正义务。2020 年《民法典》明确了个人信息受国家保护，第 111 条规定："自然人的个人信息受法律保护。任何组织或者个人需要获取他人个人信息的，应当依法取得并确保信息安全，不得非法收集、使用、加工、传输他人个人信息，不得非法买卖、提供或者公开他人个人信息。"紧接着，2021 年出台了《个人信息保护法》以单行法形式对个人信息权利进行专门保护。我国《刑法》亦规定了侵犯公民个人信息犯罪，对信息网络传播行为进行相应的惩罚。针对近年来频频出现的数据安全问题，2021 年颁行了《数据安全法》。综观我国数据信息权利保护方面的立法现状，特征有：①立法保护层次较高、时间较新；②主体责任规定不够明晰；③较为分散，体系性不足；④行政法规、部门规章、行业自治规范占比较大。

3. 环境健康权利保护方面

我国现已颁布的有《环境保护法》《大气污染防治法》《水污染防治法》《海洋环境保护法》《森林法》《草原法》和《渔业法》等单行法律。从体系化角度来看相对较为完备，一些新兴的环境健康权利保护问题可以在这些既有的环境保护法律法规框架内得以解决。但在这个环境立法体系中，"义务色彩太浓而权利意识薄弱。我国现行环境立法多是从义务本位出发，用行政命令的语气规定国家、环境部门、企业和个人在环境保护方面的责任和义务，而没有从权利出发强调公民的环境权利"。[1]我国环境立法总体颁行较早，存在滞后和空白现象，随着高新科技的发展和新兴环境问题的凸显，譬如"循环经济方面、土壤污染方面、化学污染方面和生态物种安全方面，这些方面的问题都迫切需要完善的部门立法做出规

---

〔1〕 张思思：《作为宪法权利的环境权研究》，武汉大学 2013 年博士学位论文，第 61 页。

定"。[1]可见,我国环境健康权利保护方面存在的问题也是明显的:①行政立法体系完备,缺少宪法层次的立法保护;②行政命令和义务色彩浓厚,公民环境权利保护薄弱;③立法滞后和立法空白,缺少新兴环境问题的立法应对。

除此之外,其他领域中具体新兴权利的立法保护还有很多,其立法保护现状和上述情况大致相同。综合分析当前我国新兴权利的立法保护现状,存在的共性问题是:①零散化;②层次低;③滞后性。对此,笔者以"中国同性婚姻维权第一案"[2]阐明。2015年6月23日孙某麟与胡某亮到被告长沙市芙蓉区民政局申请结婚登记,但工作人员以孙、胡二人的申请不符合我国《婚姻法》规定的结婚登记条件为由,拒绝为二人办理婚姻登记。孙、胡二人却认为中国法律并没有禁止同性婚姻的明确规定,民政局拒绝登记的行为侵犯了他们的"同性婚姻权",遂向芙蓉区人民法院提起行政诉讼,请求判令芙蓉区民政局为孙、胡二人办理结婚登记。法院认为,根据我国《婚姻法》之规定,结婚的主体是指符合法定结婚条件的异性男女,而孙、胡二人均系同性,申请结婚登记显然与法相悖,依法驳回。然而,本案判决及背后的立法理念遭到三方面的挑战:一是高新生命科技发展的伦理认知;二是伦理学上婚恋的标准和意义;三是宪法的原则性和部门法的排除性规定。首先,随着高新生命科技发展,人们对同性婚恋有了重新认知。世界卫生组织《国际疾病分类手册(ICD-10)》之精神与行为障碍分类已把同性恋从"成人人格与行为障碍"的名单中删掉了,这意味着承认同性恋和异性恋一样是人的自然生理和社会行为。其次,伦理学上婚恋的标准和意义在于,该行为是否实现和促进行为人的福祉,同时并不对社会整体利益造成侵害。对此,可能有人会说,同性婚恋违反了社会道德风尚,给社会造成了不好的影响。但稍加分析就可表明,该观点是社会当中部分人的观点,既不是整体性的社会价值观,也不是构

---

[1]　张思思:《作为宪法权利的环境权研究》,武汉大学2013年博士学位论文,第61页。

[2]　"孙某麟、胡某亮诉长沙市芙蓉区民政局不履行婚姻登记法定职责纠纷案",参见湖南省长沙市中级人民法院[2016]湘01行终字第452号行政判决书。

成和维系社会共同体不可或缺的最基本规则。最后，我国《宪法》规定了法律面前人人平等及基本人权保护，部门法中也并没有针对同性恋人群进行排除性限定或特殊的权利义务设置。同性婚恋权利与法律原则、法律精神并无实质冲突，是法律可以包容的一项新兴权利，法律对这种新兴权利应宽容以待而不宜强行禁止。综合以上三点，从是否具备充分理由和依据从而得以升华为法律权利来看，应该认为同性恋者和常人享有相同的法律权利，同性婚恋权利应该受到法律保护。[1]事实上孙、胡二人不服一审判决，向湖南省长沙市中级人民法院提起上诉时，所依据的就是宪法中法律面前人人平等以及人权保护的规定。但最终长沙市中院还是驳回上诉、维持原判。这反映出"宪法概括性的、原则性的规定弱化了宪法的司法适用性。专门的部门法关于同性恋者婚姻权和身份权的规定在目前也处于缺位状态"[2]的立法保护现状，也说明"同性婚姻权"的立法保护存在零散化、层次低、滞后性的弊端。

二、司法保护现状

司法保护具有效力的终局性、公平优先性、彰显个案公正及满足民众的可视化正义等优势，通过司法路径是新兴权利国家保护的又一重要方式。然而，可诉性难题是新兴权利国家保护面临的又一困境。"法官不得拒绝裁判"（又称为"禁止拒绝裁判"）作为一项现代司法正义原则，已然被世界上大多数国家所肯认。虽然司法机关有意通过司法裁判保护新兴权利，但由于一些主客观条件制约，实际上司法保护困难重重，暴露出当前通过司法手段保护新兴权利尚存在诸多问题。对此，笔者以司法实践中发生的三起"祭奠权"案件为例来阐明。

---

〔1〕 参见［日］吉野贤治：《掩饰：同性恋的双重生活及其他》，朱静姝译，清华大学出版社 2016 年版，第 2~6 页。

〔2〕 汤晓江：《高新生命科技应用的法律规制研究》，华东政法大学 2017 年博士学位论文，第 165 页。

案例 1：2006 年河南省禹州市人民法院受理一起"祭奠权"案件。[1] 2006 年 9 月 15 日魏氏兄妹的老母亲去世，兄长魏某德和魏某亮没有告知妹妹魏某枝和魏某平就将老母亲下葬。魏某平和魏某枝二人认为，两兄长的行为已侵犯了他们的"祭奠权"，遂向禹州市人民法院提起诉讼。法院考虑到虽然法律条文中对原告诉请的"祭奠权"没有明文规定，但该案涉及传统的民俗习惯，这些民俗习惯在民间具有很强的影响力和认同度。如果因为法无明文规定不予受理的话，可能会损坏司法形象和造成不良的社会影响。法院审理后认为，父母去世子女行孝祭奠的行为是中华民族表达哀思的传统美德，也是社会公众对子女人格评价的一种形式，该行为属于我国民法中善良风俗和社会公德的范畴。被告魏某德和魏某亮的行为有悖于善良风俗，违背了《民法通则》民事活动应当尊重社会公德的规定，造成原告人格受损。鉴于被告魏某德曾多次向原告道歉，法院判令被告魏某亮口头或者书面向原告赔礼道歉。对于原告要求在市级报刊上赔礼道歉，及赔偿 1 万元精神抚慰金的诉请，法庭则不予支持。

案例 2：2016 年北京市大兴区人民法院受理一起"祭奠权"案件。[2] 原告孙女士诉称，2012 年 4 月 16 日其母突患急性脑梗住院并留有后遗症生活不能自理，出院后由三个女儿轮班照顾母亲起居生活。至 2014 年 12 月 15 日孙女士大姐突然将母亲偷偷转移并一直隐瞒母亲居住及身体情况，还始终不让孙女士探望，直至母亲去世都没能见到最后一面，致孙女士感情受到严重伤害。2016 年 6 月 23 日孙女士及二姐以侵害"祭奠权"为由起诉大姐，大兴区人民法院以人格权纠纷受理了此案，判令大姐告知原告母亲安葬地点，并赔偿原告精神抚慰金 10 万元。

案例 3：2021 年江西萍乡市安源区人民法院受理一起"祭奠权"案件。[3] 孙某健系原告孙某城（弟弟）、被告孙某兰（姐姐）的父亲。自

---

〔1〕　参见杜文育、齐光辉：《姐妹俩追讨祭奠权一审胜诉》，载《大河报》2006 年 12 月 29 日。

〔2〕　参见《两姐妹以侵犯"祭奠权"为由起诉大姐》，载 http://mobile.rmzxb.com.cn/tranm/index/url/shehui.rmzxb.com.cn/c/2016-06-28/889838_3.shtml，2023 年 1 月 11 日访问。

〔3〕　参见《因未被告知父亲去世，弟弟起诉姐姐侵犯"祭奠权"获判赔千元》，载 https://www.163.com/dy/article/H611SQ9305508T1R.html，2023 年 1 月 12 日访问。

2021 年 2 月起孙某健居住在孙某兰家直至 10 月去世。孙某健去世后，孙某兰未通知弟弟孙某城就将父亲安葬。两个月后，弟弟孙某城才从他人处得知父亲已去世，认为姐姐的行为已严重侵犯了他的"祭奠权"，遂向安源区人民法院状告姐姐。法院认为，"祭奠权"是基于近亲属身份关系，为了维护逝者近亲属的精神利益而赋予的权利，由逝者近亲属共同享有非一方独有。被告未尽告知义务侵害了原告的人格权益，应向原告赔礼道歉并赔偿精神损害。同时，考虑到原告对父亲生前的生活和身体健康关心不够，对纠纷的产生也负有一定责任。判决被告孙某兰向原告孙某城赔礼道歉，并赔偿精神抚慰金人民币 1000 元。

以上三起"祭奠权"案例的共同点是：原告都以"祭奠权"被侵犯为由向法院提起诉讼，而法院无一例以"祭奠权"被侵犯作为裁判依据。要么是以被告行为违反了民法中的公序良俗原则，要么是以侵犯了原告的人格权益作为裁判依据。法院之所以这么做，无外乎因为现行法律并没有规定"祭奠权"这一新兴权利，而法院既不能寻找法外依据、又不能拒绝裁判，只能从现行法律中寻找与"祭奠权"相关的可依据条文裁判。但这会造成两个弊端：①裁判所依据的法律条文和案件事实之间并不匹配。从这三个案件的实际裁判过程来看，被侵犯的法益和所援引的法律条文所要保护的法益之间有偏差。②类案不能够同判造成司法不公。这三个案例中，一个是法院以民法中的公序良俗原则为依据裁判，两个是法院以民法中的人格权为依据裁判。但就案件事实相似点及其法律关系类型来讲，这三个案例中的相似点和法律关系类型都是相同的，即都是基于对逝者的近亲属关系和悼念之情在原被告之间形成的祭奠权利义务关系，这三个案例可以认定为类案。既然是类案，法理上就应当同判，司法上就应当统一裁判尺度实现类案同判，情理上就应当满足民众可视化的朴素正义观，但明显这三个案件并没有做到类案同判。2015 年最高人民法院发布《关于完善人民法院司法责任制的若干意见》明确提出，"建立审判业务法律研讨机制，通过类案参考、案例评析等方式统一裁判尺度"，将类案同判作为不可动摇的要求，类案同判已经成为当下中国司法改革的重要目标和司法公正的代名词。

之所以会造成这两个弊端，根本原因就在于立法缺失导致司法缺少依据。当现实社会中出现了某类新兴的社会事实及社会关系，在社会中造成一定的影响，在司法实践中也形成类案。如果现行法律并没有对此有规定，也不能通过法律解释等方法溯源至某个可援引的法条。那么对此有两种处理方法：一是否定该类社会事实及社会关系在法律上的可调整和可规范性。如代孕关系、常回家看看、见危不救等；二是肯定该类社会事实及社会关系具有法律上的可调整和可规范性。如信用权、基因权利、数字人权、环境健康权等，将此类新兴权利升华为法律权利予以保护。从这三个案例来看，司法实践中出现了较多的类似案件，在社会中造成了一定的影响，看上去有保护"祭奠权"的现实必要性。但是，我们再从法律必要性上进行分析：祭奠已故亲人是个人的情感寄托也是选择自由，如果就此确认为新兴权利并升华为法律权利予以规范的话，一是保护范围过于泛泛，二是在确认责任者及责任承担方面会过于严苛，三是在司法实践中难以操作和执行。"祭奠权""乞讨权""常回家看看的权利"诸如此类所谓新兴权利的死穴，就在于不存在义务配置的必要性与可行性，其实质是把个体自由可普遍化或法定化为某种权利。或许立法者正是考虑到这些因素，尽管有这种新兴权利入法的呼声，立法上却并没有采纳。立法上没有对某类行为和社会关系予以调整和规范，可能是从国家层面基于多方面的考虑，也可能是立法以审慎或谦抑的姿态期待司法发挥能动作用。但司法发挥能动性是有前提的，尤其是在大陆法系国家，制定法前提不可或缺。在新兴社会事实及社会关系出现后，制定法缺位的情况下，司法能动性的空间及力度相当微弱，司法势必会步履维艰，司法难题又会造成民众的可诉性难题。这种司法困境也体现在这三个案例中，立法没有规定如何保护祭奠已故亲人的权利，民间在祭奠权益被侵犯时，自发提出所谓"祭奠权"。可见，立法没有规定某项新兴权利如何调整和规范，实际上把如何调整和规范某项新兴权益被侵犯的"皮球"踢给了司法机关，而司法机关不能拒绝裁判，只能在现行法律中寻找与案件事实相近似的裁判依据。

那么，如何解决立法缺失导致司法缺少依据呢？答案是需要加强立法创制和司法推定的双管道作用。当司法实践中出现某项具有价值功能、确有保护现实必要性和法律必要性的新兴权利时，立法和司法都应发挥国家保护作用，或及时入法入宪、或明确裁判依据，加强"立法保护+司法保护"。

三、行政保护现状

依法行政是依法治国的题中应有之义，依法行政的前提是有法可依。然而，在新兴权利的行政保护实践中，行政机关首先面对的困境就是无法可依。在建设法治政府的进程中，协调统一的行政立法和合理配置行政职权对于新兴权利保护尤为重要。因此，新兴权利行政保护的关键就是通过行政立法对新兴权利先予确认，而后由行政执法机关依法保护或由行政机关合理配置职权保护。然而，当前我国新兴权利的行政立法保护现状，"存在缺乏统一的行政立法、行政立法效力等级较低、行政权力划分不明的问题，导致行政立法难以适应新兴权利保护的需要"[1]。

（一）缺乏协调统一的新兴权利行政立法

在新兴权利的行政保护领域，一方面，缺乏针对特定新兴领域权利保护的行政立法，造成行政机关无法可依、难以执法；另一方面，缺少特定领域如何确认和保护新兴权利的评判标准，致使行政机关不敢妄加评判、贸然执法，从而缺少保护新兴权益的有效执法手段。在新兴权利的行政保护实践中，当行政机关面对一项具体的新兴权利保护要求时，现有行政法律法规要么缺乏相关规范依据、要么内容不够全面明晰、要么散见于效力较低的不同规范之中，未能形成特定新兴权利领域协调统一的行政规范。零散杂多的、效力等级较低的行政立法无法对具体新兴权利提供全方位的有效保护。因此，应当针对特定新兴领域制定行政立法，明晰行政机关的职权义务与行政相对人的新兴权利。例如，在网络和信息时代，我们的手

---

〔1〕 王保民、祁琦媛：《新兴权利的行政立法保护》，载《北京行政学院学报》2018 年第 2 期，第 1 页。

机号码、单位信息、家庭信息、身份背景等个人信息权利，指纹、毛发、人脸、瞳孔、血液等基因信息权利，上网账号、代码信息、数据身份、虚拟货币等数据隐私权利，在日常生活和工作过程中都有可能被收集、利用和侵犯。除了行政机关，诸如医院、学校、铁路、金融，甚至网络平台等机构在为我们提供公共服务的过程中，也可能会侵犯到我们的上述权利。虽然，有些公共服务机构通过法律法规授权获得了合法的公共服务行政职权，但或因疏于管理、或因技术限制、或因病毒入侵，客观上造成个人信息泄露、基因信息篡改、数据隐私侵犯的情况时有发生。在个人信息受保护权、被遗忘权、基因权利、数据隐私权等行政案件中，因缺乏协调统一的新兴权利行政立法，造成行政机关无法依法行政，司法机关无法依法裁判，行政相对人的新兴权利无法得到有效保护。行政机关和司法机关只能借助隐私权、人格权等相关规范寻求保护依据，直至 2021 年《个人信息保护法》的出台，个人信息保护领域的新兴权利才获得统一明晰的行政立法保护。

（二）新兴权利行政立法的效力等级较低

当前，许多新兴权利行政立法的效力等级较低，具有操作性的条款多集中于部门规章以下的规范性文件之中。然而，这些规范性文件的内容由于权限单一、职能分工限制、保护效力局限，难以有效规制行政职权滥用和保护行政相对人多样化的新兴权利要求。部门规章以下的规范性文件效力等级有限，会造成新兴权利案件的行政执法困难，影响行政相对人正当的新兴权益实现。不仅如此，在新兴权利的行政保护案件中，依据我国《行政诉讼法》之规定，行政审判对部门规章仅为"参照"，规章尚且不能作为行政判案的依据，更不要说规章以下的规范性文件了，这客观上给新兴权利案件的司法审判增添了一丝迷雾。因此，可以采用新兴权利行政保护的渐进入法方式，逐步提高新兴权利行政立法的效力等级。

（三）新兴权利保护的行政职权划分不明

在新兴权利行政保护的实践中，还存在行政机关的行政职权划分不明、行政监管职责不清、行政执法越位错位的乱象。行政职权具有职权广泛、行动迅速、极易侵权和难以监管的特性，而行政职权又涉及社会民众工作生活的方方面面，许多行政机关的职权范围都会涉及对行政相对人新兴权利的保护问题。然而，在有法可依的情况下，如果行政职权划分不明，在行政执法过程中也会导致保护行政相对人的措施无法实施，这降低了保护新兴权利的实践效果，消减了民众对行政机关的信任度及社会评价。因为行政职权划分不明，做多错多、管得越少责任越少等"守夜人"式的行政不作为思想，行政机关之间、各职能部门之间在某些相对棘手的新兴权利行政领域，相互推诿扯皮、导致管理真空的现象时有发生。有鉴于此，应当通过行政立法合理配置行政职权，明确各政府部门的职能分工，对公共服务机构的合法授权，合理划分特定新兴权利保护领域的行政职权，避免职权真空、职权推诿、职权打架等乱象。例如，在新兴的医疗美容领域，爱美之心人皆有之，现代人越来越喜欢通过现代医美技术改善自己的容貌，使自己变得更加美丽和自信。然而，近年来因非法行医导致美容变毁容的医疗事故案件频发。当前，由卫生行政部门主管医疗美容领域，但生活中一些私人美容院和工作室等非医疗机构为了赚取高额利润，也大肆进行注射"肉毒素"、溶脂抽脂、拉皮埋线等新兴的医美项目，这既超出卫生行政部门的职权范围，又溢出药监、工商等部门的监管权领域。加之，相关医疗美容管理法律法规或空白缺失、或尚未明确监管部门、或没有明晰职权范围，导致民众新兴权益受损时状告无门。近年来，医美网络平台不当披露患者基因信息和数据隐私、微信视频号虚假宣传医美产品和医美手术的侵权行为，也严重侵害了公民权益。因此，应当明确划分、合理配置特定新兴权利领域的行政职权，行政机关各司其职、权责明晰、依法行政。

四、民众现实需求

近年来，社会民众主张新兴权利的范围日渐广泛、类型越发多样：有政治性的新兴权利如信访权、请愿权、原住民文化遗产保护权、城市权、区域发展权；有行政性的新兴权利如法律文件审查的公民启动权、社会性权限、评议权；还有社会性的新兴权利如健康照护权、新兴职业群体保护权，消费者评价权；以及因高新科技引发的新兴权利如信用权、数字人权、基因权利、代孕子女监护权等，可谓是形形色色、不一而足。民众越来越乐于并且善于通过主张新兴权利来表达自己的要求，这是中国式法治现代化的喜人景象，但在喜人景象的背后令人隐忧的问题如权利泛化、权利冲突也不期而至。因此，我们既要以科学合理的法律权利配置应对当前中国社会转型之变革，又不能因为恣意散漫的个别化权利主张导致社会整体性无序。

如此看来，新兴权利的国家保护是社会实践中民众对新兴利益保护的现实需求，是基于新兴权利的自身属性要求。接下来，我们从"人权保护–国家义务"的相关宪法理论分析新兴权利国家保护的现实必要性。

第一，从宪法基本权利的双重属性理论分析。宪法上的基本权利兼具主观权利和客观法的双重属性，双重属性理论对于理解和适用新兴权利有着很大的作用：首先，理解新兴权利国家保护现实必要性的第一个维度就是基本权利的主观权利维度。主观权利意指个人可以依据宪法基本权利要求国家履行作为或不作为的保护义务。换句话说，个人可依据自我意志向国家提出权利保护的要求，国家负有按照该要求为或不为相应行为的义务。主观权利具有多重含义，其中一个非常重要的含义就是作为自然法而存在。从自然法维度看，"新兴权利契合了人自身对需要的满足，具有自然合理性和价值正当性"[1]。被人权统摄的新兴权利具有主观权利属性，作为一种人的自我决定和自我发展的主观权利，为进入宪法基本权利体系打开了口子，以此避免了新兴权利的"身份焦虑"，为作为主观权利意义上的新兴权利要求国家保护提供了宪法上的"安身之所"。否则，新兴权利一直摆脱不了作为道德权利的嫌疑，甚至是沦落为一种"策略性考虑"，游离于既有权利体系之外。如果新兴权利摆脱不了道德权利的嫌疑，如果不能获得法律上的规范基础，那么通过国家保护就名不正言不顺，因为国

---

[1]　王方玉：《自然、法律与社会：新兴权利证成的三种法哲学路径——兼驳新兴权利否定论》，载《求是学刊》2022 年第 3 期，第 114 页。

家对道德权利没有必为的保护义务。依据"某一国家义务的可诉性与该义务对应的权利是否具有可请求性是同一事物的两个对应面"这一宪法原理，新兴权利的主观权利属性决定了其所对应的保护义务未被履行时，公民可直接向国家主张权利或诉请司法救济。其次，理解新兴权利国家保护现实必要性的另一个维度是基本权利的客观法维度。除了主观权利属性，被人权统摄的新兴权利还具有客观法属性。"基本权利作为客观法的基本含义是：基本权利除了是个人的权利之外，还是基本法所确立的价值秩序，这一秩序构成立法机关建构各种制度的原则，也构成行政权和司法权在执行和解释法律时的上位指导原则。"〔1〕所以，有学者认为，"基本权利作为一种'客观价值秩序'旨在要求国家机关必须尽到保护人民基本权利的义务"〔2〕。作为客观法意义上的新兴权利也参与客观法律价值秩序的建构，具有要求立法机关、行政机关和司法机关尽到保护包括新兴权利在内的公民权利的义务。

第二，从新兴权利国家保护的结构理论分析。有学者认为，基本权利的国家保护义务体现的是"侵害者、要求保护者、国家三个主体之间法的三极关系。与此相应，国家除了具有基本权利侵害者性质之外，还具有基本权利守护者的性质"〔3〕。宪法基本权利被侵害和一般法律权利被侵害的最大区别之一，就是被侵害者的意思自治和自力救济在权利保护和权利救济中的作用不同：一般法律权利被侵害尤其是私法权利被侵害时，被侵害者的意思自治和自力救济会起到较大作用，权利保护和权利救济较易实现；而宪法基本权利被侵害时，由于被侵害的权利客体、惩罚可能性、宪法司法化等方面的因素，被侵害者的意思自治和自力救济难以发挥作用，需要国家作为保护主体参与进来。这样一来，就把一般法律权利保护中侵

---

〔1〕 王锴、李泽东：《作为主观权利与客观法的宪法环境权》，载《云南行政学院学报》2011年第4期，第156~157页。

〔2〕 郑旭文：《基本权利的国家保护义务》，载《福州大学学报（哲学社会科学版）》2012年第6期，第72页。

〔3〕 ［日］小山刚：《基本权利保护的法理》，吴东镐、崔东日译，中国政法大学出版社2021年版，第43页。

害者、被侵害者两者之间简单对应的二极关系，转变为侵害者、要求保护者、国家三者之间宪法上的三极关系。被人权统摄的、具有主观权利和客观法双重属性的新兴权利同样具备这种宪法上的三极关系。不过，在新兴权利国家保护的三极关系中，侵害者、要求保护者之间权利义务的性质、权利关系的类型、主体客体的判定、保护依据的确定等在很多情况下可能没有基本权利国家保护三极关系中那样清晰，这就需要国家作为守护者发挥积极主动的确认和保护作用。国家除了作为新兴权利的守护者，也可能是新兴权利的侵害者。国家对新兴权利的侵害分为积极作为的侵害和消极不作为的侵害。对于国家消极不作为的侵害，可依人权保护和结构理论中国家的守护者身份要求国家履行保护义务；而对于国家积极作为的侵害，新兴权利可以衔接宪法基本权利和一般法律权利编织成一张绵密的权利防御网。

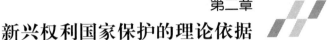

第二章
新兴权利国家保护的理论依据

上一章阐明了"新兴权利"和"国家保护义务"这两个重要概念，并对新兴权利国家保护的现状进行了分析。这一章需要探讨国家为何保护新兴权利，即新兴权利国家保护的理论依据问题。从理论层面上分析，国家基于什么理由和依据保护新兴权利。对此，可以从目的与手段、社会契约理论、基本人权保护、福利国家保障和宪法渊源等多维视角进行分析。

本章这五种理论依据具有逻辑关系性，构成一个完整的论证：首先，从目的与手段视角论证正当性前提：民主法治国家存在的本质和宪法制度保障都必须是基于保护民众的利益需求这一正当性前提。国家行动的目的就是维护包括新兴权利在内的公民权利，国家为此采取立法、司法和行政手段来实现这一目的。其次，从基本人权保护视角论证人权价值标准：新兴权利要想获得国家保护，需要具备基本人权保护的权利价值并通过合法性尤其是合宪性的检验。基本人权保护可以作为新兴权利是否受到侵害的底线标准和能否获得保护的甄别标准。再次，从福利国家保障视角论证国家保护条件：基本人权维度下的新兴权利保护体现出对基本需求最低标准的人权保障，福利国家维度下的新兴权利保护体现出基本需求之上对幸福生活最大人权的追求。基本人权保护强调的是在任何情况下不得非法剥夺的强硬标准，福利国家保障强调的是与一个国家发展水平相适应的权利多样性。最后，从宪法渊源视角探寻权利规范依据：宪法人权条款、人格尊严条款、概括权利限制条款和基本权利条款共同为国家保护新兴权利提供了人权统摄下的宪法法源依据。

第一节　目的与手段视角下的新兴权利国家保护

我国宪法明确的国家目标有：保障我国社会主义现代化建设；促进我国的社会主义民主建设；推动我国的社会主义法治建设；促进我国人权事业的发展等。国家保护新兴权利契合了国家的行动目标，是国家的本质、目的和运行机制的必然结果。虽然基于社会公共利益和国家利益两方面的考虑，国家不可能在方方面面都符合公民个体利益的需求。但是，只要是民主法治国家，国家存在的本质、根本目的、宪法制度保障都必须是基于保护一般民众的利益需求这一正当性前提。美国著名制度经济学家约拉姆·巴泽尔认为："国家的建立及其功能的发挥是与个体（后来是团体）的保护需求紧密相连的。个体必须建立一种机制以使这种保护得到最好的利用，这种机制也确实在制度的形成上发挥了主要的作用。这一现象在法治制度的建立中尤为明显。我们将说明：提供有组织的保护制度的一个衍生产物就是界定和实施法律权利的法律体系。"[1]此观点不仅说明了民主国家的本质、目的、运行机制和一般民众的利益需求之间的同构型特征，还说明了法治国家法律体系的产生原因和实施目的同样是一般民众的利益需求。

现代民主法治国家以其产生和存在的客观事实，体现出尊重和保护一般民众利益需求的本质性特征，而法律体系和司法体系及其运行方式是实现该本质性特征和目的的有效方法。那么，为什么以法律手段实现国家的本质和目的才是有效方法，是否还存在着其他如通过经济发展带来的涓滴效应、贤人政治、威权治理或者协商政治等方法？事实上，现代国家治理绝大多数都是通过法律手段。我们不否认通过各种经济、政治或者文化方法给国家治理带来的效果，但从理性选择的角度来看，如果国家、社会、一般民众在利益博弈的前提下形成了稳定、规范的刚性规则体系的话，所

---

〔1〕　［美］约拉姆·巴泽尔：《国家理论——经济权利、法律权利与国家范围》，钱勇、曾咏梅译，上海财经大学出版社 2006 年版，引言第 3 页。

形成的只能是法律规则体系。因此，只要是民主法治国家，必然要求由公众参与决议国家重要事项。现代国家的本质及目的就是实现社会公众的主导性决策和公共利益要求，国家存在的意义就是实现每个人的自由与权利。不难发现，国家的本质与目的和国家所采取的实现手段事实上具有同构性。本质和目的需要通过特定的手段来实现，而当采取了特定的手段时就是在本体意义上确定和实现了本质和目的。

新兴权利是新兴领域中一般民众的利益需求。国家根据情势变迁在必要情况下赋予民众新兴权利并加以保护，是国家的本质和目的。民众通过各种各样的新兴权利获取自身利益，又是实现国家本质和目的的手段。[1]一言以蔽之，新兴权利的特殊地位源于国家的目的和所掌握的手段，国家的行动就是维护包括新兴权利在内的各种公民权利，国家保护新兴权利当是国家存在和发展的本质目的和实现手段。

第二节　基本人权保护视角下的新兴权利国家保护

党的二十大报告指出："为民造福是立党为公、执政为民的本质要求。必须坚持在发展中保障和改善民生，鼓励共同奋斗创造美好生活，不断实现人民对美好生活的向往。"习近平总书记也多次强调"人民对美好生活的向往，就是我们的奋斗目标""人民幸福生活是最大的人权"。新兴权利是在响应公民现实需求的基础上，对传统权利的进一步延伸。传统权利主要解决公民生存和发展的基本人权问题，新兴权利是在公民基本生存

---

　　[1]　英国哲学家鲍桑葵的一段话可以用来解释国家保护新兴权利的目的和手段之间的辩证关系。他认为"权利的特殊地位源于我们所说的国家的目的和它所掌握的手段。……国家的独特行动仅限于消除达到这一目的的障碍——从心理上，也从对心理来说必不可少的外在环境方面。经这样强制而形成的全部条件便是以一定关系组成这个共同体的自我的全部'权利'。因为，正是在这些自我的身上国家的目的才是真实的，也正是通过维护和调节他们对消除种种障碍的要求，国家才能促进它为之而存在的那个目的。所以，权利就是得到国家即作为最高权威的社会所承认的种种要求，即维护有利于实现最美好生活的条件的种种要求。如果我们一般地要求说明国家行动的定义和界限，就可以用一句很简单的话来回答：国家的行动就是维护各种权利。"[英]鲍桑葵：《关于国家的哲学理论》，汪淑钧译，商务印书馆1995年版，第204~205页。

与发展的基础上，解决公民追求美好生活的最大人权问题。从基本人权保护的视角，推进新兴权利研究和进行新兴权利国家保护就是追求最大的人权。

"凡是人权所在之处，皆为国家义务并行之时。"[1]新兴权利是新兴领域人权统摄下的新权利，面对新领域、新情境，不同的身份主体会提出不同的新兴权利主张，但不是每一项新主张都能够上升为法律上的权利受到保护，而是必须经过合法性的检验。"新兴权利的合法性基础。证成某项新的主张和要求是一项权利的主张和要求是开展新兴权利研究的前提。"[2]而要想获得国家保护还要通过合宪性的检验，重要的标准之一就是具有基本人权保护的价值。从消极防御的角度来说，当一项新兴权利主张被质疑是否应该被确立为新兴权利时，一个重要的底线标准就是，如果该主张没有被确立为新兴权利，相应主体的基本人权并没有因此受到侵害；从积极保护的角度来说，探寻哪些新兴权利主张能够被确立为新兴权利获得保护，以基本人权为甄别标准是一个较为可靠的方法。基本人权是辨析真假新兴权利的标准和确定国家保护义务的边界，"科学技术的发展不但在扩张着新兴权利的内涵，也在延展着新兴权利的边界，增加了人们确定新兴权利边界的难度。'伤害原则''冒犯原则''时空原则'等传统的确定权利边界的方法愈来愈难以奏效。这迫切需要法学界提出一些新的确定新兴权利边界的方法"[3]。人权的种类及其范围就是新兴权利得以可能的种类及其范围，基本人权保护原则可以作为新的确定新兴权利边界的方法。

为了更加形象地理解基本人权保护视角下的新兴权利国家保护，笔者以"基因平等权"为例来阐明。该权利被定义为"自然人所享有的在基因上被平等对待的人格权利"。[4]根据该定义，如果一个人因为基因缺陷而

---

〔1〕　蒋银华：《国家义务论——以人权保障为视角》，中国政法大学出版社2012年版，第3页。

〔2〕　侯学宾、郑智航：《新兴权利研究的理论提升与未来关注》，载《求是学刊》2018年第3期，第95页。

〔3〕　侯学宾、郑智航：《新兴权利研究的理论提升与未来关注》，载《求是学刊》2018年第3期，第95页。

〔4〕　王康：《基因平等权：应对基因歧视的私法政策》，载《东方法学》2013年第6期，第51页。

被要求限制为或不为某些行为、禁止从事某些行业，或在生育之前对胚胎或腹中胎儿进行优生设计，有可能会涉及基因歧视侵犯基因平等权问题。[1]例如，航天员、飞行员、运动员等是对身体、智力、情绪控制能力较高的工作，限制某些因为先天基因缺陷而可能导致能力不足的人从事，这种做法是否构成基因歧视？一对夫妻为了得到一个聪明健康的宝宝，在孕前、孕中等各个环节利用基因检测、基因编辑等技术来"设计婴儿"是否侵犯了基因平等权？如果生物基因科技足够发达，人们能够通过基因编辑和基因重组技术避免某些重大疾病和人体生理缺陷，在体力和智力方面对特定人群进行"基因增强"，这些是否也涉及了基因平等权问题？然而，人类探索科技的原本目的就是为了更美好的生活，如果可以通过科技实现为什么不去做呢？我们不能以咽废飧。我们在享受科技发展带来的红利之时，也要应对科技发展带来的问题。面对新问题、新权利我们必须恪守的一个核心原则是：基本人权保护原则。由是观之，某些特殊工作限制因先天基因缺陷而可能导致能力不足的人从事的做法，并不涉及基因平等权这一基本人权被侵犯。因为法理上"相同情况相同对待、不同情况不同对待"正是实质意义上的平等观，侵犯基因平等权指的是在同等基因水平条件下被不合理地减等对待。"设计婴儿"和"基因增强"则更为复杂。生活得更好和有能力生活得更好是人之为人的基本人权。单从个体的角度来看，这两种行为无可指摘。但从群体的角度来看，因设计婴儿和基因增强产生的优质个体还是群体中的人，还要参与群体内的公平竞争，显然会造成其他一般个体和这些优质个体一开始就没有站在同一起跑线。"社会在'自然抽签'后的'第二次选择'必须具有正义性。"[2]这种社会性而非生理性的"第二次选择"依据的就是基本人权保护原则，即从基本人权保护出发，

---

〔1〕 2009年广东省佛山市曾经发生一起基因歧视案件。3名原告参加佛山市公务员招考，成绩名列前茅，但是在体检时血液报告显示原告血液携带地中海贫血致病基因，被告佛山市人力资源和社会保障局以此为由拒绝录用。参见《"基因歧视第一案"分析：基因检测滥用侵犯隐私》，载 https://www.chinanews.com/fz/2010/08-12/2463646.shtml，2023年1月7日访问。

〔2〕 王康：《基因平等权：应对基因歧视的私法政策》，载《东方法学》2013年第6期，第55页。

平等对待每个人的基因权利，不能因为基因上的差异和缺陷而剥夺其可能的发展机会。由此看来，基本人权保护是新兴权利国家保护的重要理论依据。

第三节　福利国家保障视角下的新兴权利国家保护

基本人权维度下的新兴权利保护体现出对基本需求这一最低标准人权的保障，福利国家维度下的新兴权利保护体现出基本需求之上对人民幸福生活最大人权的追求，"人们对美好生活的向往与追求构成了新兴权利的核心关注"[1]。那么，何谓福利国家呢?[2]顾名思义是"以实现福利这一价值为目标的国家"[3]。福利国家并非现代社会才产生的事物，我国古代"大道为公"思想就反映出福利国家老幼鳏寡孤独皆有所养的要求。现代社会经济和科技发展大大提升，产生了许多新的普遍性的福利需求。国家社会福利意指"一切福国利民之措施，包括设置各种社会调整性设施，如慈幼、养老、救助残寡孤独之院所；提供医疗照顾、公共卫生服务、国民住宅、社会给付、康乐设施与文教服务等，以协助个人能与其社会环境相互适应，充分发展其才能，提高其人格尊严"[4]。公民之所以享有这些福利，在于其拥有"从经济福利和保障的微观权利到完全分享社会成果，以及过一种按照社会通常水平的文明生活的权利"[5]。因此，福利国家与公民权利之间是相辅相成的关系，在福利国家和社会福利政策的背景下，能够凸显出公民的权利需求和权利确立的现实条件。更为关键的是，福利国家及其社会福利政策是一个动态变化的系统，是一个建立在经济发展水

---

〔1〕　孟融：《政治国家如何回应新兴权利——一个理解新兴权利的"国家"视角》，载《河南大学学报（社会科学版）》2020 年第 4 期，第 71 页。

〔2〕　"福利国家"并不是一种国家类型，而是国家与社会的一种关系状态，是由国家通过立法来承担的增进人民基本福利职能的一种政府行为模式。

〔3〕　[日] 武川正吾：《福利国家的社会学：全球化、个体化与社会政策》，李莲花等译，商务印书馆 2011 年版，前言第 1 页。

〔4〕　唐文慧、王宏仁：《社会福利理论》，巨流图书公司 1994 年版，第 35 页。

〔5〕　汪行福：《分配正义与社会保障》，上海财经大学出版社 2003 年版，第 224 页。

平、社会文明条件、政治民主程度、国家能力建设等系统性条件之上的反应系统及其机制。基本人权以人之所以为人的底线要求强调的是生命权、尊严权、健康权等一系列在任何情况下不得非法剥夺的强硬标准；福利国家则强调的是与一个国家的社会/文化/经济/历史发展水平相适应的权利多样性，代表着国家在不断发展的新形势下所承担的职能转变与社会承诺。深入研究新兴权利必须高度关注国家职能转变，福利国家是研究新兴权利适宜的载体。从当今世界各国的经济发展和职能转变来看，福利国家建设是不容回避、不容小觑的重要发展内容，是任何一个国家实现现代化的题中应有之义。福利国家并不是发达国家的专有名词，而是包括中国在内的世界大多数国家追求的目标。不要用发达国家高福利来套中国，从近些年人均 GDP（国内生产总值）来说中国算是新兴福利国家，中国已然具备与发达福利国家相类似的福利结构。"进入 21 世纪以来，新兴福利国家正在全球范围内渐进发展。中国社会政策的快速扩展、社会保障制度的不断完善，以及民生福祉的不断提升，意味着中国也处在这个全球福利国家渐进发展的过程中。"〔1〕中国特色社会主义进入新时代！中国智慧应积极思考：如何实现从发展型国家到福利型国家建设的转型之路，讲好增进人民福祉的中国故事，满足人民对美好生活的向往，保障人民幸福生活的最大人权，构建中国式新兴福利国家，彰显中国式法治现代化的"中国特色"！

福利国家保护新兴权利的理由有消极保护理由和积极保护理由：消极保护理由即国家消除妨碍个体实现权利的外在障碍的理由；积极保护理由即国家积极主动地去发现和创造鲍桑葵所说的"有利于实现最美好生活的条件"，意味着国家要积极主动地发现和创造各种有利于个体福祉实现的

---

〔1〕"新兴福利国家"意指正在出现及形成中的福利国家，多为那些社会保障制度开始建立并走向成熟的亚洲和拉美一些国家。它们在经济发展的基础上正在或者已经建立了某种社会福利保障制度，国家开始直接承担对全体公民的福利保障责任，表现出一种从发展型国家向福利国家转型的趋势。"新兴福利国家"概念是为凸显与西方"既成福利国家"的对比，便于新兴权利国家保护的论题研究。参见岳经纶、刘洋：《新兴福利国家：概念、研究进展及对中国的启示》，载《中国社会科学评价》2020 年第 4 期，第 114~127 页。

机会、条件以及实质性的福祉类型，从而满足人民实现幸福生活的人权需求。对应国家保护新兴权利的这两种理由，自福利国家保障施行以来，国家亦承担着双重义务：保护个人法律上的自由和政治权利即消极保护义务；通过设计社会福利政策创造公民实现权利与自由的条件即积极保护义务。消极义务的履行在传统国家治理模式中较为常见，积极义务的履行是福利国家保障模式中的核心关注和未来提升。履行积极义务要求国家主动判断哪些新兴权利是应当确立和保护的，看上去国家义务的行为和事项空间就非常大且较为模糊。其实不然，只要依循着基本人权保护这条主线，围绕着规制风险和提供福祉这个目标，自然会发现新兴权利的确立条件及保护种类，国家保障义务也就得以明晰呈现。

从近代社会的防御型保护发展到现代社会的福利型保护，对于现代国家发展和最大人权实现来说，积极保护义务当是新兴权利国家保护的重心。加之现代社会的复杂性和专业化程度飞速提升，不可能要求一般公民在知识、能力、信息等方面都成为法律专家，也不可能把公民当作具有完全理性和控制能力的完美的法律主体，从而把新兴权利的确立建立在个体完全理性的基础之上。个体和社会的有限理性需要国家理性的承接和升华。虽然不至于退回到父爱主义的角色，但国家行动应该关注包括新兴权利在内的各种公民权利，应该积极主动地发现和创造有利于实现人民幸福生活的条件。既然积极保护义务是现代国家保护新兴权利的重心，那么国家应该发现和创造哪些有利于实现人民幸福生活的条件呢？对此，福利国家理论可以作为新兴权利国家保护义务可资借鉴的理论渊源。福利国家理论不仅解决公民依据什么享受国家提供福利的问题，还解决国家能够在哪些方面为公民提供何种福利的问题。国家能够提供的福利政策体系与公民权利体系的设置息息相关，科学合理的权利体系设置是在国家所能够提供的福利政策体系基础上产生的。国家在资源和能力允许的范围内会尽可能地满足公民的福利需求，会尽可能保护多样化的新兴权利种类。以女性福利为例，针对不同情况不同需求的女性主体，国家可以分门别类地为其提供不同类型的福利保障。比如对于妊娠女性：从贫富差异来看，国家对于家庭富裕的妊娠女性可以不提供福利补助，对于家庭贫困的妊娠女性可以提供适当的福利补助；从地区差异来看，发达地区的政府会给辖区内的妊娠女性提供较好的福利补助，欠发达地区的政府就只能为妊娠女性提供基本的福利补助；从女性群体来看，只有妊娠女性可以享有国家提供的福利补助，其他女性则不享有。

我们再从法经济学的角度来分析，权利的实现是需要社会成本的，新兴权利也不例外，关乎国家的财政支出和行为能力。新兴权利的产生是基于社会经济和科技发展水平的提升，新兴权利的实现须基于当下社会成本和政治现实的政策性考虑，须从国家所能提供的福利保障进行现实性考虑，否则只能停留在道德权利甚至权利主张层面。即使新兴权利得到确认，若没有国家义务实际履行，其结果也是"权利虚置"，成为有名无实的纸上权利。综观看来，福利国家理论适宜作为现代民主法治国家保护新兴权利的理论依据。

第四节　宪法渊源视角下的新兴权利国家保护

人权是现代宪法的背书，宪法文本虽然很薄却是一本厚厚的人权保障书！我国《宪法》第 33 条第 3 款规定"国家尊重和保障人权"，学界称之为"人权条款"。从宪法功能学上分析，该人权条款具有非常重要的价值意义，具有统摄基本权利、未列举权利及新兴权利的价值基础功能：首先，韩大元教授肯认了人权条款对基本权利的价值功能，"从宪法文本中人权概念存在的基本特点看，人权实定化以后便成为基本权或基本权利"[1]。另有学者也持相同观点"宪法上列举的基本权利是人权具体化和实证化的产物"[2]。其次，人权条款对未列举基本权利的价值在于，"它不仅是一项宪法原则，同时也是一个概括性权利条款，可以为推导未列举基本权利提供

---

〔1〕　韩大元：《宪法文本中"人权条款"的规范分析》，载《法学家》2004 年第 4 期，第 9 页。
〔2〕　张卓明：《中国的未列举基本权利》，载《法学研究》2014 年第 1 期，第 17~18 页。

规范依据"[1]。有学者将其形象地比喻为"我国宪法的'人权条款'为宪法未列举权利提供了'安身之所'"[2]。那么，人权条款对新兴权利有何价值呢？现代宪法原理上，可以运用宪法人权解释框架从基本权利源泉中提炼出未列举权利，而未列举权利是新兴权利在宪法上的典型形态。正如有学者所说："作为一种权利源泉，它不断提供能够满足社会主体权利需求的根据与类型。未列举的权利或基本权利是特定的范畴，可从权利源泉中提炼所需要的新权利。"[3]另有学者明确指出，人权条款"既可以作为宪法明示权利的价值基础，也可以作为有待推衍的、未列举的新兴（新型）权利的价值基础"[4]。当然，最理想的情况是人权保护的方方面面均被现行宪法实定化而无一遗漏，但迄今为止没有哪个国家的哪部宪法能做到这一点，事实上也不可能做到这一点。活的宪法理论告诉我们，宪法总是在既有保护状态和不断发展的新兴人权保护需求之间反复探寻，以人权的具体化和权利的动态性不断应对宪法实践中的新情境新问题，可以说新兴权利保护本身就是宪法人权保护的题中应有之义。如此看来，宪法"人权条款"应当视为国家保护新兴权利的权利本源和法源依据，可以通过宪法人权解释实现基本权利与新兴权利的衔接与涵摄，以此解决新兴权利的"身份焦虑"。

　　2004年人权入宪具有很强的时代背景，当一系列新兴社会事实和社会关系出现后，必须在宪法层面上有所回应。人权入宪的根本原因就是对社会发展中出现的新兴权利激增以及司法实践中出现的立法空白的宪法响应。现代社会之前，社会变化缓慢新生事物较少，国家权力能够有效延伸至社会每个角落，整体呈现出强国家-弱社会的态势。这种态势下，强调人权保护的着眼点在于如何从强势国家中获得自由，所以人权保护体现为自由权中心主义，即消极地对抗国家权力，维护个人自由的领域。进入现

---

〔1〕　张卓明：《中国的未列举基本权利》，载《法学研究》2014年第1期，第17~18页。

〔2〕　张薇薇：《"人权条款"：宪法未列举权利的"安身之所"》，载《法学评论》2011年第1期，第10页。

〔3〕　韩大元：《宪法文本中"人权条款"的规范分析》，载《法学家》2004年第4期，第11页。

〔4〕　雷磊：《新兴（新型）权利的证成标准》，载《法学论坛》2019年第3期，第27页。

代社会之后，新兴事物涌现的范围和速度呈加速状态，现代国家不可能再像传统社会国家那样，把权力像毛细血管一样分布在社会有机体的每个部分。国家不再像以往那样强势，甚至在第三世界，很多国家和地区出现了强社会-弱国家的态势。[1]在此态势下人权保护也随之发生改变，即从自由权中心主义转变为自由权与社会权并重，随之而来的一个变化就是国家保护从幕后走到了台前。正如有学者所说"国家保护人权义务是人权观念与人权分类变化的必然产物"[2]。在人权分类的理论和实践驱动下，国家保护义务也随之呈现出多样化，由原先"司法部门=人权保障壁垒"[3]转变成"宪法保护+司法保护"模式。通过此种模式保护新兴权利的实践路径有："通过人大常委会对宪法的解释确认新兴权利的基本权利身份和位阶；通过司法解释创制规范的方式将特定的利益纳入宪法上已经明确规定的基本权利从而赋予其基本权利的资格；司法机关在具体个案中创造性地扩大解释现有的宪法基本权利规范，在既有宪法规范文本含义内创造出涵括新兴权利的新面向新空间。"[4]这一模式扩大并深化了传统人权自由中心主义，随着社会发展延伸至新兴社会权领域，从而有效应对人权在现代社会中出现的新情况新问题。

接下来探讨：在新兴人权领域，宪法实践是如何响应新兴权利国家保护的？现实生活中的宪法事例非常之多，不可能逐一分析。笔者发现，中国人民大学宪治与行政法治研究中心举办的"年度中国十大宪法事例评选活动"是一个非常好的观察窗口。自2006年至今该中心已经评选了一大批宪法典型事例，都是在社会中产生重大影响、在宪法学上具有重要研究价值的事例。以2012年"现行宪法公布施行三十年典型事例及2012年度十大宪法事例"为例，共评选出41个宪法事例。其中典型事例有温州

---

〔1〕 参见［美］乔尔·S. 米格代尔：《强社会与弱国家：第三世界的国家社会关系及国家能力》，张长东等译，江苏人民出版社2012年版，第36~40页。

〔2〕 韩大元：《宪法文本中"人权条款"的规范分析》，载《法学家》2004年第4期，第12页。

〔3〕 ［日］大沼保昭：《人权、国家与文明》，王志安译，生活·读书·新知三联书店2003年版，第217页。

〔4〕 张建文：《新兴权利保护的基本权利路径》，载《河北法学》2019年第2期，第16页。

"傻子瓜子"事件、齐玉苓诉陈晓琪等侵犯其宪法上受教育权案、厦门PX工程引发市民集体抵制事件、孙志刚案后三位公民上书全国人大废除《收容遣送条例》、四川农民与国家争夺乌木归属权案、重庆最牛钉子户事件、张先着诉芜湖市人事局取消公务员录用资格案、陕西延安夫妻看黄碟遭警方处理案、广东乌坎事件、"无证儿童案"中的全国人大常委会《香港特别行政区基本法》释法活动、异地高考公共政策中的"约辩"事件、唐福珍抵抗拆迁自焚案、山西黑砖窑事件等。[1]通过这些宪法典型事例，我们可以洞察到宪法实践中国家是如何应对新权利新需求及如何对其进行保护的。譬如：在齐玉苓诉陈晓琪等侵犯其宪法受教育权案中，可以看到宪法立法空白是怎样导致司法困境产生的，宪法保护在何种意义上对新兴权利保护是不可或缺的；在广东乌坎事件中，可以发现由集体行为带来的集体权利的新颖性和复杂性，以及宪法上对集体权利保护的不足；在厦门PX工程引发市民集体抵制事件中，通过政府和民众的联动如何重新认知群体权利的范围、内容，发现政府的权力边界、行使目的、保护范围；在张先着诉芜湖市人事局取消公务员录用资格案中，可以看到平等权在宪法实践中出现了哪些新情况新问题，国家保护应如何调整和跟进；在异地高考公共政策的"约辩"事件中，可以看到公民平等受教育权的新变化与国家教育公平义务之间的矛盾和调和。由是观之，通过这些宪法事例可以发现实践中新兴权利要求是如何摆在宪法面前，宪法又是如何应对的。面对新兴人权领域新权利的不断涌现，立法和司法需及时应对和保护，以获得良好的宪法实施效果。

除"人权条款"之外，我国《宪法》第38条规定："中华人民共和国公民的人格尊严不受侵犯。……"学界称之为"人格尊严条款"。第51条规定："中华人民共和国公民在行使自由和权利的时候，不得损害国家的、社会的、集体的利益和其他公民的合法的自由和权利。"学界将其称之为"概括性权利限制条款"。从宪法功能学上分析，"人权条款"具有人权价

---

[1]　参见《现行宪法施行三十周年三十大宪法事例、2012年度中国十大宪法事例发布暨学术研讨会》，载http://fxcxw.org.cn/dyna/content.php? id=3315，2023年1月17日访问。

值基础功能，"人格尊严条款"具有人权补充功能[1]，"概括性权利限制条款"具有权利保障和权利限制功能。追本溯源，这三个条款共同为新兴权利国家保护建构出一个体系化、多样态的人权保护权利结构，从而为国家保护新兴权利寻得人权统摄下的宪法法源依据。新兴权利的产生映射出宪法实践中的新情况新问题，宪法的生命和权威在于实施，活的宪法理论的精髓恰在于，"一部活的宪法，必须有响应社会变迁的能力，否则，宪法无法充分反映时代精神，……将会逐渐丧失其生命力，成为纸上宪法"[2]。

---

[1] 如在"亲吻权"案件的处理上，"其实法院完全可以用基本权利对具体权利的统摄进行说理，而不必视亲吻权为洪水猛兽。例如，可以论证人格权是基本权利，能统摄很多法无明文却又实际存在的具体主张，而亲吻权属于日常生活意义上的具体权利主张，完全可以统摄于人格权的权利保护范围，而不必另行明确为独立的法律权利"。王庆廷：《新兴权利间接入法方式的类型化分析》，载《法商研究》2020 年第 5 期，第 127 页。

[2] 张小罗、张鹏：《论基因权利——公民的基本权利》，载《政治与法律》2010 年第 5 期，第 120 页。

第三章

新兴权利国家保护的现实依据

通过第二章的论述，我们明确了新兴权利国家保护的理论依据。仅有理论依据并不意味着新兴权利国家保护就能实现，故这一章需要探讨新兴权利国家保护的现实依据问题。新兴权利的产生来源民众基于社会实践所提出的新的利益需求，新兴权利的实现依赖国家所能提供的现实的社会政策条件，所以社会基本需求和社会政策体系的双重依据是新兴权利国家保护的现实依据。在理论和现实依据的基础上，通过宪法学"人权保护-国家义务"的分析框架，我们可以确立新兴权利谱系、构设国家义务体系、探寻具体保护方法。

第一节　新兴权利国家保护的社会基本需求依据

一、新兴权利的社会基本需求依据

权利生成于人们的需求，权利是需求的产物，无需求则无需权利。任何一项权利都是基于主体对于自身现实生活的真实需要，其实质是对自身现实与未来利益的需求。"新兴权利的产生是权利体系扩展的需要，而这种需要根源于人们的社会实践所产生的新的利益需求。"[1]然而，无论是源远流长的自然权利观，还是近代以来出现的功利主义权利观和分析实证主义法律权利观，都没有在各自的权利理论里面给人的基本需求及其利益取

---

〔1〕　朱振：《认真对待理由——关于新兴权利之分类、证成与功能的分析》，载《求是学刊》2020年第2期，第118页。

向留下其应该有的位置。[1]这会以牺牲多种多样的个体和群体偏好为代价，造成权利理论一直被权利的社会实践所质疑和诟病、一直在既有的权利理论上修修补补、难以适应社会的新变化新需求。也正是因为这种代价，导致在既有一般权利理论框架内很难包容和解释新兴权利。将社会基本需求作为新兴权利研究的出发点，既是新兴权利社会实践的真实客观反映，又是包括新兴权利在内的全部权利理论和实践研究的新基点。需知在正义、自由、权力、义务等无偏好的抽象概念之下，遮蔽了多少具体的、鲜活的、个别化的社会需求。这些具体的、个别化的需求不可能亦步亦趋地跟在抽象概念的后面，相反，需求有着自己独特的产生发展机制。这就要求权利概念跟着社会需求走，而不是要求社会需求削足适履地跟着权利概念走。正确的研究方法应该是权利概念以社会需求为基础、是社会需求的类型化和总结，而社会需求是权利概念的来源、本质及边界。所以，社会基本需求依据是新兴权利国家保护正确的解释依据。宪法理论上反映出社会基本需求、公民权利和国家义务之间相互关联、相伴而生的关系：社会基本需求是起点，有没有需求、有哪些需求是公民权利和国家义务最基本的启动因素，权利是建立在需求之上的；但需求是多种多样的，需求之间发生冲突在所难免，需要以规范化的公民权利的形式体现出来；公民权利之所以能够产生和实现，离不开国家义务，只有在国家有条件和能力的情况下，社会基本需求和公民权利才能被实现。

需注意和纠偏的是：当前新兴权利研究中出现的定义困难、范围界定模糊、道德权利和新兴权利混淆、新兴权利在既有权利体系中身份可疑等问题，无一不和既有一般权利理论中权利概念与社会需求倒果为因、首尾倒置有关。总体来看，社会需求和权利概念之间发生错位或者社会需求被权利概念所遮蔽有三种情形：①按照当时的经济、政治、社会和文化条件，新的社会需求或是难以凸显、或是在权衡之后被放弃。例如，在1949年新中国成立至党的十八大提出人民追求美好生活总目标之前的这段时

---

[1] See J. Bentham, "Anarchical Fallacies", in J. Waldron（ed.）, "*Nonsense Upon Stilts*"：*Bentham, Burke and Marx on the Rights of Man*, Methuen, 1987, p. 53.

间，由于一系列条件的限制，在权衡利弊之后，优先发展国家和集体的利益和需求。体现在宪法上就是公民的财产权利和国家集体的财产权利之间处于不同位阶的权利配置状态。[1]而党的十八大之后，新的社会需求已凸显，追求"人民幸福生活"成为最大的人权，如何促进人民实现幸福生活成为法治建设的总目标。我们应当对照这一新需求、新目标，检视一下包括宪法基本权利在内的既有权利体系中哪些旧权利需要更改、哪些新权利需要补充，这些工作就是新兴权利的确立和实施；②囿于既有权利理论解释力的不足和权利体系的限制，立法和司法部门有意无意地回避或忽略新的社会需求。例如，我国《民法典》婚姻家庭编中的男女婚姻自由、一夫一妻原则以及结婚要件的规定，很明显保护的都是异性婚姻。但当同性婚姻主张客观存在甚至司法诉讼应接不暇时，立法和司法当是无法回避；③依据现有的权利理论和实践资源均难以解释和应对新的社会需求。例如，信息和大数据技术的迅猛发展，是现代社会人们对新技术和美好生活的新需求所致。新的需求会引起权利理论上财产权的性质和种类都发生较大变化，如游戏货币、比特币等新兴的"虚拟财产权"，依据既有财产权理论也很难对其作出解释和应对。又如新兴的"数据权利"，该权利的主体范围、权利性质、权属运用等问题，能否在既有一般权利理论和权利体系中得到解释和证成呢？由此可见，新的社会需求直接影响着权利概念的解释和适用，新的社会需求应当成为新兴权利保护的核心关注。我们需要将注意力从形式化权利证成转换至以社会需求为导向的实质性权利实现。

二、社会基本需求的类型和体系

如果以社会基本需求作为新兴权利谱系的基础，或许有人会这样质疑：那么多不计其数的新兴社会事实和社会关系都能被囊括在需求种类当中吗？本书的回答是肯定的。劳伦斯·汉米尔顿在《需求的政治哲学》一

---

[1]　如2012年四川"彭州天价乌木案"。学界大都从国家财产权和个人财产权之间的关系角度来解释该案判决，认为国家财产权的位阶和效力大于个人财产权，从而赋予裁判合法性。

书中，以"我需要一辆汽车"这样一个普通的社会需求为例，来说明需求的复杂性、普遍性和基础性。在汉米尔顿看来，我为什么需要一辆汽车？是为了运输需要还是为了显示财富以获得社会尊重，抑或是二者皆有？假设现在有了汽车以外的某种更好的交通工具，那么"我需要一辆汽车"的需求还值得被承认、尊重和保护吗？进一步来说，我们承认和尊重的是固着于一辆汽车的需求，还是通过一辆汽车这个载体所体现出来的普遍化的"我的需求"？如果是普遍化的"我的需求"，汽车就不是需求必要的合理的条件。但是，当我发现我没有钱购买汽车、交通拥堵和出行限制、尾气污染导致的环境保护的道义要求等都有可能抑制我的需求时，有没有普遍化的需求就很有疑问。而且，没有任何条件限制的无目的的需求是无法想象的。我们所能够理解和解释的需求都来自客观条件的刺激和反映。能不能就此说需求是纯粹客观的？当然不能。一辆汽车摆在我的眼前，我可能会很想拥有它，也可能会视若无睹，这取决于我有没有需求和我的需求是什么。当然，这种需求可能会是对一辆汽车的需求、一朵鲜花的需求、一顿美味的需求，甚至是什么也不做只是静静独处的需求，但都必须是"我有需求"以及"我的需求"。由此得出，需求既不是纯粹客观的也不是纯粹主观的，而是主客观相互影响、不断发展的体系化的驱动和判断。根据劳伦斯·汉米尔顿的观点，全部社会事实和社会关系都可以从主观需求和客观条件的刺激与限制之间相互影响的角度予以认知和解释。[1]新的社会事实和社会关系产生新兴权利，故新兴权利保护的研究，适宜从社会主体的主观需求和国家现实的客观条件之间相互影响的双重依据去认识和解释。

那么，社会基本需求如何类型化和体系化呢？亚伯拉罕·马斯洛因其首创且卓越的基本需求层次理论，成为任何想要研究需求问题的人都绕不过去的高峰。马斯洛把人的基本需求分为六种类型及层次：①生理需求；②需求层次的动力学；③安全需求；④归属和爱的需求；⑤自尊需求；⑥自

---

〔1〕 See Lawrence Hamilton, *The Political Philosophy of Needs*, Cambridge Press, 2003, pp. 21-22.

我实现的需求。[1]在他看来，不计其数的社会事实和社会关系都能被囊括在需求种类当中。权利的背后隐藏的是利益和需求，需求可以在有限的核心社会动机层面上予以认知和把握，进而根据需求种类对权利进行目录式的分类和列举。然后将这份权利目录和既有权利体系相对照，看看哪些是应该确立但还没有确立的新兴权利，查漏补缺，建构起一个与社会基本需求体系相适应的权利体系。在达西亚·纳瓦兹看来，动机和需求的满足与否直接关系到福利和利益的实现与否，相互之间的关联性甚至可以用量化的方法表现出来。他增加了生活目标、基本需求满意度、基本需求和道德发展之间的关联等因素，特别提及基本需求和法律权利的对应。[2]不过，从完备性和可操作性的角度来看，首屈一指的当属莱恩·多亚尔和伊恩·高夫两位学者所发展出来的需求体系。他们将健康和自主视为人的基本需求，并且强调满足需求所具有的社会前提及其法律权利途径。[3]需要强调的是，健康是身体的需求，自主是精神的需求，这两方面的需求是人权的最基本要素，也构成新兴权利最基本的来源。当我们穷尽既有权利理论和权利体系，却对一项新兴权利主张是否应该被确立为一项新兴权利，以及应该被确立为何种类型的新兴权利予以保护仍然举棋不定时，我们可以回溯至这两种人权的基本需求，看看该新兴权利背后的利益需求是否可以归属于这两种基本需求。

三、新兴权利与社会基本需求的关系示例

笔者以"单身女性生育权"为例进一步阐明新兴权利与社会基本需求的关系。随着社会发展，人们的婚姻观、生育观和相应的伦理道德观念也随之转变，越来越多的单身女性成为"不婚族"，但却想生育自己的孩子，

---

[1]　参见［美］亚伯拉罕·马斯洛：《动机与人格》（第3版），许金声等译，中国人民大学出版社2012年版，第15~25页。

[2]　See Darcia Narvaez (eds.), *Basic Needs, Wellbeing and Morality: Fulfiling Human Potential*, Palgrave Macmillan Press, 2018, pp. 6-9, 135-154.

[3]　参见［英］莱恩·多亚尔、伊恩·高夫：《人的需要理论》，汪淳波、张宝莹译，商务印书馆2008年版，第99~145页。

"单身女性生育权"随之被提出。从我国《宪法》第 49 条第 2 款"夫妻双方有实行计划生育的义务"能否推导出生育行为的合法性处于法定婚姻效力范围内，没有法定婚姻的生育是非法的结论呢？仅从宪法解释不能简单肯定或否定该结论，但从实践中各省市卫健委相关规定及长期以来的做法来看，实际上是把生育权利和婚姻登记捆绑在一起的。也就是说没有合法婚姻的生育行为被视为非法的。现在的情况发生了较大改变，一些省市的相关部门逐渐取消生育登记结婚限制，不再把生育权利和合法婚姻的存续捆绑在一起。[1] 该政策旨在提升对女性生育权的保护，目的是让每位孕妇和孩子的基本人权都能得到平等对待，具有积极意义。但这种改变是基于经济和社会发展的考虑，而不是基于新兴权利的确立和保护，因此很快就在社会中引发了一些质疑和反对。

为此，我们需要探讨问题之所以产生的关键性的宪法条款以及为什么其不能够给出明确答案。现行《宪法》制定于 1982 年，四十多年前制宪者不可能预见到现代社会的单身女性生育权需求。故在彼时的社会整体道德氛围下，视婚内生育为唯一合法需求，视未婚或离异单身女性生育为另类。虽然立法者没有在宪法中明文规定女性生育权必须以合法婚姻为前提要件，但从《宪法》第 49 条第 2 款的立法精神及宪法实践来看，立法者支持的仅是婚内生育。然而，生育权利和合法婚姻之间有必然联系的制度性规定并不是人类社会基本准则，只是特定时期某种伦理道德观念的产物。现在，无论是从法律的规范性立场，还是从解决现实问题的社会需求立场来看，都应该摒弃道德立场，回归宪法基本人权的保护立场，回归新兴权利保护的实践立场。那么，如何回归呢？我们不能执拗地固守在既有一般权利理论和权利体系内打圈圈，而是要回归到统摄新兴权利的宪法基本人权保护上来，深入分析构成人权的需求种类。当社会中某项新兴权利体现出人权中的需求种类时，意味着该项新兴权利有了"宪法上的根"。当社会中出现"单身女性生育权"这项新兴权利主张时，应该辨析的是，

----

[1] 参见《律师详解四川取消生育登记结婚限制：并非首创 也不会是最后一个》，载 https://finance.sina.cn/2023-02-11/detail-imyfiqsn2688487.d.html，2023 年 3 月 1 日访问。

单身女性生育子女的权利需求是不是人权中的需求种类？显然，该项需求体现的是人类对繁衍抚育后代、获得亲情和抚慰的本能和愿望，这种身体和精神的双重需求体现了人权的最基本要素。通过对该需求的满足和新兴权利保护，人类可以在实现真正自我完整性的道路上迈进一大步。"单身女性生育权"本质上体现了人权的最基本要素，虽然宪法对此并没有明确规定，但通过人权涵摄这一需求种类便找到了国家保护的权利源泉。

从身体健康逐步提升至精神自主，既是不证自明的自然法意义上的基本人权，又是需要在丰富多彩、千头万绪的社会实践中才能展现并被认知的实践性人权。正如马克思主义的经典命题——人的本质在于全部社会关系的总和。新兴权利研究不能执着于个别化的需求，而是要将视角转向社会基本需求的类型和体系化。这样做的优势在于：可以较为客观而且集中地凝练出核心的社会基本需求类型，避免迷失在零乱的个别化的需求当中。[1]进而，循着这种社会基本需求的类型和体系可以为国家保护的社会政策体系设计找到主干和方向。

第二节　新兴权利国家保护的社会政策体系依据

一、国家保护的社会政策体系依据

"政治国家对社会发展的响应促动着新兴权利的产生，国家的职能在对新兴权利的响应过程中发生了一定转化，公共政策构成新兴权利内容扩充的基本形式。"[2]之所以从国家保护的社会政策体系依据来探讨国家为何保护新兴权利，是因为新兴权利保护需要国家通过一系列积极而周密的

---

〔1〕　尤其当这些个别化的需求动辄以某某新兴权利的名目被提出时，可以追根溯源寻找其在核心的社会基本需求那里有无依据。以此作为辨别其能否被确立为新兴权利的实质理由，避免权利泛化。

〔2〕　孟融：《政治国家如何回应新兴权利——一个理解新兴权利的"国家"视角》，载《河南大学学报（社会科学版）》2020年第4期，第71页。

社会政策体系来实现。有学者指出，以福利国家的社会政策及其体系化为载体来探讨国家为何保护新兴权利，[1]这应该是新兴权利国家保护迈向具体化、实质性的必然之路。

虽然在福利国家理论和实践的发展进程中，支持福利国家建设的理论资源有多种，如自由主义理论、保守主义理论、女性主义理论、马克思主义理论、社会民主主义理论、绿色主义理论等不一而足。但是，权利背景下的福利国家理论与实践始终是一条主线，在福利国家建设的方方面面都可觅其踪影。在英国著名的社会学家和政治学家马歇尔看来，公民身份和国家权力组成了现代国家最基本的政治和法律关系，是国家和社会关系重要的解释维度和观察窗口。随着公民身份内涵和外延的变化，政治国家的性质和功能也随之发生改变。1949 年马歇尔在剑桥大学发表"公民身份与社会阶级"演讲，将公民身份看成是由公民权利、政治权利和社会权利所组成的演化的复合范畴，其性质、含义、外延对应着各种国家机构的发展变化：公民权利形成于 18 世纪，所对应的主要国家机构是法院；政治权利形成于 19 世纪，所对应的主要国家机构是国会和各级地方议会；社会权利形成于 20 世纪，所对应的主要国家机构是各种公共服务机构。[2]我们以马歇尔的公民身份理论反观新兴权利国家保护可以得到很多启发：首先，公民身份和国家义务相对应，没有国家机构及其义务履行，公民身份就是一句没有任何内容的符号。换句话说，如果具有一个国家的公民身份，就意味着国家必须设置科学合理的机构及保护职能来将其实现；其次，公民身份是多种权利的复合体，并随着国家机构的产生发展而变化生成。公民的各种权利和国家义务之间并非一成不变而是动态平衡的，公民权利的产生、发展和变化是科学合理配置国家机构及保护职能的动因。因此，当社

---

[1] 英国学者理查德·蒂特马斯认为社会政策共同性的特点有："第一，其宗旨皆为行善——政策指向为市民提供福利；第二，兼有经济和非经济的目标，例如最低工资、最低收入保障标准等；第三，涉及某些进步的资源再分配的手段，劫富济贫。"参见 [英] 理查德·蒂特马斯：《蒂特马斯社会政策十讲》，江绍康译，吉林出版集团有限责任公司 2011 年版，第 13 页。

[2] 参见郭忠华、刘训练编：《公民身份与社会阶级》，江苏人民出版社 2007 年版，第 3～34 页。

会事实和社会关系发生新的变化、产生新兴权利主张时，国家机构应该适时地、积极地予以应对和调整。那么，国家机构应该如何适时地、积极地应对和调整呢？福利国家基础上的社会政策体系化设置就适时而生。

通过社会政策体系依据探讨国家为何保护新兴权利的优势在于：①将新兴权利国家保护的实现建立在社会政策体系基础上，以一整套完备的社会政策体系化设置，避免任意的、散乱的、偶发式的新兴权利保护；②将新兴权利国家保护建立在响应具体社会需求而产生的社会政策基础上，避免新兴权利研究中的黑箱预设；③从国家所能提供的现实福利条件、资源手段入手，并从具体的社会领域、主体类型进行分析，避免纸上谈兵式的新兴权利保护。不仅如此，社会政策科学合理的体系化设置，可以推动政府积极地运用社会福利制度建设来满足人们在生活、教育、医疗、就业、健康、住房等方面新的需求，满足这些新需求现实有效的方法就是新兴权利的合法化确认、社会政策的体系化设置及国家义务的制度性保障。

二、社会政策体系的设计和条件

怀特认为："丈夫和妻子、孩子和父母、雇主和雇员、机构中不同职位的工作人员等，他们之间各种各样的权利义务不是来源于他们之间的相互关系，而是来源于他们一起参与的共同制度。"[1]怀特的这个观点是权利理论研究上的一个洞见，因为他跳出了英美权利理论家们只在逻辑分析和语言分析的范围内研究权利形式要件的窠臼，发现了法律权利和法律制度以外其他社会性权利和社会制度之间的紧密关联，揭示出权利因为处于不同的社会/文化/经济/历史制度中，因而具有多样化的特点。该观点对我们研究新兴权利的启发意义在于：①不能局限于法教义学视野下的既有权利理论和权利体系去解释新兴权利，既有权利理论和体系有可能只是一定社会政策制度条件下的产物，社会政策制度条件会不断发生变化，权利理论和体系也会随之发展变化，应该在社会/文化/经济/历史的类型化综

---

[1]　Alan R. White, *Rights*, Oxford University Press, 1984, p. 70.

合性视野下研究新兴权利；②新的权利体系建构的核心问题应该是，在什么样的社会政策制度条件下产生什么样的权利体系是可接受的。在具有多种社会政策制度体系存在并可能相互冲突的现代社会，不是每一种制度体系都可以接受，也不是每一种制度体系下产生的权利体系都是公平、正义、有效能的。

在现代社会政策理论的创始人理查德·蒂特马斯看来，现代人生活在一个被"伟大的简化器"所控制的时代，人们经常以非黑即白的二元化方式看待所有事物。他认为："一个人愈是多读论述不同国度社会政策制度的国家文献，愈能明白个中的多样性和复杂性。愈是明白了个中的复杂性，愈难概括（实用地简化）各国社会服务想要扮演或实际扮演的各种角色。"[1]他还谈到了社会政策研究不能独立于社会整体研究之外，需要研究社会、经济和政治等各方面。另有学者认为："社会政策（Social Policy）的概念一般有三个含义：①政府用于福利和社会保护的政策，特别是有关教育、医疗卫生、社会保障和住房的政策；②福利在一个社会中发展的方式。其含义比①更为广泛，大大超出了政府行为的范畴，包括福利的提出、形成和发展在内的诸多社会及经济条件；③针对上述主题的学术研究。"[2]先撇开③不谈，看来社会政策是一个两阶段递进式的复合概念：②是前提和框架，基于不同的前提和框架可以演化出许多具体的、多样性的社会政策方案和体系。不过，这些多样性的方案和体系设计也不是天马行空任意形成的，势必会受到一个国家具体的社会/文化/经济/历史条件的制约。

既然社会政策体系具有多样性，那么什么样的社会政策体系下产生的权利体系才是可接受的呢？社会政策体系的设计要避免家长式模式，以保障主体自由和需求为基调。在这个背景下，社会政策体系的设计就应该是权利体系框架中的设计，再结合一个国家具体的社会/文化/经济/历史条件。与此观点相呼应，有学者明确指出，新兴权利研究应该从体系化和本

---

〔1〕［英］理查德·蒂特马斯：《蒂特马斯社会政策十讲》，江绍康译，吉林出版集团有限责任公司2011年版，第3页。

〔2〕［英］莱恩·多亚尔、伊恩·高夫：《人的需要理论》，汪淳波、张宝莹译，商务印书馆2008年版，第1页。

土化两方面展开。[1]体系化意指不要零散化，感性化地随意提出和确认某项新兴权利，应该在一个系统性前提和框架内有计划、有步骤展开。本土化意指：①不要陷入"权利框架错置"和"权利顺位颠倒"的泥潭中，以西方权利理论中的个人主义、绝对私有化为圭臬，生搬硬套至其他国家的新兴权利建构中；②充分注意到我国当前是由计划经济转变为市场经济、传统乡土社会走向现代工商社会的状态结构，这种状态结构既是当前新兴权利的产生背景，又是研究新兴权利的独特语境。如此看来，新兴权利的保护思路需符合一个国家的经济发展要求和社会政策体系。[2]

三、新兴权利与典型的社会政策体系

为了不被"伟大的简化器"所控制形成狭隘的、有偏向的社会政策体系和不公平、不正义的权利体系。我们应当尽可能地从多角度来展示社会政策体系，以此保障权利体系的公平正义。为此，笔者先以英国著名社会政策学家皮特·阿尔科克等人的社会政策制度体系为蓝本，再以国内社会政策学家李迎生等人的社会政策制度体系为蓝本，综合中外学者较为代表性的观点为新兴权利提供一份超越形式化分析的、具有实质性权利内容的对照目录，在此目录范围内进行拾遗补阙的工作。所谓拾遗补阙的工作，意思是把社会政策体系和既有权利体系相比对，看看哪些社会政策体系中已有规定但权利体系中还没有规定，以此确立新兴权利目录、内容和方法。

皮特·阿尔科克等人在《解析社会政策》一书中认为从需求到社会政

---

〔1〕　参见陈国栋：《新型权利研究的体系化与本土化思维——以公法权利体系为论域》，载《江汉论坛》2019年第10期，第133~136页。

〔2〕　有学者认为："经济发展与社会权保障之间存在着相互促进且相互制约的关系。在经济发展过程中，社会权保障的不足与过度都会给经济发展带来一定程度的损伤，也会阻碍社会权在更深层次上获得实现。为此，需要确定经济发展过程中社会权保障的合理区间。而将满足最低生活需要作为社会权保障的下限，将符合经济发展水平作为社会权保障的上限，是一种符合经济发展要求的社会权保障思路。同时，应将保障公民社会权的程度作为政府考核机制的一项重要内容，以防止政府在无正当理由的情况下，以保障最低限度的社会权来削减自身的义务。"龚向和、董宏伟：《经济发展要求下社会权保障的合理区间》，载《思想战线》2015年第1期，第64页。

策和福利国家是有内在关联的，但普遍性的社会需求才是国家社会福利和社会政策制度产生的基础。例如，一个人失业后可能会存在着一些迫切的需求，但只有当社会较为普遍的失业现象发生，产生一些社会共同性的需求时，才有可能成为国家社会政策制度的核心关注。从需求到社会政策和福利国家可以基于多种方式来实现，现代社会起码有两种迥异的方式（社会主义和资本主义）都在力图实现从需求到社会政策和福利国家的转换。无论这两种方式在政治思想理念和经济资源条件方面有多大差异，现在越来越多的共识认为最为规范和有效的方式还是权利配置。那么什么是权利？权利是需要、能力（可以付诸实践的机会）、关于何谓应得的公平正义观念以及社会当时具有的政治、经济等制度环境的共同体。[1]既然权利是由这些综合性因素构成的，那么权利配置的关键就在于应然和实然的因素有哪些，哪些因素通过何种关联组合可以获得福利国家效果？这些关键问题集中在一起就体现为典型的社会政策体系。

综合来看，一个国家社会政策体系的形成主要基于两种因素：社会普遍性需求和国家能够提供的资源条件。现实中各种各样的社会需求经过国家能够提供的资源条件筛选之后，形成典型的社会政策体系，可以从这两方面建构：①不同的社会领域和社会事项，主要有就业、医疗、学校教育、终身学习和培训、社会照顾、刑事司法、公共卫生、住房供给、接受失业救济等。现代社会中，基本上所有国家都主要在这些领域和事项中担负起相应的国家义务；②不同的需求主体：主要有儿童、青年、老年人、残疾人、女性、移民和寻求庇护者、社会弱势群体等。[2]与此相似，李迎生等学者建构的社会政策体系主要也是从这两方面考虑：①社会领域和社会事项：就业、收入分配、教育、医疗、住房等；②需求主体：老年人、儿童、妇女、农民工、残疾人、流浪乞讨人员、贫困人员等。[3]所以，我

---

〔1〕 参见［英］Pete Alcock 等主编：《解析社会政策（上）：重要概念与主要理论》，彭华民主译，华东理工大学出版社 2017 年版，第 45~55、61~68 页。

〔2〕 参见［英］Pete Alcock 等主编：《解析社会政策（下）：福利提供与福利治理》，彭华民主译，华东理工大学出版社 2017 年版，第 189~377 页。

〔3〕 参见李迎生等：《当代中国社会政策》，复旦大学出版社 2012 年版，第 2~13 页。

们应当尽可能从社会的各个领域、阶层、社会角色、事项等方面入手，展现出较为普遍性的社会基本需求，开列出一张整全性的新兴权利清单，制定出切实可行的社会政策体系，从而将新兴权利国家保护从理论层面落实到现实层面，从应然人权保护转化为实然人权保护。

第三节　新兴权利国家保护现实性的双重依据

本章第一节，我们从应然人权和社会权利主体的主观需求面向，探讨了新兴权利的社会基本需求依据；第二节，从实然人权和国家义务主体的客观条件面向，探讨了国家保护的社会政策体系依据。我们已知晓：社会基本需求和社会政策体系是分析新兴权利国家保护的现实依据；这一节，我们结合社会权利主体的主观需求和国家义务主体的客观条件双重面向，基于社会基本需求和社会政策体系的双重依据，确立新兴权利谱系、构设国家义务体系、探寻具体保护方法。

一、双重依据下的新兴权利谱系

通过上一节新兴权利国家保护的社会政策体系依据可知：一个国家社会政策制度的出台需要考虑多种因素，社会政策体系是多元化的。这样一来就存在着社会政策体系有可能是认知偏颇、狭隘、个别化利益驱动产物的风险。那么，可不可以因此就不进行社会政策制度的制定实施呢？当然不能，社会基本需求和新兴权利的实现需要社会政策制度来具体化。所以正确的做法是：在我国宪法视域下，从应然人权保护和实然人权保护的双重面向出发，把社会基本需求和社会政策体系相结合，以此作为确立和辨析新兴权利的来源。对照宪法权利具体审视，哪些是已被宪法确认和保护的宪法权利，哪些是尚待宪法确认和保护的新兴权利。基于这种思路，本书设计了表1来探讨具体新兴权利国家保护的性质、特征、种类和范围。

表1 社会基本需求及社会政策体系、宪法权利、新兴权利的横向对照表

权利种类／社会需求及社会政策种类	宪法权利	新兴权利
1. 自我实现、归属和情感需求	第33条第1款："凡具有中华人民共和国国籍的人都是中华人民共和国公民。"（公民权）第33条第2款："中华人民共和国公民在法律面前一律平等。"（平等权）第2条第3款："人民依照法律规定，通过各种途径和形式，管理国家事务，管理经济和文化事业，管理社会事务。"（发展权）	发展权利（个人发展权、集体发展权、区域发展权〔1〕、城市发展权）、社会性权限、公共知识产权、婚恋自由权〔2〕、评议权、信访权、法律文件审查的公民启动权〔3〕

---

〔1〕 区域发展权起因于对中国区域发展较不均衡的现实考察。原因有多种，但国家和地方政府对于区域发展有没有应该做而没有做的不作为义务值得探讨。区域发展权的本质是实现区域实质平等，属为需国家履行的宪法上的客观法义务。参见李海平：《区域协调发展的国家保障义务》，载《中国社会科学》2022年第4期，第44页；有学者建议从利益衡量、社会公平、双向调节等标准出发，确立区域发展权的基本原则。参见汪习根、吕宁：《区域发展权法律制度的基本原则》，载《中南民族大学学报（人文社会科学版）》2010年第2期，第122~126页；有学者提出通过"社会需求→政策指导→法律规范"的模式来确立并实现区域发展权。参见陈乃新：《论区域发展权的法律标准及其责任形式》，载《黑龙江社会科学》2011年第6期，第142~145页。

〔2〕 广西壮族自治区梧州市中级人民法院在"陈某林故意伤害案"刑事裁定书中认为："婚姻恋爱自由是宪法赋予每个公民的基本权利，不受任何人的非法干涉。"参见广西壮族自治区梧州市中级人民法院［2016］桂04刑终字第28号刑事裁定书。

〔3〕 "我国法律中虽尚无关于普通公民对法律文件审查启动权的明确规定，但是《宪法》中的有关规定为赋予该启动权提供了宪法性依据。……公民启动对法律文件审查源于《宪法》中的言论自由和建议权，既是一项实体性权利，更是一项程序性权利，是实现权利的权利。……明确赋予公民对法律文件监督审查的启动权，就是落实公民的宪法性权利。……使公民的宪法权利具体化，通过立法的形式明确赋予公民对法律文件审查的启动权。"王春业：《法律文件审查的公民启动研究》，法律出版社2011年版，第33~35页。

续表

权利种类 社会需求及社会政策种类	宪法权利	新兴权利
2. 自尊、自主控制需求	第33条第3款："国家尊重和保障人权。"（概括性人权） 第36条："中华人民共和国公民有宗教信仰自由……"（宗教信仰自由权） 第38条："中华人民共和国公民的人格尊严不受侵犯。……"（人格尊严权）	数字人权（数字接入权、脱机权、代码权、数据主权、算法解释权、AI数字人复活选择权）、基因权利（基因信息知情权、基因人格权）、性权利（同性婚姻权、变性权、性信息权）、复姓使用权、代孕子女监护权、单身女性冻卵权、创作自由权[1]
3. 生命、健康、安全、隐私需求	第37条："中华人民共和国公民的人身自由不受侵犯……"（人身自由权） 第39条："中华人民共和国公民的住宅不受侵犯。……"（住宅自由权） 第40条："中华人民共和国公民的通信自由和通信秘密受法律的保护。……"（通信自由和通信秘密权） 第26条："国家保护和改善生活环境和生态环境，防治污染和其他公害。……"（国家环境保护义务）	健康权利（健康防御权、健康受益权）、住宅权利（住宅隐私权、住宅选择权）、碳排放权、环境健康权、公共健康权、公共隐私权、基因隐私权、公众人物隐私权、患者隐私权[2]

---

〔1〕 北京知识产权法院在"北京慧鑫盛世国际贸易发展有限公司与上海追得贸易发展有限公司著作权权属、侵权纠纷案"的判决书中认为："创作行为的法律基础并非其利用内容的权利人的许可，而在于宪法中规定的作为言论自由或表达自由中的重要内容之一，即创作自由。"参见北京知识产权法院〔2015〕京民终字第00392号民事判决书。

〔2〕 北京市朝阳区人民法院在"金某东与北京和睦家医院有限公司隐私权纠纷案"判决书中认为："《出院志》作为载有患者病情诊断、治疗经过及相关医嘱的病历材料，属于患者隐私，属于医疗记录的范围。患者向医院告知由其公司为其支付医疗费用，并自愿同意医院向其公司提供《出院志》。故医院将《出院志》提供给患者公司系经过了患者的同意，不构成对患者隐私权的侵犯。"参见北京市朝阳区人民法院〔2015〕朝民初字第26222号民事判决书。

续表

权利种类 社会需求及社会政策种类	宪法权利	新兴权利
4. 劳动就业	第42条"中华人民共和国公民有劳动的权利和义务……"（劳动权、就业权） 第43条："中华人民共和国劳动者有休息的权利……"（休息权）	平台从业者劳动权、择业自由权〔1〕、择业自主权〔2〕
5. 医疗	第21条第1款："国家发展医疗卫生事业，发展现代医药和我国传统医药，鼓励和支持农村集体经济组织、国家企业事业组织和街道组织举办各种医疗卫生设施，开展群众性的卫生活动，保护人民健康。"（国家医疗义务）	基本医疗服务权、健康照护权
6. 学校教育	第46条第1款："中华人民共和国公民有受教育的权利和义务。"（受教育权） 第19条第2款："国家举办各种学校，普及初等义务教育，发展中等教育、职业教育和高等教育，并且发展学前教育。"（国家教育义务）	教育平等权、公平优质受教育权

〔1〕 北京市海淀区人民法院在"北京东方万泰技术开发有限公司诉梁某等竞业禁止纠纷案"判决书中认为："劳动者的择业自由等权利属于基本人权，受我国宪法保护。"参见北京市海淀区人民法院〔2007〕海民初字第17465号民事判决书。

〔2〕 广东省佛山市禅城区法院在"中山市莎丽卫浴设备有限公司与皮某违约纠纷案"判决书中认为："劳动权是宪法赋予公民的基本权利，择业自主权则是劳动权的主要组成部分。"参见广东省佛山市禅城区法院〔2005〕佛禅法民四知初字第21号民事判决书。

续表

社会需求及社会政策种类 ＼ 权利种类	宪法权利	新兴权利
7. 终身学习与培训	第19条第3款："国家发展各种教育设施，扫除文盲，对工人、农民、国家工作人员和其他劳动者进行政治、文化、科学、技术、业务的教育，鼓励自学成才。"（国家教育义务） 第19条第4款："国家鼓励集体经济组织、国家企业事业组织和其他社会力量依照法律规定举办各种教育事业。"（国家教育义务）	
8. 社会照顾	第45条第1款："中华人民共和国公民在年老、疾病或者丧失劳动能力的情况下，有从国家和社会获得物质帮助的权利。"（社会照顾权、物质帮助权）	
9. 司法公正	第130条："人民法院审理案件，除法律规定的特别情况外，一律公开进行。被告人有权获得辩护。"（公开审判权、辩护权） 第131条："人民法院依照法律规定独立行使审判权，不受行政机关、社会团体和个人的干涉。"（独立审判权） 第139条："各民族公民都有用本民族语言文字进行诉讼的权利。……"（公正审判权）	诉权〔1〕

---

〔1〕　北京市第二中级人民法院在"北京普特高鑫科贸有限公司与北京移联信达通信技术有限公司买卖合同案"的裁定书中认为："任何人在宪法和法律赋予的基本权利遭受侵害时，都有权向有管辖权的法院请求司法救济，此权利谓之诉权。诉权作为当事人的基本权利，不仅具有实体意义而且具有程序意义的双重属性。"参见北京市第二中级人民法院〔2014〕二中民终字第06490号民事裁定书。

权利种类 社会需求及社会政策种类	宪法权利	新兴权利
10. 住房供给		生存权〔1〕
11. 接受失业救济		福利权
12. 收入分配		发展权、民生权
13. 老年人	第49条第3款:"……成年子女有赡养扶助父母的义务。"（被赡养权）	精神照护权、数字适老权
14. 儿童	第49条第1款:"婚姻、家庭、母亲和儿童受国家的保护。"（儿童权）	儿童健康环境权、儿童安全权
15. 妇女	第48条:"中华人民共和国妇女在政治的、经济的、文化的、社会的和家庭的生活等各方面享有同男子平等的权利。"（妇女权） 第49条第1款:"婚姻、家庭、母亲和儿童受国家的保护。"（母亲权）	单身女性生育权
16. 农民工		农民工平等发展权、农民集体成员权
17. 残疾人	第45条第3款:"国家和社会帮助安排盲、聋、哑和其他有残疾的公民的劳动、生活和教育。"（残疾人权）	

---

〔1〕 辽宁省大连市中级人民法院在"裴某与张某、裴某然等返还原物纠纷案"的判决书中认为:"生存权是最基本的人权,宪法明确规定尊重和保护公民的基本人权,居住权是为生存而必须提供的住房方面的保障。"参见辽宁省大连市中级人民法院〔2014〕大民二终字第01143号民事判决书。

续表

权利种类 社会需求及社会政策种类	宪法权利	新兴权利
18. 流浪乞讨人员		流浪权〔1〕
19. 贫困人员		免于贫困权、生存权〔2〕
20. 少数族裔		少数族裔权
21. 特殊群体		平台从业者劳动权、数字弱势群体保障权、原住民权
22. 外国人、难民和移民	第32条第1款："中华人民共和国保护在中国境内的外国人的合法权利和利益，在中国境内的外国人必须遵守中华人民共和国的法律。"（外国人权利义务） 第32条第2款："中华人民共和国对于因为政治原因要求避难的外国人，可以给予受庇护的权利。"（受庇护权）	

在表1中，我们把社会基本需求和社会政策体系、宪法权利和近年来涌现出来的具体新兴权利列举出来进行对照。对于表1中的列举及对照需

---

〔1〕　"流浪权是主体根据其自由意志而拓展其生存、发展空间的自由权利，是公民自由权的一种。理应是公民的一项普遍权利，也是无须国家帮助和干预的消极权利。……在社会日益迈向大型化、复杂化和陌生化的时代，流浪权须借助国家立法提升为法定权利。"谢晖：《流浪权再探——一份学理上的检讨》，载《苏州大学学报（哲学社会科学版）》2015年第3期，第60页；参见谢晖：《流浪权三探——立足于流浪权及其相关义务的探讨》，载《苏州大学学报（哲学社会科学版）》2016年第3期，第76~91页。

〔2〕　江苏省南通市中级人民法院在"顾某林与伊纳克赛（南通）精致内饰材料有限责任公司劳动争议案"的判决书中认为："《中华人民共和国宪法》第42条第1款规定，中华人民共和国公民有劳动的权利和义务。公民的劳动权事关社会弱势群体权益，蕴含生存权价值。"参见江苏省南通市中级人民法院［2015］通中民终字第02659号民事判决书。

要阐明如下四点：

第一，表1中社会需求及社会政策种类、宪法权利、新兴权利这三栏没有一一对应，呈现出交错关系。首先，不是每项社会需求及社会政策种类都有相对应的宪法权利；其次，宪法权利和新兴权利之间有两种关系状态：①宪法权利和新兴权利之间不对称。这说明某项新兴权利虽然从社会需求及社会政策的角度来看，具有确认和保护的必要。但是，相应领域尚未有宪法条文规定，或是宪法条文规定过于概括或抽象，即使运用宪法解释或司法推理都难以衍生出该项新兴权利；②有宪法权利但是没有新兴权利，或者有新兴权利没有宪法权利。这说明有些宪法权利完全没有关涉应该关涉的新兴权利。

第二，从表1可以看出，与社会基本需求、特定主体相对应的新兴权利较为集中产生，而在传统的劳动就业、医疗、学校教育、学习培训、社会照顾、司法等领域新兴权利主张相对较少。这说明随着社会发展和新的情境变迁，主体重新认知、改变、扩展需求或者具备新的身份角色是萌发新兴权利的主要动因。这恰恰验证了有的论者观点："随着经济基础的急剧变革，个体对环境、民生、教育等多领域的个性化需求与相关领域社会资源的有限，逐渐成为社会的主要供需矛盾，由此决定了其利益要求也呈现出个性化特征。而新兴权利的客观存在，就在于解决这种个性化利益需求的法律保障问题。对该法律现象的研究，逐渐形成了个别权利本位范式。其目的在于解决社会发展不均衡所导致的、处于不同发展阶段的主体，其在不同需求层次的个性化权利实现问题，是从传统民事权利的形式平等，走向社会主义民事权利所追求的实质平等。"[1]进一步，我们还可以得出的结论是：传统权利本位范式是民法法系私权利中心范式，虽然该范式以适应个性化为己任，奉私有权利为圭臬，但其不适宜新兴社会的社会化弊端已经凸显。所以，当前权利体系建构的正确路径应该是建立在以宪法人权为中心的范式基础上，对新兴社会性权利的有效响应和调整。

---

〔1〕 任江：《从普遍到个别：政治经济学视角下的新兴权利范式论》，载《苏州大学学报（哲学社会科学版）》2017年第5期，第81~91页。

第三，表1是一个典型性列举，并不是说在表1当中已经把社会基本需求、社会政策体系、宪法权利和新兴权利的种类全部列举出来了，因为全部列举出来既无必要也不可能。我们通过表1所要说明的是，把"社会需求及社会政策种类""宪法权利""新兴权利"作为三个基本的分析因素，通过这三个分析因素相互之间应然和实然的关联关系，多角度分析确立和辨析新兴权利的可能来源，多方位探析新兴权利国家保护的可行方法。

第四，表1的分析思路是：从社会基本需求的应然人权和社会政策体系的实然人权这一双重视角，观察分析宪法权利设置和新兴权利确立。看看哪些宪法基本权利响应了社会基本需求和社会政策体系？哪些虽然响应了但是不完整或是过于模糊和概括？还有哪些没有被回应？怎样区别现实情形分析国家应如何确认和保护新兴权利。

二、双重依据下的国家义务体系

通过表1"社会需求及社会政策种类""宪法权利""新兴权利"这三个因素之间的横向对照分析，可以较为直观地凸显出：在我国宪法视域下，新兴权利在哪些方面集中产生、对应的是哪些社会需求及社会政策种类、还可能会在哪些方面产生、体系化的方向和可能性是什么，国家有必要和可能保护的新兴权利有哪些等。以此，我们通过横向对照表1基于社会基本需求和社会政策体系的现实依据，确立了新兴权利谱系。进一步，还需要基于这一现实性的双重依据构设国家义务体系。因此，我们设计图1分析"社会需求及社会政策种类""宪法权利""新兴权利"这三个因素之间的纵向关系。目的是在我国宪法视域下，从纵向关系中探寻新兴权利国家保护的具体方法，建构出一个多元化的新兴权利国家保护义务体系。接下来，我们先以图1展示这三个因素之间的纵向关系推衍过程，下一章再逐一展开新兴权利国家保护的具体方法。

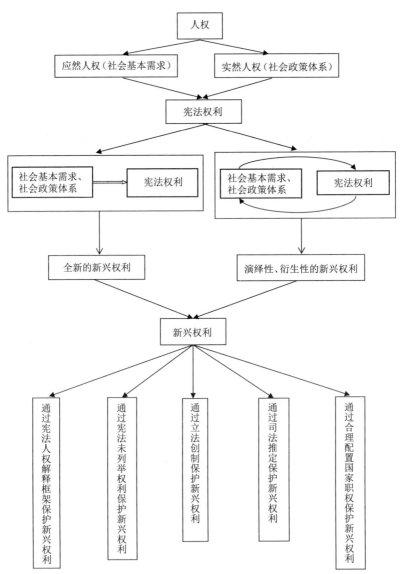

图1　社会基本需求及社会政策体系、宪法权利、新兴权利的纵向关系图

通过图1我们可以知晓的是，作为宪法权利来源和统摄新兴权利的人权，具体来说分为两个层面：一是应然的、自然法意义上的人权，表现为人的社会基本需求；二是实然的、社会法意义上的人权，表现为国家有能力和资源条件加以保护的人权，国家和政府制定实施的社会政策体系。应然人权和实然人权作为两端，给立法者搭建出一个建构宪法基本权利体系的空间。在建构宪法基本权利体系的过程中，立法者会尽可能完美结合应然人权和实然人权建构出一个完备的宪法基本权利体系。毋庸置疑，这种情况出现的概率极小甚至于无。可以说历史上任何一个国家出现过的宪法基本权利体系都不是完备的。譬如，在并不具备实然条件的时候，德国《魏玛宪法》倒是确立了一个应然意义上理想的基本权利体系，然而结果却是迅速无疾而终。正所谓理想很丰满、现实很骨感。但是，反过来一味迎合实然社会现状的话，又难以持守应然的人权标准。如此看来，宪法基本权利体系化建构总是在应然与实然之间、理想与现实之间目光往返流转。

在这种情况下，如图 1 所示会有两种方式产生两类新兴权利：一是"全新的新兴权利"，既有宪法权利没有关涉某些社会基本需求和社会政策体系，即社会基本需求和社会政策体系减去宪法权利所得的新兴权利。例如，现代高新科技发展引发的一些新兴权利，典型的如算法解释权、数据权利等。其原因就在于这些新兴权利所依据的基本需求本身也是因高新科技发展而新提出的。又如，"冷冻胚胎"案中无锡中院创造了"监管权"和"处分权"这两个法律上没有规定的全新的新兴权利。二是"演绎性、衍生性的新兴权利"，典型的如同性婚姻权、单身女性生育权等。和"全新的新兴权利"不同，这类新兴权利是在社会基本需求、社会政策体系与宪法权利相互对照、相互生成的过程中产生的。这类新兴权利并不是基于高新科技发展引发的某种新需求，而是由于新的观念转变、新的舆论氛围、新的观察视角而凸显，虽已涵摄在宪法权利当中，但还需通过宪法解释和司法推理等法律方法进行确认和保护。例如，虽然我国《宪法》第38条人格尊严条款明确规定"中华人民共和国公民的人格尊严不受侵犯。禁止用任何方法对公民进行侮辱、诽谤和诬告陷害"。但在具体的司法实践中，对于何谓人格尊严、其内涵外延如何界定、人格尊严中涵括哪些权利内容、人格尊严权行使的边界、保护的范围等问题仍然歧义丛生。在这种情况下，就需要把宪法人格尊严条款与社会基本需求、社会政策体系两相对照，通过法律方法判断是否可以从人权格尊严条款中衍生出某项新兴权利，从而予以确认和保护。又如，"齐玉苓案"所凸显出来的司法困境也和这种新兴权利的产生原因及类型化有关。该案中齐玉苓的权利主张无论是适用宪法上的受教育权还是民法上的姓名权、肖像权、人格权等，都没有精准涵盖、完全弥补齐玉苓实际上所遭受的损失和需求。因此，需要在社会基本需求及社会政策体系与宪法权利相互对照、相互生成的过程中发展出新的具体新兴权利，而不是强行套用某个似是而非的既有法律条文和权利名号径直裁剪事实。最后，我们用"人权保护-国家义务"的分析框架，从国家义务反观这两类新兴权利的国家保护，得出图 1 所示的具体保护方法，展现出一个多元化的新兴权利国家保护义务体系。

第四章
新兴权利国家保护的具体方法

　　正如有学者指出，要尽可能避免将新兴权利研究直接等同于仅仅从应然性出发的单纯价值可欲性研究，而应坚持以现实性为基础结合其可欲性与可行性来进行新兴权利的研究。[1]如此看来，理论上国家对新兴权利的承认还需转化为实践中国家对新兴权利的保护。因此，前面我们先证成了国家为何保护新兴权利的可欲性问题，即新兴权利国家保护的理由和依据，这一章我们解决国家如何保护新兴权利的可行性问题，即新兴权利国家保护的具体方法。为了避免新兴权利国家保护的方法论研究陷入碎片化的泥沼，我们应当从系统论视角运用体系化思维展开研究。我国建立了以宪法人权保障为核心，以立法保障、司法保障和行政保障为主要内容的公民权利保障机制。与此相适应，聚焦于新兴权利，本书通过纵向关系图1架构起：以宪法人权保护为价值核心，以立法保护、司法保护和行政保护为主要方法的国家义务保护机制。

　　因为，"宪法规范保护"和"权力机关保护"在价值目标取向上具有融贯性："宪法规范保护"意味着某项新兴权利蕴含了极端的重要价值，应当赋予其基本权利的身份位阶。国家公权力的行使都要以尊重和维护人权、人格尊严权为价值依归。其中立法机关通过将新兴权利从法外社会性权利升华为法定权利保护；司法机关通过创设新权利、依据既有权利推定、借助非法律规范推定保护；因新兴权利多是边缘性价值，时常遭遇社会认同危机和遭受行政职权的侵犯，行政机关应当积极履行帮助和提供福

─────────────

　　[1]　参见姚建宗、方芳：《新兴权利研究的几个问题》，载《苏州大学学报（哲学社会科学版）》2015年第3期，第53页。

利的义务以及政策引领的作用。所以，在人权、人格尊严权宪法价值的指引下，国家理应承担起保护新兴权利的义务，以弥补现有实在法的不完满性对民众应有权利的减损。接下来，本书逐一展开这五种保护方法，论述新兴权利保护如何具体通过国家义务来实现。

第一节　通过宪法人权解释框架保护新兴权利

人权的样态、类型及其标准既有文化、国别和发展阶段等因素所造成的不同之处，又有人之为人底线标准下的共同之处，我国现行宪法充分体现出人权的这两方面特点。何谓宪法人权解释框架？意指以人权保护为核心，以人权条款及基本权利体系组成的宪法解释框架。我国《宪法》通过第 33 条第 3 款、第 38 条、第 51 条及其他基本权利条款的规定，建构出一个多样态、互补式、体系化的人权保护权利规范结构。初看起来，后两个条款似乎和人权规定及其保护没有很大关联，但仔细分析人权概念就会发现这两个条款是人权的应有之义。我国《宪法》第 33 条第 3 款从一般意义上对人权是"人之为人所应该享有和被保护的权利，是一种超越具体差别的普遍性的道德权利"[1]作了底线性和概括性规定，第 38 条则从国际法和国际上共同承认的标准角度，对人权是"每个人基于人类固有的尊严而应该享有的各项权利"[2]作了较为规范和具体性规定。"将'人格尊严'与其他条款的价值互构，理解为与宪法第 33 条第 3 款'国家尊重和保障人权'相互勾连，则可由人权条款发挥外部统摄效力的功能，以尊严条款作为人权条款的核心价值支撑，二者构成载体与内容的互补式规范结构。"[3]因此，将两种解释结合起来，能够更为全面地展示出人权的丰富

---

〔1〕　郭春镇：《法律中"人"的形象变迁与"人权条款"之功能》，载《学术月刊》2010 年第 3 期，第 21~27 页。

〔2〕　参见管华：《从权利到人权——或可期待的用语互换——基于我国宪法学基本范畴的思考》，载《法学评论》2015 年第 2 期，第 43 页。

〔3〕　刘志强：《论"数字人权"不构成第四代人权》，载《法学研究》2021 年第 1 期，第 30 页。

内涵。"人权条款" + "人格尊严"的价值互构模式，可以作为新兴权利宪法保护的规范来源。除了这两种"以肯定的方式解释人权"的方法以外，还有第51条"以否定的方式保障人权"的方法。为什么要以否定的方式保障人权呢？人权的本质是人之所以为人的权利，目的是保障并实现人的真正自由。每个人是以社会性存在并发生交互行为的，追求和实现自由的一个根本性的问题是如何协调个体和群体之间的关系，这已经成为作为个体的人能否获得自由的前提和关键。所以，在宪法中规定个体行使自由和权利的边界及限制性条件是人权的题中应有之义。其实质非但不是否定自由，反而是在于通过否定阻碍实现自由的因素，从而在更加复杂和现实的环境中及更高层次上真正实现自由。中国式"人权不是一部分人或少数人享有的特权，而是广大人民群众享有的普惠性人权"。[1]接下来，我们通过对这三个宪法条款的解释，论述如何通过宪法人权解释框架保护新兴权利。

一、通过《宪法》第33条第3款解释保护新兴权利

正如有学者所言，在结构主义视野中，"人权条款"承载了使人之为人、维护人性尊严的功用，适于作为宪法原则承担引领整个宪法权利体系，以间接规范的方式为新型宪法权利的推定和未列举权利的保护提供了规范依据与基础。[2]人权不应该仅仅局限于应然的道德权利层面，而应该实定化、法定化，人权法定是新兴权利保护的前提，国家实现和保护人权是通过国家义务配置。"国家有保护人权的义务，人权的保护必须依靠国家。"[3]我国《宪法》第33条第3款规定"国家尊重和保障人权"。[4]该人权条款

---

〔1〕　习近平：《坚定不移走中国人权发展道路，更好推动我国人权事业发展》，载《求是》2022年第12期，第7页。

〔2〕　参见林来梵、季彦敏：《人权保障：作为原则的意义》，载《法商研究》2005年第4期，第64~68页。

〔3〕　[德]亚图·考夫曼：《法律哲学》，刘幸义等译，五南图书出版公司2000年版，第183页。

〔4〕　有学者从对"尊重"一词用法的分析推导出国家的人权保护义务，认为："知悉人权条款中'尊重'一词的用法，有助于准确把握人权的来源及本质。人权并非来自法律，人权内容具有包容性，人权主体不负举证责任。尊重人权，就意味着人权不是可有可无的微末之物，而是一种发自内心所追求的美好东西。宪法关于'尊重'的规定，所指涉的是国家行为，所设定的是一种外在的行为标准。人权入宪后，立法机关、行政机关和司法机关应当各负其责，切实做到尊重和

具有重要的规范价值，涵义也较为丰富和广泛：首先，明确规定国家必须保护人权，当人权受到侵犯时国家不能缺席而必须出场，国家是人权保护中的刚性主体；其次，人权是一个多面体，国家保护既包含国家保护一般人权、基本人权之涵义，也包含国家保护特殊人权、最大人权之涵义；最后，人权又是一个实践生成的多面体，不同的情境下会体现出人权的多种类型，即使是同一类型的人权，条件发生改变后也可能会衍生出不同的含义与保护要求。新兴权利和人权密不可分，是人权在新兴领域中的一种新类型。新兴人权和一般常见的人权类型相比较，其实践生成性特征较强，对其深入研究可以扩展和深化对人权本质及范围的认知。可以说，每一项新兴权利都是人权在新的社会情境下的反映，保护新兴权利就是保护人权。不过，由于新兴权利很多是"从无到有"，而立法和司法都非常注重实在法依据，尽可能地溯源至上位的宪法规范、法律规则、法律原则、先前判例等。而新兴权利的实在法困境意味着很可能在这些规范依据里找不到"根"，但新兴权利的确立与保护又是社会发展之必需。那么，如何从实在法上为新兴权利保护的合法性与可行性找到"根"呢？宪法人权条款发挥着两种功能：一是作为所有相关权利的价值基础；二是作为未列举权利的兜底条款。[1]因此，以宪法人权保护为核心，对宪法人权条款进行解释就是一条较为可行的实在法路径。有学者为新兴权利提供了宪法规范支持，提出"依据'人权条款'作为进行新兴权利的确认和保护"。[2]另有学者也将人权条款作为新兴权利的规范基础，认为"'人权条款'作为宪法原则和宪法权利的概括条款，作为国家的价值观，在宪法列举的权利文本中无法对某些新兴权利提供规范支持的情况下，以该条款作为规范基础，

(接上页) 保障人权。" 刘风景：《国家"尊重"人权的语义及辐射》，载《学术交流》2019 年第 3 期，第 64 页。另有学者认为应该通过法律解释学的方法落实"尊重"，即"由于'尊重'（Respect）这个用语带有宣言性、纲领性或政治哲学的意味，因而当它进入人权规范之后，法解释学就不得不赋予它实质性的法律内涵，从而避免虽然宪法规定了'尊重人权'，但流于空洞化"。林来梵、季彦敏：《人权保障：作为原则的意义》，载《法商研究》2005 年第 4 期，第 65 页。

〔1〕 参见雷磊：《新兴（新型）权利的证成标准》，载《法学论坛》2019 年第 3 期，第 27 页。
〔2〕 张建文：《新兴权利保护的基本权利路径》，载《河北法学》2019 年第 2 期，第 27 页。

为其他新兴权利提供安身之所"〔1〕。

人权具有自然属性（应然人权）和社会属性（实然人权）两个方面，基于这两个方面属性、人权可以把社会基本需求和社会政策体系都囊括在内。不仅如此，由于其基础性和实践生成的特点，在内涵与外延上都超过社会基本需求和社会政策体系成为二者的背景和来源。学界主流观点认为人权有三种形态：应有权利、法定权利、实有权利。与此相对应，国家履行保护义务的过程就是"从应有权利转化为法定权利，从法定权利转化为实在权利"〔2〕。新兴权利在一开始出现时往往被视为应有的道德权利，仅仅停留在道德权利层面是远远不够的。新兴权利虽然"不是法定权利，但可能升华为法定权利"〔3〕。人权实定化需要将新兴权利转化成为规范性的法定权利。当人权入宪后这种转化就找到了宪法上的规范依据，新兴权利就有了从应有权利转化为法定权利的"根"。而法定权利不一定具体明晰权利的限度和范围，其主要功能在于界定主体权利资格以及国家义务承担。因此，就权利保护和实现而言这一步的转化还不够，还需要进一步将法定权利转化为实有权利，把在法定权利阶段没有明晰的权利限度和范围等权利的实质内容部分，结合具体社会事实和社会关系补充完整，从而把纸上的法定权利转化成为现实生活中的实有权利。更为关键的是，在将应有权利转化为实有权利时有两个正反向的转化过程同时发生：正向是人权要求、社会基本需求从应然层面转化为实然层面，人权逐级实现从抽象到具体的实定化；反向是新出现的社会事实和社会关系可以反向追溯至法定权利直至应有权利，使新兴权利寻得人权条款这个宪法上的"根"。通过从应然到实然、实然再回溯至应然的往返流转，随着社会发展被人权确认的新兴权利，就可以源源不断地进入宪法权利体系通过人权条款实现国家保护。

---

〔1〕 张薇薇：《"人权条款"：宪法未列举权利的"安身之所"》，载《法学评论》2011 年第1 期，第17 页。

〔2〕 刘志强：《人权法国家义务研究》，法律出版社 2015 年版，第 72 页。

〔3〕 谢晖：《论新兴权利的一般理论》，载《法学论坛》2022 年第 1 期，第 54 页。

二、通过《宪法》第 38 条解释保护新兴权利

人权的价值核心是"人的尊严",对人的尊严的维护应是人权恪守不渝的价值目标。人格尊严条款要求尊重人的主体性地位和坚守人的自主性价值,并且国家公权力的行使要以尊重和维护人格尊严为价值依归。德国、日本、韩国以及许多大陆法系国家都普遍地认可"人的尊严"价值之核心地位,依据"人的尊严"条款进行新兴权利的确认和保护。我国《宪法》第 38 条规定:"中华人民共和国公民的人格尊严不受侵犯。禁止用任何方法对公民进行侮辱、诽谤和诬告陷害。"学界将其称之为人格尊严条款。对于其法律地位、宪法功能、理论依据、具体内涵等学者们有较为多样的看法。有学者认为人格尊严条款在宪法中出现,使得公民的人格尊严具有"作为现行宪法规范体系之价值元点的地位,并与《宪法》第 33 条第 3 款共同证成了作为统合性的基础价值原理的人格尊严原理"。[1] 那么,具有如此地位和功能的宪法规范条款,自然会成为实践中生成转换新兴权利的规范依据。然而,立法只是原则性地规定了公民的人格尊严不受侵犯,这就为司法进一步解释和适用预留了空间。立法机关为什么在现行宪法当中规定国家保障公民人格尊严?这种列举式的基本权利规定一般来说具有两种功能:一是规定底线性的人权,防止挂一漏万;二是以概括性的方式加以规定,为法律解释和司法适用提供一个基础性、规范性的宪法依据,这就为新兴权利的确认和保护提供了一个基础性、规范性的宪法解释空间。

论及人格尊严条款,就涉及人格、尊严、人的尊严、人格尊严的词语语义、社会意义、规范性用法等问题。对于这些问题,学界存在很多不同看法,在此不做过多赘述。我们主要从该条款对新兴权利的解释和证成的角度进行论述。那么,立法者用这些词语进行规范性表述之后,怎样理解和解释这些词语的规范内涵呢?学界通常采取两种方法:一是原旨主义;二是语境主义。原旨主义需要追溯立法者在立法时的意旨是什么,语境主

---

[1] 白斌:《宪法中的人格尊严规范及其体系地位》,载《财经法学》2019 年第 6 期,第 51 页。

义则不固守立法者立法时的意旨，而是结合社会发展变化及权利实现效果等因素来解释规范意旨。从新兴权利证立的角度来看，原旨主义是想毕其功于一役，认为立法者的意旨可以辐射调整该法律规范有效期内所有的新情况、新问题。如果其间产生困惑和疑问，则需要认真对待法律解释。语境主义则充分注意到社会发展变化的复杂性和多样性，将立法意旨进行生成性的解释和适用，以适应法律规范调整和社会发展变化之间的动态化契合关系。不过，无论支持哪种观点，都要对规范性条文及其词语概念进行解释。人格尊严的内涵是作为社会性主体所需要的自由、平等、自主，以及为了实现这些价值目标所需要的社会保障和国家保护。因此，"福利权、社会保障权与人格尊严有密切联系。作为福利权原初意义的社会救济制度即是为保护人格尊严，人格尊严的自主决定权内涵也决定了福利权的界限应以人格尊严作为福利权的底线。人格尊严还可作为社会保障权扩张的工具，提出基于中国宪法人格尊严条款的社会保障权扩张具体解释新方案"[1]。由是观之，人格尊严条款不仅可以作为福利权、社会保障权的底线标准，还可以作为福利权、社会保障权的扩张解释工具。以此，通过人格尊严条款解释保护新兴权利在宪法依据和法律解释方法上的关联性便凸显出来，人格尊严条款为保护新兴权利提供了规范支持。

三、通过《宪法》第 51 条解释保护新兴权利

我国《宪法》第 51 条规定："中华人民共和国公民在行使自由和权利的时候，不得损害国家的、社会的、集体的利益和其他公民的合法的自由和权利。"学界和司法界对该条的解释大都是从基本权利概括限制的角度展开的。与之不同的是，有学者注意到该条及现行宪法"未明文规定基本权利限制的形式要件，目的在于促进基本权利保障程度的最大化"[2]。亦

---

〔1〕 翟翌：《福利权的底线及社会保障权的扩张解释新方案——以人格尊严为视角》，载《东北大学学报（社会科学版）》2012 年第 4 期，第 345 页。

〔2〕 陈楚风：《中国宪法上基本权利限制的形式要件》，载《法学研究》2021 年第 5 期，第 129 页。

有学者不认同宪法学理论将该条解释为基本权利的概括限制条款，理由是该理论不仅不能合理说明宪法确立的诸多区别化限制，还难以合理解释人格尊严的宪法地位，由此该学者提出了一种新的建构方案，"《宪法》第51条隐含了他种理论建构的可能性，它并不是一个概括限制条款，而是一个概括权利条款。它的存在，不是为了对基本权利予以限制，而是为了对宪法所未列举的一般行为自由提供保障"。[1]而宪法未列举权利是新兴权利在宪法上的典型形态，通过《宪法》第51条概括权利条款的解释为新兴权利提供了宪法保障功能。

基于这些学者们的观点，宪法没有对基本权利限制的形式要件予以规定，将《宪法》第51条解释为概括权利条款以保障宪法未列举权利和新兴权利，这对确立和保护新兴权利颇具意义，也使《宪法》第51条具备三重功能：一是以规定不得损害"国家的、社会的、集体的利益和其他公民的合法的自由和权利"之方式维护个体和集体的宪法列举和未列举权利；二是通过对"国家的、社会的、集体的利益和其他公民的合法的自由和权利"之内涵和外延的解释来证立并保护新兴权利；三是避免因为规定了形式要件，而在实践中限制了立法和司法部门甄别和适用实质性的理由和依据，从而为确立和保护新兴权利提供了解释空间。正如有学者所说："在宪法文本不可能网罗殆尽的现实情况下，必须在理论上建构某种具备'包容功能'的'兜底条款'，以使得某种具有重要宪法价值的行为或现象在无法纳入已明确化、具体化的宪法规范之下时，得借由该种'兜底条款'而在宪法上获得存在空间。"[2]因此，将具有重要宪法价值的新兴权利经由《宪法》第51条的解释纳入宪法规范之下，通过宪法解释的方法使新兴权利获得了国家保护。对此，有学者明确提出，通过《宪法》第51条权利保障功能的解释和适用对新兴权利进行确认和保护，并认为由于该条款对宪法基本权利具有补充和创新的双重功能，相较于《宪法》第33条第3

---

〔1〕 参见杜强强：《概括权利条款与基本权利限制体系——对我国〈宪法〉第51条的另一种建构方案》，载《人权》2023年第1期，第77页。

〔2〕 白斌：《宪法教义学》，北京大学出版社2014年版，第184页。

款宪法人权条款，"更能担当作为包括新兴基本权利在内的宪法未列举基本权利的法源角色"。[1]

第二节 通过宪法未列举权利保护新兴权利

所谓未列举权利，顾名思义，意指宪法上未明确列举的基本权利，即宪法文本中虽没有列举出来但隐含和默示的权利。也有学者将其称之为"判例法上的宪法权利""司法创制的权利"。[2]著名宪法学者李振山肯认了未列举权利的规范价值和保护的重要意义，他明确提出："当一项人类的生活利益被认为具有根本重要性，应被纳入宪法加以保护时，该利益即便未被宪法所列举，也应透过宪法概括条款或其他途径，承认为宪法权利。"[3]关于宪法人权条款、宪法未列举权利和新兴权利三者之间的关系，有学者精辟地概括为"宪法未列举权利条款可以在不损害宪法稳定性与宪法权威的前提下为新兴宪法权利的保护提供规范支持。我国宪法的'人权条款'为宪法未列举权利提供了'安身之所'"[4]。宪法人权条款对新兴权利的规范支持上一节已阐明，这一节探讨宪法未列举权利对新兴权利的规范支持。

一、运用未列举权利保护新兴权利的分析

新兴权利与宪法未列举权利有着相似的性质和特征，运用未列举权利

---

〔1〕 具体论证逻辑是：我国《宪法》第51条具有补充和创新功能，可以作为对新兴基本权利提供保障的规范依据。新兴基本权利意味着在《宪法》上没有以列举的方式所涵盖的基本权利，其构成要件自然应具备基本权利的特征。宪法对基本权利的规范依据在于《宪法》第33条至第50条的列举，以及第51条的概括权。如果新兴基本权利无法为前者所涵盖，则要成为宪法上的基本权利，自然必须符合《宪法》第51条概括权的要件。参见王进文：《宪法基本权利限制条款权利保障功能之解释与适用——兼论对新兴基本权利的确认与保护》，载《华东政法大学学报》2018年第5期，第88页。

〔2〕 参见余军：《未列举宪法权利：论据、规范与方法——以新权利的证成为视角》，中国政法大学出版社2017年版，绪论第2页。

〔3〕 李振山：《多元、宽容与人权保障——以宪法未列举权之保障为中心》，元照出版社2005年版，第189页。

〔4〕 张薇薇：《"人权条款"：宪法未列举权利的"安身之所"》，载《法学评论》2011年第1期，第10页。

保护新兴权利可以从产生原因、功能和表现形式两方面来分析：

首先，从产生原因上分析，新兴权利产生的两个原因：一是既有法律权利不可能涵盖所有方面。立法者总是在既定和有限的认知水平、法律和道德观念、经济社会和文化条件等多种因素制约下创制法律权利，因而所形成的法律权利体系在价值判断上具有特定倾向、在体系完备性上难免有所欠缺。二是假设立法者在主客观上已经穷尽所有法律权利立法可能，但这也只是暂时的。因为人类社会总是向前发展的，新情境新情况新问题会催生出新的需求，相应地法律权利也会不断地发展变化衍生出新权利，权利具有动态性和实践性特征。无独有偶，这两方面原因恰恰也是未列举权利的产生原因。学界之所以在既有宪法基本权利之外还主张存在着未列举权利，缘于既有基本权利体系的不完备性和开放性，加之宪法规范本身具有高度抽象性和概括性，包含了许多不确定概念和不确定性因素。这决定了宪法规范及其基本权利体系配置不可能一蹴而就，总是要留待司法实践和未来立法予以解释、补充和完善，司法实践和未来立法所发展和创设出来的就是未列举权利和新兴权利。这些因素的存在和叠加就为运用未列举权利保护新兴权利预留了宪法空间。

其次，从功能和表现形式上分析，未列举权利和新兴权利都不是既有法律权利能够完全吸纳和解释得了的权利，都具有自然法背景，都有现实的社会因素驱动，都有予以权利救济的必要性。以美国的司法实践为例，《美国联邦宪法第九修正案》规定："本宪法对某些权利的列举，不得被解释为否定或轻视由人民保留的其他权利。"这一著名的未列举权利条款产生的历史渊源、承载的丰富内涵及适用的司法潜质，深刻影响了公民与国家之间的宪法关系。譬如，以涉及避孕的格里斯伍德案（Griswold v. Connecticut）和涉及堕胎的罗伊案（Roe v. Wade）为典型的隐私权的出现，以及结社自由、婚姻隐私权、学术自由权、平等选举权、迁徙自由权等新权利的出现，可以说每一个案例中未列举权利的推导在当时都领一时风气之先，都体现为一个个新兴权利的确立，从而实现了对人权更深入全面的认知和保护。有学者认为："倘若不借助实效性的违宪审查机制明确承认某项未列举基本权利，除了像生命权这种如此重要因而不难取得共识的权利外，哪些权利是应予保障的未列举基本权利，很可能会引起争议。"〔1〕我们可以拿美国的一个例子作为镜鉴。1973 年美国联邦最高法院根据罗诉韦德案（Roe v. Wade）推导出女性堕胎权，但 2022 年美国联邦最高法院却推翻了该案有关堕胎权的裁决，结束了宪法对女性堕胎权近五十年的保护。〔2〕对此，美国学界和民间意见不一、争执不下，可以说这是宪法史上未列举权利既成功又失败的一个典型例子。

　　需要注意的是，虽然宪法未列举权利和新兴权利具有相似性，但切不可将两者混淆。宪法未列举权利是运用宪法解释方法从宪法基本权利条款或概括性人权条款中解释出的隐含保护之权利，而新兴权利是通过权利创设和权利推定的方式生成的需要国家甄别保护之权利。〔3〕比如，生命权。虽然宪法条款中未明文列举，但通过宪法解释性操作得知生命权是应受宪法隐含保护的未列举权利。但是，我国《民法典》第 1002 条 "自然人享有生命权。自然人的生命安全和生命尊严受法律保护。任何组织或者个人不得侵害他人的生命权" 的规定已将生命权法定化了。这说明生命权是一项宪法未列举权利，但不是新兴权利。又如，同性婚姻权。在我国《宪法》第二章和《民法典》中婚姻家庭编中都未明确规定同性婚姻权。同性婚姻权作为一项新兴权利，需要国家通过《宪法》第 49 条、平等权条款及人权条款进行甄别是否确认和保护。这说明同性婚姻权是一项新兴权利，但不是宪法未列举权利。因此，宪法未列举权利和新兴权利既具有相似之处，又是两个截然不同的权利概念。"未列举的权利或基本权利是特定的范畴，可从权利源泉中提炼所需要的新权利。"〔4〕

---

　　〔1〕　张卓明：《中国的未列举基本权利》，载《法学研究》2014 年第 1 期，第 18 页。

　　〔2〕　参见《罗诉韦德案被推翻：我们究竟该如何理解这件事？》，载 https://m. thepaper. cn/baijiahao_ 18776319，2023 年 3 月 20 日访问。

　　〔3〕　新兴权利的生成方式包括权利创设和权利推定：新兴权利创设既包括通过立法创制将新兴权利升华为法定权利，也包括通过司法个案的权利创设；新兴权利推定是以法律规范为基础兼顾其他社会规范运用法律解释、形式推理或辩证推理、利益衡量等方法对隐含权利的权利发现和论证过程。

　　〔4〕　韩大元：《宪法文本中 "人权条款" 的规范分析》，载《法学家》2004 年第 4 期，第 11 页。

二、运用未列举权利保护新兴权利的路径

概言之，通过宪法未列举权利的方式实现新兴权利国家保护需要具备"一个前提，两条路径"。接下来，我们分别展开详述之。

"一个前提"是指在宪法文本中必须要有关于未列举权利的规范表述。该规范表述目前来看有两种方式：一是"设立概括性人权条款"的直接规范方式，以中国、日本为代表。例如，我国《宪法》第33条第3款规定"国家尊重和保障人权"。[1]《日本宪法》第13条规定"全体国民都作为个人而受到尊重"。二是"不否定未列举权利存在"的间接规范方式，以美国为代表。例如，《美国联邦宪法第九修正案》规定："本宪法对某些权利的列举，不得被解释为否定或轻视由人民保留的其他权利。"不论采取哪种方式，在宪法中规定人权保障条款这个前提是运用未列举权利保护新兴权利必不可少的。如果没有这个前提就只能够依靠自然法理论，然而自然法理论对于何谓良善、正义、自由、平等这些概念的判断标准比较抽象而且多元化，不仅难以实践操作而且极容易在不知不觉中"夹带私货"，把伦理道德标准当作法律权利要求带入未列举权利判断和新兴权利辨析之中，所以自然法理论只适合作为一种方向性指引。至于作为前提的人权保障条款应该采取何种表述方式以及抽象或具体化到何种程度，这就需要结合各国宪法基本权利体系化的程度来设计。当前各国宪法都采取了列举式的基本权利规定，不同之处在于列举出来的基本权利在权利类型、表述方式、抽象化程度、体系化程度等方面存在差异。在宪法哲学上，如果一个国家的宪法基本权利体系在这些方面均较完备的话，相应的保护未列举权利的人权条款就可以抽象化一些，这样才能统摄更多的宪法未列举权利，应对更多因主体权利需求增加而引发的新兴权利。反之，相应的保护未列举权利的人权条款就可以具体化一些，这样可以增强基本权利体系的完备性，避免未列举权利和新兴权利在确立和保护的过程中摇摆不定于伦理道

---

[1] 关于我国宪法文本中"概括性人权条款"具有推导宪法未列举权利的功能探讨，参见张薇薇：《宪法未列举权利比较研究》，法律出版社2011年版，第165~167页。

德和法定权利之间。

"第一条路径"中，其宪法中的规范性前提既可是中国式的概括人权条款、也可是美国式的修正案条款，既可是正向肯定式人权条款规定、也可是反向排除式基本权利规定。在著名的"北雁云依案"[1]中，法院的裁判结果是"如果任由公民仅凭个人意愿喜好，随意选取姓氏甚至自创姓氏，则会造成对文化传统和伦理观念的冲击，既违背社会善良风俗和一般道德要求，也不利于维护社会秩序和实现社会的良性管控"。[2]此案法院的裁判逻辑是"姓名登记是一种行政登记行为，申请人的姓名权与登记机关的行政权之间如何平衡是内中的关键"。[3]可见，法院是把该案作为行政案件而不是作为宪法基本权利保护案件来审理的。

"第二条路径"与前一条路径不同之处在于，权利推定所依据的前提有所改变。典型的例子就是《日本宪法》第13条，该条规定"全体国民都作为个人而受到尊重。对于谋求生存、自由以及幸福的国民权利，只要不违反公共福利，在立法及其他国政上都必须受到最大的尊重"。其颇具特色的就是明确规定了国民的生命权、自由权及幸福追求的权利，学界称之为"幸福追求权"，[4]该条款与我国概括性人权条款相比要相对具体化一些。无论是幸福追求作为一项基本权利，还是作为一项基本权利的幸福追求，都有很多基础性的、复杂性的问题需要讨论。"幸福追求权"也是一项概括性基本权利，具有推导、证成未列举权利的宪法功能，可以作为确立和保护新兴权利的规范依据。日本"幸福追求权"条款给我们的启发是：可以设计一个从具体的基本权利条款、到日本式的相对具体的概括性基本权利条款、再到中国式的概括性人权条款的路线图，以此按图索骥式地辨析、确立和保护新兴权利。

----

〔1〕　案情简介：2009年济南市民吕某给女儿起了一个不随父姓和母姓的名字"北雁云依"，在办理户口登记时派出所认为"北雁云依"不符合办理户口登记规定，因而拒绝为其办理。为此，吕某以被监护人"北雁云依"的名义向济南市历下区人民法院提起行政诉讼，成为全国首例姓名权行政诉讼案。参见山东省济南市历下区人民法院〔2010〕历行初字第4号行政判决书。

〔2〕　参见山东省济南市历下区人民法院〔2010〕历行初字第4号行政判决书。

〔3〕　刘练军：《姓名登记规范研究》，载《法商研究》2017年第3期，第68页。

〔4〕　参见张薇薇：《宪法未列举权利比较研究》，法律出版社2011年版，第117~118页。

综合而言，通过"一个前提，两条路径"、列举和未列举权利相结合、司法和立法联动、适用法律条文和运用法律方法相统一，可以在社会事实和社会关系变迁、宪法基本权利体系稳定、新兴权利有效保护之间形成有机循环和结构平衡。

第三节　通过立法创制保护新兴权利

实现公民新兴权利保护的法治化，当是实现中国式法治现代化的题中应有之义。新兴权利是在法律规范之外实践中存在的社会性权利，新兴权利不是法定权利但可能升华为法定权利。德国著名宪法学家格奥格·耶利内克认为"只有被法律承认的意志权力才能通过指向某个具体的利益创设一项权利。法律的承认包含着对被承认的事物加以保护的观念。因此，被法律保护与被法律承认一般被认为是等同的"。[1]一般来说，通过立法创制保护新兴权利当是最直接有效的方式。相较于司法保护其优势在于：虽然立法成本较高、程序复杂漫长。但通过立法创制为国家保护新兴权利找到明确的实在法依据，能有效预防和规制侵权行为，公民维权成本较低、社会效果实现较好，可以起到未雨绸缪的事前警戒作用。

一、既符合实质标准，又符合形式标准

众所周知，权利法定化是权利保障的有效方式，新兴权利升华为法定权利当是实现国家保护最行之有效的方式。新兴权利入法不能一视同仁、一概而论，需在新兴权利类型化的基础上，由国家立法机关具体判定哪些新兴权利应当并可以入法，哪些新兴权利不能或不宜入法。故此，通过立法创制保护新兴权利，立法机关需依据一定的判定标准来辨析具体新兴权利的入法问题。本书认为，通过立法创制保护新兴权利，既需符合实质标准、又需符合形式标准：①实质标准"属于新兴权利的内部范畴，侧重解

---

〔1〕〔德〕格奥格·耶利内克：《主观公法权利体系》，曾韬、赵天书译，中国政法大学出版社 2012 年版，第 311 页。

决新兴权利入法的合理性问题。新兴权利入法还需要考虑权利生成的实践基础，应当从立法实证层面探究相应的新兴权利是否具有普遍的适应性、能否反映出一定的社会共识"〔1〕。新兴权利具有实践性、社会性基础，立法机关需从社会实证的角度考虑新兴权利入法的合理性。比如，某项新兴权利从利益论的视角考虑是否具有利益的正当性，从社会共识考虑是否具有权利的重要性，从权利成本考虑在国家能力条件下是否具有保护的现实性，最后还需考虑是否确有入法的必要性，从而使社会民众对某项新兴权利入法具有较高的可接受性；②形式标准"属于新兴权利的外部范畴，侧重解决新兴权利入法的可行性问题。新兴权利入法首先需要考虑现行法律对权利法定化的包容性，需要从立法技术层面探索新兴权利的法律空间"〔2〕。新兴权利入法涉及既有权利理论的深化、现行法律规范的稳定、法律权利体系的扩展和国家保护疆域的拓展。因此，立法机关须审慎而为，综合运用法律解释、法律推理、利益衡量等方法，使法律体系对某项新兴权利入法具有较好的可容纳性。新兴权利入法有赋予权利名号的直接入法、虽无名却有实的间接入法两种方式。在间接入法方式中，我国现行法律规范中有很多类似"相关""等""其他"的立法表述或兜底条款，为新兴权利入法预留了法律空间。一言以蔽之，通过立法创制保护新兴权利，既需符合必要性、合理性的实质标准，又需符合可行性、合法性的形式标准。

需明确的是，立法创制新兴权利并不是从无到有地凭空创造出某项新兴权利，而是必须有所依据：一是社会依据；二是法律依据。社会事实和社会关系根据其范围大小、类型不同和抽象程度分别成为法规规章、法律、宪法的调整对象。法律上的依据指的是法律的效力和渊源。法规规章来自法律，法律来自宪法，宪法来自哪里？宪法性基本权利又来自哪里？即使我们以法教义学的方法搁置对宪法权利渊源的探讨，但我们还是要回答新兴权利的法律渊源和如何通过立法创制新兴权利。因为，相对于宪法权利渊源这个制宪权问题而言，新兴权利渊源及立法如何创制新兴权利显

---

〔1〕　魏文松：《论新兴权利的国家保护义务》，载《学术交流》2020年第9期，第80页。
〔2〕　魏文松：《论新兴权利的国家保护义务》，载《学术交流》2020年第9期，第80页。

然是一个下位问题，对该问题的解答不需要回到制宪权这个上位问题。实际需解答的是，在宪法权利应然的人权背景和实然的基本权利体系所构成的解释框架及限度范围内，怎样规范性地推导出新兴权利？循此思路，就可以排除既有新兴权利研究中基于片面的社会事实、感性的道德判断、不进行体系化的法律论证而动辄主张某某新兴权利入法入宪的浮夸做法。

以"无锡冷冻胚胎案"[1]为例，按姚建宗教授对新兴权利认定的实质标准观点，本案关涉的是客体指向的新兴权利确认和保护问题。本案争议焦点"冷冻胚胎的法律属性"在我国既有法律权利的规范和体系中尚属空白。由于胚胎提供者夫妻双方均已遭遇车祸死亡，所以不能作为所有权客体。又因为这些冷冻胚胎具有成为生命的可能，不能够像一般物体那样可以任意转让或者继承，冷冻胚胎不属于遗产范畴也不能作为继承权目标。冷冻胚胎要成为真正的生命按现有的医学技术需要代孕，而在我国代孕行为又是违法的。如此看来，在冷冻胚胎权属问题上既没有所有权又没有继承权。综合这些原因，作为终审法院的无锡市中级人民法院既没有对冷冻胚胎的法律属性作出界定，也没有通过司法推定保护新兴权利。该法院的做法是，判决失独老人就子女亡故后遗留在医院的冷冻胚胎拥有监管权和处置权。亦即说，该法院认为该案"核心问题与本质并不是关于冷冻胚胎本身的归属问题，而是权利归属确权之后的实际使用问题"[2]。对此，有学者持不同看法，认为"这两项内涵不明的新型权利均是在绕过对人体冷冻胚胎法律属性定性的前提下被创设出来的。……这两项权利的权利结构无法绕过人体冷冻胚胎的法律定性得到证明，也不能通过现有判决论证得以证成，这导致两项首次被创设的监管权和处置权并不能解决二审

---

〔1〕 案情简介：沈某与刘某都是独生子女、二人于 2010 年 10 月登记结婚。2012 年 8 月因自然生育困难，夫妻二人到南京市鼓楼医院通过人工辅助生殖方式培育了 13 枚受精胚胎，其中 4 枚符合移植标准。但就在植入母体前一天夫妻二人因交通事故死亡。夫妻双方的父母就 4 枚冷冻胚胎的归属权产生争议诉至法院。参见江苏省无锡市中级人民法院〔2014〕锡民终字第 01235 号民事判决书。

〔2〕 张圣斌、范莉、庄绪龙：《人体冷冻胚胎监管、处置权归属的认识》，载《法律适用》2014 年第 11 期，第 32 页。

判决中冷冻胚胎归属的法律难题"[1]。在这两位学者看来，本案创设的监管权和处置权这两项新兴权利因回避了冷冻胚胎的法律属性问题无法得到证成。在笔者看来，本案判决的确没有解决冷冻胚胎归属的法律难题，不过这两位学者认为的"该法院以司法判决的方式创设了监管权和处置权这两项新兴权利"的观点有待商榷。从法院的做法来看其主观上无意、客观上也并没有创设出真正的新兴权利，只是创设了两项内涵不明的新权利。事实上，该法院判决是建立在把冷冻胚胎作为法律上的"物"看待的基础上，在物上推导出四位失独老人享有监管权和处置权。然而，法理上冷冻胚胎既不是物也不是人，应该被视为介于人与物之间的"第三种类型"，而我国法律上还没有对此"第三种类型"作出规范。如此看来，将冷冻胚胎视为物的观点作为案件裁判的法律依据失之偏颇或是过于激进，冷冻胚胎的法律属性当是创设新兴权利何以可能和得以证成无法绕过的。从无锡冷冻胚胎案来看，虽符合社会基本需求但辨析不了其法律上的属性，与之相应的新兴权利就不可能经由司法而被立法创制和保护。必须直面冷冻胚胎的法律属性这一法律难题，方能创设出内涵清晰的、符合法律依据的新兴权利。

二、既不能旧瓶装新酒，也不能新瓶装旧酒

所谓"旧瓶装新酒"意指立法机关采取立法怠惰、消极应对方法，希望以既有法律权利的规范和体系来包罗、消化新情况新问题，认为可以不创制新权利，通过对既有法律权利进行学理上的法律解释、法律权利的逻辑推演就足以应对某项新兴权利需求。本书前面谈到的"新兴权利否定论"就希望而且笃信旧瓶可以装新酒。诚然，审慎对待新兴权利的立法创制，认真对待权利以避免法律权利冲突和泛滥，维护法律权利体系的和谐统一，这是立法机关创制新兴权利时必须要警惕的。但也不能以咽废飧，连确有利益正当性、实践重要性、保护必要性和实现可能性、应当法定化

---

[1] 侯学宾、李凯文：《人体冷冻胚胎监管、处置权的辨析与批判——以霍菲尔德权利理论为分析框架》，载《苏州大学学报（哲学社会科学版）》2016年第4期，第93页。

的新兴权利也不创制了。任何一个国家的立法机构都不可能一劳永逸地制定出一个包罗万象、巨细无遗的法律权利体系，任何一个国家既有的法律权利体系都不可能是十分完备的，这就为创制新兴权利预留了立法空间。加之民众的社会需求不是亘古不变而是不断生成的，新需求新权利的提出要求立法机关不断完善既有法律权利，从而拓展人权保护的范围和国家义务的疆域。不过，新兴权利否定论者会认为，既有一般权利理论所发展出来的基本要素及结构关系是运用逻辑推理和语言分析方法得出来的，可以跨越领域和情境适用于所有不断生成的各类新权利。在我们看来，新兴权利否定论者的错误在于：运用逻辑推理和语言分析方法得出来的权利的基本要素及结构关系，要么是不能解决现实问题的纯粹形式要件，要么是以这种基本要素及结构关系削足适履，即不是以社会事实和社会关系反观既有一般权利理论，而是以既有一般权利理论强行裁剪社会事实和社会关系。因此，这种旧瓶装新酒的论辩策略始终是不能成功的，司法实践中"齐玉苓案"实质上是旧瓶装新酒的例子。

所谓"新瓶装旧酒"意指立法机关主观上积极主动地创制新权利，但所创制出来的权利并不是真正的新兴权利，其权利内容已经被既有法律权利所涵盖，或是完全可以通过对既有法律权利进行解释和逻辑推演来应对，没有必要通过立法进行创制。之所以提出通过立法来创制新兴权利，究其本质来看是在法律解释方面做得不充分。学界既有新兴权利研究中新瓶装旧酒的例子颇多，具体表现为很多研究者动辄提出某项新兴权利应当入法入宪，殊不知其提出的新兴权利其实并不"新"。司法实践中"无锡冷冻胚胎案"实质上是新瓶装旧酒的例子。须知，通过立法来创制新兴权利需符合两个条件：一是在现行法律规范体系内适用法律解释方法时，寻找不到规范性法律依据；二是立法者有充分的理由和依据来确立某项新兴利益应当入法入宪。由此看来，我们不仅要防止旧瓶装新酒造成新兴权利缺位，也要防止新瓶装旧酒造成新兴权利泛化。

一言以蔽之，通过立法创制保护新兴权利，既不能"旧瓶装新酒"，也不能"新瓶装旧酒"，而应"新瓶装新酒"。

第四节　通过司法推定保护新兴权利

新兴权利的国家保护义务主要通过两个层面实现："一是通过强调权力机关的责任，以立法的方式使新兴权利成为受制度保护的法定权利；二是通过强调司法机关的责任，以权利推定和司法解释的方式使新兴权利获得司法层面的保护。"[1]综合看来，新兴权利经由司法个案裁判确认、集结为判例制度、升华为法定权利，司法与立法联动成为新兴权利国家保护的有效实现方式。

一、司法推定保护与新兴权利价值需求

立法创制保护新兴权利涉及法律权利体系完备性、稳定性、权威性和融贯性等需要多方面考虑的因素，并且如果创制不当的话会适得其反，造成权利冲突。因此，通过立法创制保护新兴权利应当审慎，这种方式不应被频繁适用。"过度关注新权利的创设而忽视实践中的权利推定会导致一种严重的后果，即忽视权利创设和权利推定在权利生成中的相辅相成关系，导致新兴权利研究的'瘸腿化'。"[2]事实上，即使立法创制了某项新兴权利也并不意味着权利会自动实现，缺乏司法救济可能性的新兴权利确认并无实质意义。法谚云：无救济则无权利。此命题的逆否命题是：有权利必有救济。相较于立法机关的有限理性，司法机关在实践中有更多机会直接接触新兴权利案件，"司法机关距离新兴权利更'近'，因而对新兴权利的保护会更'敏感'。正因如此，当没有法定权利可以作为新兴权利保护的直接依据时，司法机关可以更主动地通过个案对新兴权利进行识别、衡量、确认和保护"[3]。相较于立法创制的滞后性，司法推定能够在

---

[1]　魏文松：《论新兴权利的国家保护义务》，载《学术交流》2020年第9期，第81页。

[2]　侯学宾、闫惠：《新兴权利保护实践中的司法中心主义》，载《学习与探索》2022年第1期，第94页。

[3]　侯学宾、闫惠：《新兴权利保护实践中的司法中心主义》，载《学习与探索》2022年第1期，第76页。

保持法律确定性之情形下及时响应公民的新兴权利要求。通过司法推定保护新兴权利的现实意义在于，"立法不能完全涵盖各种权利，而社会发展又不断出现新兴权利从而向现有法律体系提出挑战，由此导致实践中司法机关不得不面对这种权利要求扩张与立法有限之间的紧张关系并努力加以调和，新兴权利的司法推定就成为必然的并且具有强烈现实意义的权利确认路径"[1]。中国式法治现代化的实现既要关注立法层面宏观的制度架构，也要关注司法实践中司法行为的规范化、精细化程度。司法是社会正义的矫正机制，"精密司法"可以实现新兴权利保护的个案正义。民众的新兴权利要求最先进入的是司法大门，司法机关是个案正义的矫正器。司法保护方式的优势恰在于："不仅具有权利保护依据多元化、权利保护方式动态化、权利保护关注个案正义的特征，还具有及时响应新兴权利、解决新兴权利冲突以及确保新兴权利获得法律上的可执行性的功能。"[2]

司法实践中，很多具体新兴权利要求在一开始被提出来时，其背后的需求因素及价值判断要么不是很清晰、要么正在转型和形成过程中，有可能代表了未来主流价值取向，也可能在今后的实践中被证明是有问题甚至是错误的。因为民众的社会需求不是亘古不变的，而是变动不居的，民众的价值判断也不是恒定单一的而是变化多元的。举例来说，在风气未开的早些年，人们不会想到也不会认可同性婚姻权、单身女性生育权。即使到了前些年，很多人对于机器人是否具有法律上的主体资格及相应法律权利、数据主权[3]、数字适老权、个人信息权利、基因权利等新兴权利也

---

〔1〕 王方玉：《新兴权利司法推定：表现、困境与限度——基于司法实践的考察》，载《法律科学（西北政法大学学报）》2019 年第 2 期，第 15 页。

〔2〕 侯学宾、闫惠：《新兴权利保护实践中的司法中心主义》，载《学习与探索》2022 年第 1 期，第 76 页。

〔3〕 有学者认为，数据主权是国家基于主权在网络空间的事实性侵蚀和国家在物理空间、网络空间中对数据资源的积极要求而诞生的，包含独立权、平等权、管辖权、自卫权、治理权，囊括技术标准制定权、网络文化治理权和多边协商治理权在内的权利。参见冉从敬、刘妍：《数据主权的理论谱系》，载《武汉大学学报（哲学社会科学版）》2022 年第 6 期，第 19～22 页；另有学者认为，数据主权表现为国家对本国数据和本国国民数据的所有权、控制权、管辖权与使用权。源于网络主权，是国家主权在大数据时代的核心表现。参见张晓君：《数据主权规则建设的模式与借鉴——兼论中国数据主权的规则构建》，载《现代法学》2020 年第 6 期，第 137 页。

是稍显陌生并持观望态度，对这些新兴权利背后所体现的价值需求更是无从判断。这些都说明新兴权利体现的是正在转变形成的"边缘性价值"，这些承载边缘性价值需求的新兴权利可能有通过立法创制保护的必要，但我们深知立法试错的成本和影响太大。在立法时机尚未成熟之前，先通过司法推定确认和保护新兴权利以矫正个案正义可谓明智之举。这样一来，"司法通过对承载'边缘价值'的新兴权利个案的关注，缓和了社会矛盾，扮演了立法变革与社会流变之间的'缓冲器'角色"〔1〕。

二、司法推定保护与法律解释方法

虽说通过司法推定与立法创制保护新兴权利是并行不悖的方法，司法也有其独特的优势，但在司法实践操作中还需要解决一个关键性问题，那就是如何寻找、确立裁判所依据的法律规范，这是一个通过司法推定发现和论证新兴权利的过程。"基于法律进行新兴权利推定基本上等同于通过法律解释（狭义）形成新兴权利，是一种权利发现过程。"〔2〕权利发现与权利保护是一体两面的事情，发现了新兴权利就知晓了如何保护，发现不了则无从实现保护。我们知道，法官裁判案件的一般模式是一个形式逻辑三段论框架内的法律推理过程，表现为：大前提（法律规范）→小前提（案件事实）→结论（裁判结果）的推理过程。在司法裁判过程中，法官如果能够准确找到可以援引的法律规范依据，裁判过程就容易得多。在新兴权利案件的法律发现过程中，遇到的首要难题就是没有现成的、明确的法律规范依据。当然，如果有的话就不是"新兴权利案件"了，就不会有寻找实在法依据和可诉性难题的司法困境了。如此看来，"无法可依"即缺乏实在法上的依据是关键。那么，没有现成的、明确的法律规范依据，法官能不能就此拒绝裁判？当然不能。德国、法国、瑞士等很多国家都明文规定"法官不能以没有法律依据为由拒绝裁判"。我国虽然没有直接明

---

〔1〕　侯学宾、闫惠：《新兴权利保护实践中的司法中心主义》，载《学习与探索》2022年第1期，第81页。

〔2〕　王方玉：《新兴权利司法推定：表现、困境与限度——基于司法实践的考察》，载《法律科学（西北政法大学学报）》2019年第2期，第17页。

文规定，但最高人民法院在相关司法解释中间接规定了"法官不得拒绝裁判的法律义务"。[1]权利主体享有司法救济的诉权，赋予了司法机关保护新兴权利的价值使命。那么，司法机关如何在司法谦抑与司法能动之间适当平衡？如何才能避免纵容权利泛滥和裁判过分保守的诘难？关键问题就是如何发现司法推定所依据的规范前提并正确适用法律方法。从法律方法视角来看，"法官需要首先判断某种新兴利益要求能否作为法律权利予以概括性承认，其本质上是关于'新兴利益要求正当性的概括判断'之难题"[2]。那么，法官在什么条件标准下承认某种新兴利益要求才具有合法性呢？我们可以从肯定和否定两方面来看，但无论哪一个方面都必须承认法官拥有积极的、扩大的法律解释权。至于这种解释权能否以及怎样对新兴权利起到确认和保护的作用，并不是简单予以肯定即可。司法实践中，"新兴权利的推定是一种论证过程，建立在对制度与证据双重事实的准确掌握与洞察基础上，并需要经过正当程序的沟通，最终加上合适的法律说理而形成对新兴权利的确定。所以这种推定以法律文本为基础，但又不局限于法律文本，也可能依据其他非法律的社会规范。依据其他非法律的本质性依据而推定出新兴权利不同于严格意义上法律解释出来的权利，而是一种类推思维下的权利创造，带有利益衡量特征"[3]。由是观之，司法意义上的新兴权利推定并不是简单依据既有法律规范进行三段论式的演绎推理，司法机关是以法律规范为基础兼顾其他非法律的社会规范依据，运用法律解释以及其他利益衡量、法律修辞、法律推理等论证方法，通过案例指导、类案同判并集结判例制度，形成新兴权利司法保护的裁判效果。

先举国外一例阐明。随着社会的飞速发展，航空在日常生活中越来越

---

〔1〕 最高人民法院在《关于印发修改后的〈民事案件案由规定〉的通知》（法［2020］346号）中规定："不得以当事人的诉请在修改后的《案由规定》中没有相应案由可以适用为由，裁定不予受理或者驳回起诉，损害当事人的诉讼权利。"

〔2〕 孙跃：《法律方法视角下新兴权利的司法困境类型与应对》，载《北京交通大学学报（社会科学版）》2021年第1期，第147页。

〔3〕 王方玉：《新兴权利司法推定：表现、困境与限度——基于司法实践的考察》，载《法律科学（西北政法大学学报）》2019年第2期，第17页。

重要，但同时也带来许多问题，其中航空噪声污染问题尤为突出。针对于此，德国在 1971 年制定了《航空交通噪声法》专门对航空噪声污染进行规制。居住在杜塞尔多夫机场附近的两名德国居民因受航空噪声污染向宪法法院诉称，随着该机场客流吞吐量激增、新的机型加入，所造成的噪声已经超过法律规定范围。德国联邦法院经审理后认为，立法机关已经针对航空噪声进行了立法，在有相关立法的前提下法院审查的核心在于，立法机关是否在社会经济和科技发展而出现了新情况新问题时，未能及时有效地修订相关法律、未能履行国家保护义务。而国家义务的履行涉及较为复杂的事实评估和利益衡量，其方法、类型标准、程序及选择权等都属于立法权的行使范围，立法权本身不具有可诉性，据此法院对两名居民的诉愿不予支持。[1]实质上，本案法院是应该而且可以基于社会事实和社会关系变化对既有法律进行司法审查，即当社会经济和科技发展而出现了新情况新问题时，通过法律解释方法审查既有法律对新兴权利是否确认和保护到位。

再举国内一例阐明。网络社会中确认网络服务提供商权利义务的"避风港规则"，就是法官在具体法律规则不明的情况下通过积极的、扩大的司法解释权运用发展起来的。2000 年在"刘某胜诉搜狐公司侵犯著作权纠纷案"[2]的审理中，北京市第二中级人民法院就该案争议焦点——网站通过搜索引擎与其他网站发生链接在法律上属于什么性质的行为，认定被告搜狐公司根据搜狐网站访问者的检索要求，通过搜索引擎将从互联网中得到的数据经过分析和编排索引，然后把与访问者检索相关的信息提示给访问者，为便于访问者根据提示进入该信息来源的相关网站或网页，在提示中设置临时链接，这种临时链接并没有侵犯原告的著作权，不在《著作权法》第 13 条"改编、翻译、注释、整理已有作品而产生的作品，其著作权由改编、翻译、注释、整理人享有，但行使著作权时，不得侵犯原作品

---

〔1〕 参见《航空噪声污染案判决》，BVerfGE 56，54. 转引自王进文：《基本权国家保护义务的疏释与展开——理论溯源、规范实践与本土化建构》，载《中国法律评论》2019 年第 4 期，第 108～109 页。

〔2〕 参见北京市第二中级人民法院〔2000〕二中知初字第 128 号民事判决书。

的著作权"之调整范围内。该案法院通过对临时链接法律解释方法的运用，发展了网络服务提供商享有"网络链接权"这一新兴权利。此后，最高人民法院在指导性案例第 83 号"威海嘉易烤生活家电有限公司诉永康市金仕德工贸有限公司、浙江天猫网络有限公司侵害发明专利权纠纷案"中进一步明确了网络使用者维护自身权利的途径，网络服务提供商的义务以及免责条件等。通过法律解释方法的运用和司法推定保护，避风港规则及其相关的网络使用者、网络服务提供商之间的权利义务关系现已发展较为规范成熟。

第五节　通过合理配置国家职权保护新兴权利

霍尔姆斯和桑斯坦共同指出："权利实现需要国家的介入，这种介入有消极和积极的不同类型，这和权利保障中的国家职能和角色密不可分。"[1]从域外考察来看，西方新兴权利的研究是在政治国家的大背景下，以提升国家治理能力为核心的国家建构进程中递进式展开的。新兴权利所关涉的新兴人权问题极大地影响着政治国家的治理能力，通过合理配置国家职权保护新兴权利，对于国家职能转变以及国家治理能力提升具有重要意义。然而令人遗憾的是，"当下中国新兴权利的研究主要是从权利主体角度出发的，而忽视了国家作为义务人所应当履行的相应义务和职能的转变。而事实上，相当多的新兴权利直接指向了国家。要想对新兴权利展开深入研究就必须得高度关注国家职能转变这一问题"[2]。合理配置国家职权是从政治国家视角对新兴权利需求的有效响应，国家权力是国家职权的上位概念，通过国家职权保护新兴权利背后的法理意蕴在于"权利-权力"法理。相对于"成文"的法定权利而言，新兴权利属于"不成文"的社会性权利，但可能升华为法定权利，故需要合理配置国家职权给予其更加周密细

---

〔1〕　侯学宾、郑智航：《新兴权利研究的理论提升与未来关注》，载《求是学刊》2018 年第 3 期，第 98 页。

〔2〕　侯学宾、郑智航：《新兴权利研究的理论提升与未来关注》，载《求是学刊》2018 年第 3 期，第 95 页。

致的保护。"对于某一新兴权利，并不在法律上明确赋名为权利，而是通过赋予国家以公共职权（职责）的方式予以关联设置。"[1]新兴权利的产生和发展映射了国家存在的正当性基础和国家自身职能的转变，推进了建构中国式法治政府的进程。

一、国家职权配置保护新兴权利的必要性

之所以需要通过合理配置国家职权来保护新兴权利，原因在于其"不成文法"的性质特点而导致的"脆弱性"。所谓"脆弱性"指的是由于新兴权利还没有体现为规范化的、刚性的法律条文，其法律效力以及可诉性都处于一种待定状态。可能有论者会认为，通过立法创制和司法推定保护新兴权利这两种方式就可以解决，没必要再通过合理配置国家职权来保护。笔者认为，新兴权利体现的是新的价值需求且多是正在转变形成的"边缘性价值"，对于这些边缘性价值是否能够入法入宪，立法者必须保持谦抑的态度，所以立法创制新兴权利必须审慎而为。相对而言，司法机关在案件裁判中可以在法律条文、法律概念的射程范围内进行扩大化解释，但这种扩大化解释即通常所说的司法能动性的发挥也是有天花板的：一是不能造成实际上法官造法的结果；二是要符合立法原则和精神；三是要解释方法适当。国家职权配置相较于立法创制和司法推定来说，就规范性和稳定性由强到弱的排序来看，立法创制最强、司法推定次之、国家职权配置最弱。但相较于立法的稳定性和司法的滞后性，国家职权所具有的弱规范性和多样性，反而使其具有"灵活性"和"及时性"的优势。这种优势正好契合和有效解决新兴权利的脆弱性问题，"灵活性和脆弱性"相得益彰。

国家职权配置的灵活性还体现在国家职权产生、存在和发展变化的现实过程中。国家虽然承担人权保护义务但不可能面面俱到，不可能满足所有人的所有需求。国家职权配置总是和国家特定阶段的任务、方针政策、

---

[1]　王庆廷：《新兴权利间接入法方式的类型化分析》，载《法商研究》2020 年第 5 期，第122 页。

资源条件相匹配的，因此总是有限的、特定的而且是变化着的。贫穷落后国家的职权配置围绕的是解决温饱、抵御外敌，发展中国家的职权配置围绕的是如何变富变强，发达国家的职权配置围绕的是正义、平等、自由、人权。与之相对应，新兴权利的产生、性质、类型和变化趋势与国家职权配置呈现的是正相关的关系。贫穷落后国家的公民一般而言不太会提出超越温饱、安全以上的基本需求，这意味着主张新兴权利集中于生存权、民生权、住宅权等基础性人权。而发达国家的公民需要的是更高层次的自我实现需求，因而主张新兴权利集中于隐私权、平等选举权、创作自由权、追求幸福权等更高层次的人权。国家义务是一个抽象的统合概念，需要通过立法、司法、行政职权去具体实现。"国家义务的实现不是抽象完成的，而是具体完成的。国家义务是在一个个构成社会生活的微观小环境中完成的，当所有应由国家完成的任务都完成时，这时就可以说国家完成了它的义务。"[1]国家行政义务是通过一个个灵活且及时的国家职权配置具体完成的，相契合的是，新兴权利是在一个个构成社会生活的微观新情境中生成的。以一个个灵活具体的国家职权配置应对一个个微观具体的新兴权利保护，可谓之"丝丝入扣"。

二、国家职权保护新兴权利的类型设置

国家职权的类型设置是建立在权利种类多样性及保护方式多样性基础上的。人的需求种类具有多样性，表达出多样化需求的权利种类也具有多样性，权利的多样性要求国家保护职权类型不能够单一化。比如，对隐私权的保护通常要求的是国家消极不干预义务，而对生存权、健康权、环境权的保护国家就不能继续消极不作为，还需要积极地提供资源和条件、提供配套的制度性保障及组织程序保障。从国家义务的行为状态来看，较早进行系统化国家义务类型研究的人权学者们，在消极和积极国家义务二分法的基础上，将国家义务扩展为尊重、保护和给付义务，现在这种三分法已经成为大多数学者研究国家义务的共识。接下来，我们就用这三种国家

---

[1]　高鹏程：《国家义务析论》，载《理论探讨》2004年第1期，第20页。

职权类型设置来分析如何具体保护新兴权利。

现代社会中人们的需求呈现出两个看起来相互矛盾的发展趋势：一是独善其身、不希望被国家干扰；二是积极参与社会发展、享受发展带来的红利，希望来自国家的帮助为其提供福利、资源和准入资格等。这正是原子化社会的真实写照，人们越来越沉浸于个体化世界，然而，社会发展却让人们不由自主地陷入越来越密切的各种关系网络中，在习俗性的伦理道德关系网络已经日趋式微的情况下，建构起一个体系完备的权利网络，就成为社会共同体得以存在和发展的核心关注和未来提升。这个权利网络亟需解决的就是如何通过国家职权类型设置创设一个能够让原子化个体和普遍联系的社会并行不悖的制度体系。原子化个体要求国家后退，普遍联系的社会和个体的社会性参与、平等和共享需求要求国家前进。折中取之，国家尊重义务较为可行。国家尊重义务应对的是不需要国家职权积极介入就可以实现的新兴权利，这类权利大多是较为基础的需求及权利种类，如本书表 1 中与"1. 自我实现、归属和情感需求'和'2. 自尊、自主控制需求"相关联的新兴权利。然而，一些新兴社会权领域中出现的边缘性价值需求、或是由于社会变化引发权利主体身份角色改变、又或是社会变迁导致社会观念和道德伦理改变，基于这些因素生成的要么是环境健康权、健康照护权、公共知识产权、区域发展权等特定领域和特定事项的新兴权利，要么是贫困人员、少数族裔、老年人、妇女儿童、残疾人、同性恋者等特定群体的新兴权利。这类新兴权利就需要国家职权积极介入，履行帮助和扶持的保护或给付义务来实现。

颇有意思的是，有学者还设计了一个国家职权义务配置的动态层级结构，该结构是一个分层次的动态化体系。层级结构分别对应尊重、保护、实现和促进四种职权义务。最低核心义务对应最低权利需求，体现的是最低人权保障和最低限度意义上的国家职权义务配置。在此基础上，把尊重、保护、实现和促进四种职权义务结合起来对不断发展演变的人权形成动态化的体系保护。无论是对国际法上的公民权利、政治权利和经济社会文化权利，还是对一国特定背景下生成的民生权、健康照护权、充足食物供给权、区域发展权等新兴权利，该动态化体系都可以对国家职权义务配置提供可获取、可接受、可衡量的标准、类型及方法。[1]该设计理念为通过合理国家职权保护新兴权利提供了理论智识。

---

[1] 参见蒋银华：《国家义务论——以人权保障为视角》，中国政法大学出版社 2012 年版，第 151~193 页。

第五章

新兴权利国家保护的实例展现

通过前四章的论述我们解答了这样三个问题：新兴权利是什么？国家为何保护新兴权利？国家如何保护新兴权利？对于一项具体新兴权利而言，通过这三方面的论证，其内涵外延和保护逻辑就可以得到较为全面清晰的展示。接下来，为了印证前述几章的理论观点，也为了对新兴权利国家保护有一个更为形象、具体的实践认知，本章选取社会实践中较为典型的、颇具代表性的数字人权和基因权利进行实例展现。之所以选取这两项新兴权利缘于：现代高新科技发展的排头兵主要是数字信息科学技术、生命科学及其基因技术。这两方面的飞速发展对社会全方位的改变与重塑，产生了大量的新情况、新问题，引发了理论界和实务界广泛深入的探讨，提出了许多对既有一般权利理论和权利体系既是机遇又是挑战的新问题。这些新问题的解决，从不同角度说明国家保护数字人权和基因权利的必要性和可行性。

第一节　数字人权的国家保护义务

"信息自由是基本人权。"[1]在数字化时代，由于数字和信息技术具有社会和伦理上的影响，对于人类社会既有的很多方面能够产生颠覆性的作用，故其对基本人权的内容和实现形式也会产生深远影响。为此，需要认

---

〔1〕　David Banisar, "The Right to Information in the Age of Information", Rikke Frank Jørgensen Edited, *Human Rights in the Global Information Society*, Cambridge Press, 2006, p. 73.

真对待数字信息技术对人权的多方面作用，警惕"数字化钢丝绳"效应。[1]过去几十年间法学领域所发生的最为瞩目的事情之一就是数字与信息技术法的迅猛发展，这与大数据、物联网、量子计算、算法和区块链技术等现代科技的有效监管有关。"数字红利"与科技伦理风险相伴而生，科技发展对人权领域造成了"双刃剑效应"：不仅会满足人民对美好生活的追求、提升福祉实现最大人权，还会使公民的基本权利遭受前所未有的数字化侵蚀、引发许多社会伦理及法律问题。算法歧视、算法霸凌、数字鸿沟、数字侵权、大数据杀熟、黑箱操作等对人权保护提出了时代挑战。譬如，当前对逝去的明星用 AI 数字技术"复活"引发的侵犯人格尊严权等伦理和法律风险，亲人对逝者是否享有 AI 数字人"复活"选择权等伦理和法律问题。数字人权向我们发出了时代拷问：在数字化时代和智能社会背景下，公民产生了哪些新兴人权需求？国家如何规制数字人权引发的法律风险？国家应该保护哪些数字人权？国家保护的依据是什么以及国家用什么方法保护？为了有效应对数字科技对人权领域的新挑战，数字人权的国家保护义务研究具有价值正当性和现实必要性。

一、数字人权的新兴权利属性

随着"数字中国"建设的逐步推进，大数据、云计算、算法、人工智能及人类增强技术等高新数字科技与社会生产、人民生活深度融合，人们渐渐开启了全新的"数字化生存"模式。数字化社会成为人类利用科技塑造而成的新兴场域，倒逼着人的社会属性的拓展与变化。在"数字人权"概念提出之前，学界已对数字空间人权理论、数字人权的法律保护问题展开研究，但概念并不统一，"网络人权""互联网人权"等不一而足。2019年张文显教授在"知识产权与相关权利的法理"研讨会上首次提出"数字人权"概念。他从法理学视角指出"数字人权"这个概念及有关命题有着坚实的法理基础、现实需要和重大意义，第四代人权的核心引领因素就是

---

〔1〕 See Susan Perry&Claudia Roda, *Human Rights and Digital Technology*：*Digital Tightrope*，Palgrave Macmillan Press，2017，pp. 1–15.

数字人权，明确提出"无数字、无人权"的论断。"人类对数字科技的依赖性越来越大。在这种背景下，把对数字科技的掌握和运用奉为'权利'并将其归属于'人权'，提炼出'第四代人权'概念，普及数字人权理念，既十分必要、甚为迫切，也顺理成章、水到渠成。"[1]龚向和对此予以肯定并从宪法学人权保护视角指出，"数字人权概念的提出具有现实必要性与价值正当性，在体系定位上应属于兼具承继与发展双重面向的新兴人权范畴"。[2]此外，他还从人权理论证成了数字人权的新兴权利属性，认为"人权理论迭代源自人的本性理论变化，而数字社会的出现拓展了人的社会属性外延，形成了'数字属性'，数字人权应是以人的'数字属性'为本原发展而成的新型人权"。[3]丁晓东进一步明晰了数字人权的新兴权利特征和人权属性，认为"'数字人权'的代际性一定程度是政治判断。但代际人权可以作为一种理想类型，揭示'数字人权'的新型权利结构。'数字人权'具备明显的人权属性，尤其符合我国等发展中国家关于人权的价值取向"。[4]马长山则将数字人权定位为第四代人权，他认为"随着数字经济和智能社会的深入发展，人权形态正在经历着深刻的数字化重塑，从而打破了既有的'三代'人权发展格局，开启了以'数字人权'为代表的'第四代人权'"[5]。对此，有学者持不同观点，认为数字人权不构成第四代人权，理由在于：一是从人权的代际划分原理角度来看，数字人权不符合人权代际革新的基本原理，完全可以在既有的人权理论框架

---

〔1〕 参见张文显：《新时代的人权法理》，载《人权》2019年第3期，第20~21页。

〔2〕 龚向和：《数字人权的概念证立、本原考察及其宪法基础》，载《华东政法大学学报》2023年第3期，第6页。

〔3〕 龚向和：《人的"数字属性"及其法律保障》，载《华东政法大学学报》2021年第3期，第77页。

〔4〕 丁晓东：《论"数字人权"的新型权利特征》，载《法律科学（西北政法大学学报）》2022年第6期，第52页。

〔5〕 前三代人权的发展轨迹是：自由平等权→经济社会文化权→生存发展权，其发展特点"都是在物理空间和生物维度上的发展演进"。现代智能社会则不同，"数字时代的到来，人在生物属性之外获得了信息属性，在物理（现实）空间之外拓展出了电子（虚拟）空间，使得前三代人权的理论逻辑和内涵价值已经无法涵盖这些信息革命的后果。因此，走向'第四代人权'就成为一种必然"。参见马长山：《智慧社会背景下的"第四代人权"及其保障》，载《中国法学》2019年第5期，第5~24页。

内予以理解和解释；二是数字人权不具备人权的道德基础，实现不了道德人权的证成。[1]

本书认为数字人权符合新兴权利的结构特征，数字人权的权利主体和义务主体之间构成一种防御与合作交融的新型权利关系。数字人权属于新兴人权范畴，构成智慧社会背景下的"第四代人权"，其理由如下：

第一，无论是数字人权肯定论还是否定论的学者都承认一个前提，那就是人权有代际继承和区分。判断数字人权这一新概念能否被人权体系所接纳，人权代际理论可以作为一种理想的分析工具。通行的人权代际理论以法国法学家卡雷尔·瓦萨克在《人权的不同类型》中的分类观点为依据，他对于历史上各种人权主张的分类运用的是历史分类方法，[2]这种历史与政治分类方法就是实质性的论证方法。但是，数字人权否定论者运用的却是形式化的论证方法，即运用"人权主体、人权义务主体以及二者之间的基础关系的维度进行系统梳理，以形式要素否证'数字人权'构成第四代人权。"[3]卡雷尔·瓦萨克提出的发展权、和平权、环境权、人类共同遗产的财产权及人道主义援助等三代人权都是对历史和社会情境的总结，无一不是对每个时代精神的及时回应，这是形式化论证方法所包含不了的。因此，"三代人权的断代只能诉诸实质逻辑，即以人权的问题意识及其形态发生根本性变化作为人权代际变更的标志。三代人权的演进无法从'人权主体、人权义务主体以及二者之间的基础关系'的维度进行系统梳理，以形式要素否证'数字人权'构成第四代人权，与'三代人权理论'的历史逻辑并不吻合"。[4]进言之，我们还可以从否定论所说的三代人权演进来分析：第一代人权主要发生在国家与个人、个人与个人之间，

---

[1] 参见刘志强：《论"数字人权"不构成第四代人权》，载《法学研究》2021年第1期，第21~28页。

[2] 从社会历史发展来看：人权主张经历了自由→自由自治→参与，权利形式经历了个人权利→集体权利→集体性权利。参见［法］卡雷尔·瓦萨克：《人权的不同类型》，张丽萍、程春明译，载郑永流主编：《法哲学与法社会学论丛（四）》，中国政法大学出版社2001年版，第464~474页。

[3] 蔡立东：《为什么"数字人权"是第四代人权》，载《数字法治》2023年第3期，第3页。

[4] 蔡立东：《为什么"数字人权"是第四代人权》，载《数字法治》2023年第3期，第3页。

主张的是国家不得侵犯个人权利、个人不得侵犯他人合法权利，体现的是"防御权"；第二代人权注重社会化合作，要求国家积极作为；第三代人权增加了集体人权，将组织化的集体作为人权主体。从三代人权的发展及其权利要求和类型来看，并没有将数字化和信息时代新产生的社会关系、社会主体及利益需求囊括在内。事实上，"信息革命实现了智慧社会对传统工商业社会的总体性替代，人之存在方式由物理世界中的自然人拓展到以数字信息方式存在的'信息人'；人权之作用基础由传统的物理世界转向物理和数字的双重空间；人权保护之基本结构由'公权力—私权利'的二元结构走向'公权力—社会权力—私权利'的三元结构"。[1]互联网企业、科技公司和网络平台等新型"数字强势群体"打破了传统"个体—国家"的二元结构，形成了"个体/集体—数字权力主体—国家"的新型三元结构。数字人权在为公民个体和弱势群体赋权的同时，也为数字权力企业和国家施加了保护义务与责任。因此，数字人权无法在既有人权理论框架内得以解释，既有的三代人权理论框架被数字化和信息技术所带来的社会变化所突破，现在必须以第四代人权来应对这个正在迅猛发展的时代巨变。

　　第二，数字人权不仅具备人权的道德基础，更是为了有效实现和保护道德人权而产生。数字化和信息技术给人们带来许多福祉，但同时也带来许多负面效应。例如，数字鸿沟、信息茧房、算法歧视、算法暴政、大数据杀熟、隐私泄露、数字弱势群体保护等问题，这些问题中有很多是运用三代人权理论和实践解释和解决不了的，因为这些问题中存在着侵权主体模糊、行为方式和行为对象难以界定等一系列棘手的数字问题。比如，以信息茧房的形成和处理为例，谁造成了信息茧房效应？怎样界定哪些人处于信息茧房当中？身处信息茧房当中会遭受哪些实际的权利侵害？数字弱势群体保护中同样也存在着类似的问题。从道德权利的角度来看有哪些问题发生了，如何有效保护道德人权，在既有的法律权利体系内难以解决。那么，人权保护势必要被重新审视了，以数字人权的概念来揭示和总结这些

---

　　[1]　马长山：《智慧社会背景下的"第四代人权"及其保障》，载《中国法学》2019年第5期，第5~24页。

问题就较为合理。从道德政治哲学视角来看，"'数字人权'构成了人权理论的最低'重叠共识'，与人的安全、尊严与平等价值密切相关"。[1]数字人权中所蕴含的人性安全价值、人性尊严价值、人性平等价值具备人权的道德基础。因此，"数字人权根源于人的'数字属性'，不仅具有坚实的人性基础，而且是数字时代人人应该享有的道德人权"。[2]数字时代提出数字人权的价值意义恰在于，"数字社会需要人权以'数字形态'的方式继续承担为人类社会进行道德奠基的重任"。[3]

二、数字人权国家保护的依据

（一）数字人权国家保护的必要性

在数字化和信息技术的新兴领域中，会涉及如被遗忘权、不知情权、互联网接入权、断开链接的权利、享有安全清洁的数字环境权，电子邮件是否属于宪法规定的通信秘密范围，以及比特币或加密货币的使用和盗窃行为的法律认定等一系列数字化新兴权利的确认和保护问题。在荷兰莱顿大学法律与数字研究中心教授卡斯特斯看来，对于此类问题相关的行为性质、道德规范和价值观的讨论，可能就不完全或不明确地被包含在现有的法律规范体系及其解释空间范围内。关键的是，对于这类事物和行为的规范性调整会触及需要重新认识和定义公民基本权利的性质和范围等。[4]在丹尼尔·鲁齐奥看来，新兴技术和人权保护息息相关，新兴技术可能会涉及人的隐私、健康、尊严、身体完整性、环境健康权等方面。[5]我们以数

---

〔1〕 丁晓东：《论"数字人权"的新型权利特征》，载《法律科学（西北政法大学学报）》2022 年第 6 期，第 52 页。

〔2〕 龚向和：《数字人权的概念证立、本原考察及其宪法基础》，载《华东政法大学学报》2023 年第 3 期，第 15 页。

〔3〕 郑智航：《数字人权的理论证成与自主性内涵》，载《华东政法大学学报》2023 年第 1 期，第 35 页。

〔4〕 See Bart Custers, "New digital rights: Imagining additional fundamental rights for the digital era", *computer law & security review*, Vol. 44, pp. 1-13 (2022).

〔5〕 See Daniele Ruggiu, *Human Rights and Emerging Technologies: Analysis and Perspectives in Europe*, Pan Stanford Publishing Press, 2018, pp. 409-424.

字时代的隐私权保护为例，传统隐私权被侵犯大都是在家庭等私人住所场合发生，但在现代数字信息技术基础上发展起来的监控技术却让工作场所的监控无所不在。工作场所的监控原本可能只是为了提高工作效率，但却带来了员工在工作场所被侵犯隐私的后果。工作场所搜集的数据，可以用来分析和设计工作流程和工作环节，从而让工作效率大大提升。但是，完整的数据搜集和分析同时也让被监控和搜集的对象无处可躲，成为一个没有隐私的透明人。这样一来，现代隐私权保护中因为数据技术产生了数据隐私权保护问题，而数据隐私权保护中的行为方式、内容载体、侵权和保护主体、因果关联、责任认定和归责原则等方面，都是传统隐私权保护所包含不了的新内容、新问题。[1]而想要有效解决数据隐私权保护问题的话，需要提出"数字人权"的概念及其保护理论。除了在隐私权领域产生数字人权，在政府数字化数据治理领域也产生并提出了数字人权，将数字化数据治理及保护视为一项基本人权。[2]由是观之，无论是从理论分析还是社会发展需求来看，数字人权已经成为一项普遍性、基础性的新兴权利，确有国家保护的必要性。

（二）数字人权国家保护的依据

国外学界对数字时代的人权保障问题较为重视且较早研究。在欧洲，欧盟国家的司法实践都确认"数字人权"具备人权属性，将其视为宪法性基本权利，并提供宪法层面的基本权利保护。荷兰莱顿大学卡斯特斯教授提出疑问，在当前的数字化社会中，公民是否受到既有的法律权利框架所提供的权利的充分保护？公民还有哪些因新技术的使用而产生的新权利？在他看来，既有的基本权利体系不是一蹴而就的，而是在不同历史时期基

---

〔1〕　例如，有学者就提出这样一个问题："国家是否应该享有信息隐私权？"这是传统隐私法中没有涉及的一个新问题，在现代数字化信息时代确有探讨的必要。数字和信息技术是一柄双刃剑，对于个体化的现代人来说，维护自身的数字化权利单单依靠自身力量很难做到，很多时候需要国家作为一个权利主体来保护。See Andrew D Murray, "Should States Have a Right to Informational Privacy?" Mathias Klang & Andrew Murray Edited：*Human Rights in the Digital Age*, GlassHouse Press, 2005, pp. 191-202.

〔2〕　See Rebekah Dowd, *The Birth of Digital Human Rights：Digitized Data Governance as a Human Rights Issue in the EU*, Palgrave Macmillan Press, 2022, pp. 27-80.

于不同价值观的叠加和权衡累计而形成的体系。正因为具有这个特点，基本权利体系可以在很多方面通过法律权利的解释性操作具有较为广泛的可适用性。[1]基本权利体系的这种特征也包含了随着社会进步、人们价值观的变化，对其改进完善的必要性和可能性。在尚未出现高新数字科技的时代，人们无法想象这些新技术的出现会引发哪些新兴人权要求。例如，前现代社会的歧视集中在种族、宗教、性别、阶层等方面，而现代社会的歧视却在信息资源和算法技术的流通、占有、使用中凸显出来。基于数字化时代的人权保护，卡斯特斯认为有必要提出一些不囿于既有基本权利体系的新兴权利，称之为拟议的新权利（Proposed new rights），以之应对数字化时代的社会变迁和人权问题。拟议的新权利有下线的权利（脱机权）、上网的权利、对数据有效期的权利、理解个人数据价值的权利、获得清洁数字环境的权利等。这些新权利只是根据现有情况总结出来的新兴数字化权利的一部分，至于今后还会出现哪些新兴权利，则留待日后进一步分析。[2]这些新权利都属于数字化时代的基本人权范畴，目的及其功能都在于使国家从不同的领域和角度对人权进行全方位周密的、与时俱进的保护。

国内学界，丁晓东从宪法学人权保护视角为数字人权的国家保护义务提供了规范依据，认为"虽然我国《宪法》并未对'数字人权'进行明确的规定，但基于基本权利条款的规范要求，确立宪法上个人'数字人权'受到保障的权利与国家保护义务，'对国家权力进行妥当的指引与评价，对于保障公民人格尊严与相关基本权利'，都具有现实的必要性"。[3]龚向和也提出数字人权的宪法规范基础和基本权利保护路径，认为"数字人权包括以人的'数字属性'为本原形成的具有数字化形态的传统人权，

〔1〕 See Bart Custers, "New digital rights: Imagining additional fundamental rights for the digital era", *computer law & security review*, Vol. 44, p. 11（2022）.

〔2〕 See Bart Custers, "New digital rights: Imagining additional fundamental rights for the digital era", *computer law & security review*, Vol. 44. p. 12（2022）.

〔3〕 丁晓东：《论"数字人权"的新型权利特征》，载《法律科学（西北政法大学学报）》2022 年第 6 期，第 65 页。

以及以人的'数字属性'为本原形成的新兴数字权利。这两种类型的数字人权都具有相应的宪法规范基础，应当成为宪法基本权利，并将随着宪法在数字时代的发展而发展"。[1]与之不同的是，有学者认为，数字人权既缺乏宪法上的规范性基础，也不符合宪法"人的尊严"标准，不能被证立为宪法上的未列举权利。[2]

本书认为，数字人权既具有宪法规范性基础，也符合宪法上"人的尊严"标准。有学者指出，"'数字人权'的人权属性，除了可以在正当性层面进行论证，还可以在实证法，尤其是宪法或宪法性基本权利层面进行论证"。[3]据此，我们从实证法的宪法层面来论证，"数字人权"在我国构成宪法基本权利，具有国家保护的宪法规范依据。可以作为数字人权宪法规范依据的主要有以下条款：

1. 宪法人权条款

从我国《宪法》第 33 条第 3 款概括性人权条款，可以推演出数字人权中数字基础服务的权利，数字基础服务的权利已成为生存权及其他基本权利的重要支撑。"可以将该权利视为我国宪法权利中的'派生性权利'或'辅助性权利'。既然该权利对实现宪法基本权利具有至关重要的意义，那么数字基础服务的权利就应当成为这些基本权利的一部分，从而被纳入《宪法》第 33 条所规定的范围。"[4]此外，数字人权中的积极性数据权利也被视为我国宪法上的人权或未列举基本权利。随着数字时代的到来，我国已然进入数字化社会和"数字化生存"模式，数字接入权、代码权、数据知情权、数据隐私权、数据安全权、被遗忘权等数字人权已与公民的基本生存权利息息相关。如果公民无法接入网络、无法使用社交账号、无法

---

〔1〕 龚向和：《数字人权的概念证立、本原考察及其宪法基础》，载《华东政法大学学报》2023 年第 3 期，第 6 页。

〔2〕 参见刘志强：《论"数字人权"不构成第四代人权》，载《法学研究》2021 年第 1 期，第 29~34 页。

〔3〕 丁晓东：《论"数字人权"的新型权利特征》，载《法律科学（西北政法大学学报）》2022 年第 6 期，第 59 页。

〔4〕 丁晓东：《论"数字人权"的新型权利特征》，载《法律科学（西北政法大学学报）》2022 年第 6 期，第 64~65 页。

在线深度学习、无法网约出行，不仅难以行使其言论自由权、知情权、受教育权等宪法基本权利，还会被整个社会所孤立甚至淘汰。

2. 宪法人格尊严权条款

对于我国《宪法》第 38 条人格尊严权条款，无论作何解读，国家都有保护公民人格尊严权的义务，以防止具有数据权力的企业和公共机构侵犯公民的人格尊严，这事实上已成为全社会的共识。积极性数据权利和人格尊严直接相关，可以经由人格尊严条款被纳入宪法基本权利体系。例如，"公民接入互联网与注册和使用社交账号，获取数字身份的权利，本身就是一种人格尊严的体现。在数字社会，个体如果被剥夺接入互联网的权利或数字身份，就等于剥夺了个体的社会属性与人格尊严"。〔1〕又如，个体遭遇数据处理企业运用算法对其进行用户画像或自动化决策，会陷入一种"卡夫卡式困境"而无法应对，导致其人格尊严受到数据权力的严重威胁。正如有学者所言："在信息化时代，公民数据权的保护不仅具有正当合理性，而且还逐渐成为维护人性尊严的一种世界性趋势。"〔2〕

3. 宪法其他相关条款

我国《宪法》第 39 条住宅不受侵犯权条款以及第 40 条通信自由和通信秘密权条款，被视为数字人权中数据权利的现行宪法规范依据，即对消极性数据隐私权的保护。网络通信时代，数字科技拓展了公民通信自由和通信秘密权条款的射程范围。对于新样态的通信自由权，必须根据第 40 条之规定对其保护核心和适用范围作相应的调整，发挥作为基本权利的通信自由权的宪法规范效力。〔3〕又如，宪法财产权面对人工智能生成物及人格化等法律伦理问题时，需以我国《宪法》第 13 条公民合法的私有财产权条款为依据，不能抛弃宪法财产权的传统规范要素和制度内涵，对财产权理念、规范基本构造和制度进行创新，实现宪法财产权在人工

---

〔1〕 丁晓东：《论"数字人权"的新型权利特征》，载《法律科学（西北政法大学学报）》2022 年第 6 期，第 65 页。

〔2〕 刘志强：《论人权法的三种法理》，载《法制与社会发展》2019 年第 6 期，第 65 页。

〔3〕 参见帅奕男：《基本权利"新样态"的宪法保障——以互联网时代公民通信自由权为例》，载《法学评论》2018 年第 6 期，第 117 页。

智能发展上的价值引领作用，保障人工智能时代的财产权。[1]再如，我国《宪法》第 34 条规定公民有选举权和被选举权、第 41 条规定公民有批评和建议的权利。在当前数字社会的政治生活中，数字科技的加持使人们的政治热情和参与度有了极大提升。假如公民不享有数字接入权就很难获取有效信息，也就很难通过数字化投票这种便捷有效的方式行使选举、批评和建议的基本权利。此外，数字鸿沟进一步拉大了城乡教育的差距，教育马太效应日益凸显，新兴数字教育模式正在重塑现行《宪法》第 46 条受教育权的时代内涵，公平优质受教育权的国家保护问题亟需解决。数字经济时代，在 AI 智能生活、电商微商、直播带货等新兴数字生存模式为我们带来美好生活的同时，生存权、休息权、劳动权等基本权利也难以逃脱数字化的侵蚀，宪法相关社会权条款可以为适当生活水平权等数字化社会权提供保障依据。

综合国内外学界现有研究来看，数字人权具有较强的理论和实践价值，可以推动人权理论与实践的创新发展，能够满足人们对美好生活的向往。数字人权关涉数字化时代的人权保障问题，作为新兴领域的新兴人权具有国家保护的规范依据和现实必要性：一是数字人权具有人的"数字属性"，这是数字人权产生的正当性根源，是人的社会活动的数字化进阶和人的社会属性延展的结果；二是数字人权具有基本权利的"双重属性"，数字人权中的数据权利和数字基础服务的权利既具有主观权利的属性，又具有客观法的属性；三是数字人权具有明显的"人权属性"，具备人性安全价值、人性尊严价值和人性平等价值等人权价值基础，符合中国式人权发展的价值取向。

三、数字人权国家保护的方法

在当前数字化时代，数字人权是人权在新兴领域的新形态和新类型，尊重、保护和实现数字人权的国家义务势在必行。数字人权国家保护的具

---

〔1〕　参见罗亚海：《人工智能"未来法治"语境下财产权创新研究》，载《江汉论坛》2020年第 4 期，第 214 页。

体方法可以从保护内容和保护模式两方面分析。

（一）从保护内容分析

数字人权是权利束，是基于数字产生的新的综合性基本权利，较为适宜的保护方式是清单式的权利列举，卡斯特斯教授所拟议的新权利可以被视为数字人权的列表。当然，这份清单的提出不可能是一劳永逸、面面俱到的，正如绝大多数宪法性基本权利一样，是列举式和未列举式权利相结合的实践生成的过程及结果。[1]2018 年 11 月 26 日西班牙德乌斯托大学发布了《数字环境中的德乌斯托人权宣言》列举出 17 项数字人权，包括"互联网上被遗忘权，脱机权，个人保护其'数字遗产'的权利，与技术相关的保护个人诚信的权利，在线言论自由权，数字身份权，技术环境中的隐私权，使用算法的透明度和问责权，在专家系统做出的决策中最终由实际人员支持的权利，数字经济中平等机会的权利，电子商务中的消费者权利，在线知识产权，普遍的互联网访问权，数字素养权，在线公正的权利，在线安全权"。[2]这种清单式的权利列举无疑是我们进行数字人权国家保护可资借鉴的智识资源。

（二）从保护模式分析

当前数字人权的国家保护有三种模式：一是从权利主体保障的角度出发；二是从义务体系建构的角度出发；三是从权利主体保障和义务体系建构的双重角度出发。马长山从权利主体保障的角度出发，在分析了数字化时代人权保护面临的新挑战之后，提出"在公共政策中注入'数字人权价值'的保护方法"。[3]这和本书前述的社会政策体系依据不谋而合，都是

---

〔1〕 从保护内容上来讲，宪法所保护的实质性内容——公民的人权和人格尊严——是数字人权最基础的内容，可采取的保护方法是"以权利推定的方式，从'未列举基本权利'这一进路出发，表明宪法可以容纳数字人权。对'人权条款'与'人格尊严'的诠释则进一步展示了宪法是容纳数字人权的主要载体"。参见郑智航：《数字人权的理论证成与自主性内涵》，载《华东政法大学学报》2023 年第 1 期，第 35 页。

〔2〕 转引自杨学科：《数字宪治主义研究》，吉林大学 2020 年博士学位论文，第 85~86 页。

〔3〕 马长山：《数字时代的人权保护境遇及其应对》，载《求是学刊》2020 年第 4 期，第 108 页。

将社会公共利益和社会公共政策作为基本人权保护和新兴权利国家保护之间的现实载体和转换机制，该观点可以被看作是广义地从人权保障角度出发的数字人权保护模式。此模式可以从不同角度进一步分类：从特殊权利主体角度进行的保护，如对数字弱势群体的权利保护，对老年人、儿童、残障人士的数字权利保护等；从具体权利内容角度进行的保护，如被遗忘权、网络信息删除权、脱机权、网络个人信息知情权和公开决定权等。张文显从义务体系建构的角度出发，提出数字人权保护的三重递进，即"首先，在制度上强调科技企业尊重和保障人权的责任，以及政府尊重、保障和实现'数字人权'的义务。其次，以人权的规范性强化对数字科技开发及其运用的伦理约束和法律规制。最后，推进人权和法治理论创新发展"。[1]龚向和则从权利主体保障和义务体系建构的双重角度出发，提出一个数字人权保护的双重结构，即"一是以人的'数字属性'为本原确立数字人权的法律权利形态，构建以人的'数字属性'为本原升级的传统权利与生成的新型权利的二元并存架构；二是以数字人权为依据构建由个人义务、科技企业义务与国家义务构成的数字人权的法律义务体系"。[2]该观点与本书论述的数字人权国家保护的基本思路相吻合。

通过以上分析，数字人权的国家保护义务已经显现出较为清晰的系统性架构和实践可操作性，以期为深化数字人权的国家保护义务研究提供些许智识资源。

第二节　基因权利的国家保护义务

一、基因权利的新兴权利属性

（一）基因及其权利纠纷

传统的财产权、人身权、名誉权等权利都不难理解，但对于什么是基

---

〔1〕　张文显：《构建智能社会的法律秩序》，载《东方法学》2020 年第 5 期，第 4~19 页。

〔2〕　龚向和：《人的"数字属性"及其法律保障》，载《华东政法大学学报》2021 年第 3 期，第 71~81 页。

因权利，怎样将其确认为一项新兴权利，国家为何以及如何对之进行有效保护，这些都是需要我们研究的基因权利保护问题。因为基因权利是建立在基因具有什么样的性质和特征之上，所以我们首先需要搞清楚什么是基因（gene）。科学界对基因通常的认知是"基因是遗传的基本单位，由DNA组成。一套完整的基因叫作基因组"。[1]知道什么是基因之后，那它具有什么样的特征？可能会造成什么样的后果呢？

基因是生命的密码，记录和传递着生物体的遗传信息，"人类基因组序列被描述成人们所能想象得到的最珍贵的信息集合"[2]。基因具有物质和信息双重属性，据悉可以通过人的血液、毛发、指纹等获取基因来获知相关基因信息。人类基因组里面共有大约两万多个基因，人类基因资源具有稀缺性。因此，基因信息的管理不当、基因技术的使用不当，要么会给特定基因人群带来危险，要么会给全社会带来伦理和法律上的问题，还会带来经济和知识产权上的纠纷，比如近些年来频频发生的基因专利纠纷案件。[3]专利权被视为发明者在一段时间内对其发明拥有的专有权利，然而，基因作为一种自然的实体能否被视为发明？是否能够像一般专利那样赋予发明者专利权？除了基因专利问题以外，司法实务中还发生了大量有关基因歧视、基因检测、基因编辑、基因隐私权、基因平等权等基因权利纠纷案件。

现举几例基因权利纠纷案件。2009年广东省佛山市三名考生参加公务

---

〔1〕［美］布兰登·科尔比：《解读基因》，迟文成译，上海科学技术文献出版社2013年版，第18页。

〔2〕［美］C.丹尼斯、R.加拉格尔编：《人类基因组：我们的DNA》，林侠等译，科学出版社2003年版，第9页。

〔3〕例如，2013年4月澳大利亚联邦法院开庭审理麦利亚德基因公司开发的乳腺癌诊断测试专利的有效性案件。麦利亚德基因公司利用BRCA1和BRCA2基因的序列开发了一个诊断检测技术。利用这个检测技术，该公司事实上垄断了整个产业链。这导致一些科学家包括伦理学家认为该专利应该是无效的，原因是实际上该公司并没有发明任何新的产品。不仅如此，该公司的专利不仅阻碍了科学研究和正常商业竞争的进程，还产生了无法回避的是否能够将人类的身体商业化的伦理问题。参见《澳人类基因专利案引发哲学与伦理道德思考》，载https://gd.lascn.net/ydgz/ydgz/0935516600.html，2023年12月28日访问；"全国首例生物基因技术药物专利授权行政案件"，最高人民法院［2019］最高法知行终127号行政判决书；"荆州市恒彩农业科技有限公司诉甘肃金盛源农业科技有限公司、郑州市华为种业有限公司侵害植物新品种权纠纷案"，最高人民法院［2022］最高法知民终13号民事判决书。

员考试成绩拔尖，但体检时查明其携带了不影响正常生活的地中海贫血基因，被认为体检不合格未能被录用。其后，三名考生申请行政复议失败，向法院提起诉讼。此案被称为中国"基因歧视第一案"。[1]2018年11月26日南方科技大学贺某奎研究团队对外宣称，一对基因编辑婴儿诞生了。一石激起千层浪，社会公众和科学家们对此感到震惊并予以谴责。2019年7月31日深圳市南山区人民检察院提起公诉，南山区人民法院不公开审理了此案。此案被称为"基因编辑婴儿案"。[2]除了这两例案件外，关于基因权利纠纷的案例还有许多，如中国首例血友病遗传基因诊断案、美国海拉细胞基因组公开事件等。还有一些虽然没有直接冠之以基因权利，但实质上是和基因有关的新兴权利案件，如人脸识别技术运用中产生的个人生物信息识别案件，典型的就是"国内人脸识别第一案"。[3]2021年4月9日该案终审判决认为，生物识别信息是较为敏感的个人信息，能够体现出自然人的生理及行为特征，具有较强的人格属性。如果被泄露或者被非法使用，极有可能导致个人受到歧视或者人身财产安全受到侵害，所以应该予以谨慎处理和严格保护。因此，判决杭州野生动物园删除郭某办卡时提交的生物识别信息。如果说该案还只是涉及个人的基因信息被披露或被不当使用，那么"华大基因检测案"则可能涉及近14万孕妇的基因外泄。近些年发生的基因权利纠纷案件不胜枚举，看来对基因权利该如何确认，国家又该如何保护确有研究的必要。

（二）基因权利之"新兴性"分析

什么是基因权利？基因权利的属性又是什么？"所谓基因权利是基于

---

〔1〕　参见邓新建：《"基因歧视第一案分析"：基因检测滥用侵犯隐私》，载 https://www.chinanews.com/fz/2010/08-12/2463646.shtml，2023年1月7日访问。

〔2〕　参见《聚焦"基因编辑婴儿"案件》，载 https://baijiahao.baidu.com/s？id＝1654381999650781785&wfr＝spider&for＝pc，2023年2月27日访问。

〔3〕　案情简介：2019年4月浙江理工大学副教授郭某支付1360元购买野生动物世界双人年卡，确定指纹识别入园方式。7月和10月野生动物世界两次通知郭某，年卡入园识别系统需要更换启动人脸识别系统，否则将无法正常入园。但郭某认为，人脸信息属于高敏感度个人隐私，该园无权未经游客许可预设游客已同意提供面部识别信息，无权要求客户录入面部图像，不同意接受人脸识别要求园方退卡无果。为此，郭某向法院提起诉讼。参见浙江省杭州市中级人民法院〔2020〕浙民终字第10940号民事判决书。

基因之上产生的新的综合性的基本权利。基因权利属于一束权利，属于新兴权利，并具有基本人权的一般特征。"〔1〕依此定义和基因的性质特征、与法律权利的比较分析来看，基因权利具有"基本人权"和"新兴性"属性，属于本书所定义的新兴权利。

虽然基因自人类和其他生物体诞生之时已经存在，但直至1866年孟德尔发现遗传定律之前人们尚不知晓基因为何物。不过，从人们知晓基因到人们能够改造利用基因还有漫长的一段路要走。也就是在近些年，克隆技术、基因编辑、基因检测、个人生物信息识别等概念才逐渐为大众所知晓，改造和利用基因所产生的社会问题、法律问题才开始进入法学研究视野。一开始，基因就给研究者们出了一个难题：从权利对象及其客体来看，基因是法律上的客体物吗？成为法律上的物需要具备四个条件：一是能够被人们支配和控制；二是有使用价值；三是具有独立性；四是为法律所认可。此外，民法上规定的物只能是存在于人身之外的物，不能是人身。从这几个要件来看，基因作为法律上的客体物是有疑问的：首先，从支配和控制来看。人类已经能够完全认知、支配并控制基因了吗？即使人类已经能够，难道不需要考虑一下主体客体化的物化危机吗？2003年4月15日人类基因组序列图谱最终宣告完成，但科学家们认为，这只是"为未来的医学发现和对人类生命密码的更多理解打开大门"。〔2〕也就是说，这并不意味着人类已经能够支配和控制基因了，否则癌症和基因遗传疾病就已经被攻克了；其次，从使用价值来看。基因是否适宜使用需要具体分析，就用途来讲有纯粹，为了科学研究和医学用途的使用、也有为了商业获利的使用。如果是前者可以接受认可其使用价值、若是后者则大有疑问；最后，从独立性来看。人体和其他生物体就是由基因构成的，没有办法想象独立的基因会怎样存在。由此可以判断，基因并不是法律上的物，也不是行为或服务。显然，基因的这种性质属于难以用传统法律权利对象

---

〔1〕 张小罗：《基因权利初论》，载《法学评论》2010年第3期，第91页。

〔2〕 参见《人类基因组完整图谱终于绘制完成，将更深入解开生命密码》，载 https://view. inews. qq. com/k/20220402A0190500? web_ channel=wap&openApp=false，2023年3月1日访问。

及客体将其解释和归类的新兴类型。

我们再从比较的视野来分析，建立在基因之上的基因权利和传统法律权利相比有很多"新兴性"。因为基因是一种处于传统意义上的物和关系之间的存在，所以基于基因产生的基因权利有其新兴性和独特性，如具有固有性、母体性、主体的普遍性等。[1]这些独特性质说明基因涉及生物体尤其是人体的构成本身。因此，将其作为法律权利客体对待的话，不仅需要谨慎考虑法律上可能会遇到哪些新兴问题，更重要的是要考虑到基因权利具有人之所以为人的基本人权属性。每个人自诞生之日起天然地具有基因权利，该权利不可替代、不可转让。基因是生命的密码，没有基因就没有生命，没有生命其他法律权利便无从谈起。基因权利是一种可以派生出许多其他权利的新的综合性基本权利，由基因权利束派生出的诸多子权利有：基因平等权、基因隐私权、基因人格权、基因财产权、基因专利权和基因知情权等。基因权利束之所以可以派生出这些子权利，主要原因在于传统的基本权利无法完整准确地解释和涵摄这些权利。就基因平等权来讲，传统意义上的平等权解决的是每个主体不能因为身份地位、财产状况、性别种族等有所差异而遭受歧视。我们通常见到的是诸如种族不平等、教育不平等、男女不平等这些，但因为基因差异而事实上遭受到的歧视和不公平对待却不在其中。这是因为过去没有发现基因差异，现在因为科技发展而发现了，事实上主体也因这种差异而遭受了歧视和不公平对待，基因平等权的新兴属性就此显现。

二、基因权利国家保护的依据

（一）基因权利国家保护的必要性

1. 现实必要性

"权利必须保护，否则形同虚设"，这是权利理论的一般原理。基因权利属于新兴权利，作为新的综合性的基本权利需要国家确认和保护。基因

---

〔1〕 参见张小罗：《基因权利研究》，武汉大学 2010 年博士学位论文，第 66~86 页。

权利因其新兴性有别于传统法律权利，也正是因为新兴性，可能会有哪些有利的社会效果、在哪些方面会出现什么样的不利后果，这些问题需要我们重视和研究。在这种情况下，不能够消极等待不利结果发生，需要国家积极介入促进好的结果发生、扼制坏的结果产生。从基因权利的新兴权利属性和保护现状来看，社会中普遍存在着认知和权利意识的模糊现象，其辨识度和社会认可度有待提高，基因权利国家保护的现实必要性可见一斑。

现以"华大基因检测案"[1]为例阐明。2018 年 10 月 5 日新华社新媒体标题"研究人员完成迄今最大规模的中国人基因组测序"的报道称，深圳华大基因研究院采用"无创产前基因检测"技术收集了超 14 万名中国孕妇的基因组样本，并进行了大规模的中国人基因组测序，将成果发表在美国权威杂志《细胞》上。研究人员认为，该项研究的测序对象数量约占中国总人口的万分之一，除了汉族外还覆盖了其他 36 个少数民族。论文的共同作者之一、美国加利福尼亚大学综合生物学教授拉斯穆斯·尼尔森说，能获得这么大的样本量，找出基因变异与人类特征间的关联，这很了不起。[2]然而，这个报道中有两个值得我们重视的问题：①这么多孕妇的基因组样本，作为一个民间上市公司的深圳华大基因是如何搜集到的？有无相关依据、程序或获得相关部门批准？②该项研究有国外合作者参与，并且成果发表在国外权威期刊上，是否会造成一个国家种族遗传资源信息外泄的严重后果？这是否就是通常所说的"基因海盗""基因殖民主义"行为？这并非危言耸听。2018 年 11 月 8 日中国国防报、中国军网联合发表文章《基因战争，笼罩人类的新阴影》，指出"足够数量的人类遗传基因样本，能够让一些国家研制出专门的'基因武器'，尤其是'人种基因武器'，或成为笼罩在世人头上新的阴影，让人不得不防"。[3]然而令人遗

---

〔1〕 参见广东省深圳市中级人民法院［2019］粤民终字第 22765 号民事判决书。

〔2〕 参见《研究人员完成迄今最大规模的中国人基因组测序》，载 http://m. xinhuanet. com/2018-10/05/c_ 1123521243. htm，2023 年 3 月 1 日访问。

〔3〕 参见谭雪平、杨宇：《基因战争，笼罩人类的新阴影》，载 http://www. 81. cn/gfbmap/content/2018-11/08/content_ 220116. htm，2023 年 3 月 1 日访问。此事件发生后，2019 年 7 月 1 日国务院施行《人类遗传资源管理条例》，该条例规定了遗传资源管理的方方面面。

憾的是，最先报道华大公司进行大规模孕妇基因组检测的主流媒体，并没有发现这些基因权利国家保护问题，从其报道来看是正面肯定华大公司的基因检测行为的。并且，该事件发展到后来成为诉讼案件——"华大基因检测案"的时候，也不是因为发现了基因权利的法律问题，而是华大公司认为原内部职工不当披露，造谣大规模孕妇基因组检测事件而提起诉讼的。值得深思的是，一审法院深圳市盐田区法院裁判认为这只是一起名誉权纠纷案，并认为被告披露该事件时误导公众。不过好在二审法院深圳市中级人民法院推翻了一审法院观点，并对华大公司是否存在数据外泄进行了详细的证据审查。综观该案前因后果以及包括主流媒体在内的社会反映，前述社会认知度不高、权利意识模糊的现象无疑是存在着的。从基因权利保护的现实必要性来看，无论是政府机关、公共事业单位、公司企业还是个人都有可能侵犯基因权利，存在着对基因权利保护不力的事件发生的可能性。如此看来，基因权利具有基本人权的一般特征，国家确有必要审慎对待基因权利的保护问题。

2. 法律必要性

国家保护基因权利不仅有社会现实的需要，还有法律上的必要性。从法律上分析，基因具备物质和信息的双重属性，基于基因产生的基因权利则具有财产权利和人格权利的双重属性。由于这种双重属性，摆在研究者面前的难题就是：基因是谁的？如果说前述"华大基因检测案"是个例的话，那么当下社会上出现的越来越多五花八门的基因检测项目和产品证明这绝非个例。从计算各种疾病风险、追踪父母的迁移历史、预测你的天赋和职业选择，甚至到判断你实际上的酒量有多少，都有相关基因检测服务和产品提供。这一方面说明，基因检测的门槛越来越低，基因信息越来越容易被获取、被滥用。另一方面说明，因基因引发了许多法律上的权属问题，亟需国家予以确认和保护。如此看来，我们有必要从法律上分析基因权利属性及保护问题。基因作为我们人体的物质组成部分自然属于每个人自身，其他任何人不能随意获取，这是从基因的物质属性来讲的。但从基因的信息属性来看，基因信息并不是我们自己创造出来的，而是在漫长的生物自然演化中进化而来的。每一个人从父母那里继承基因，父母又从祖父母、外祖父母那里继承基因……不仅如此，相同的基因在你的子女和兄弟姐妹那里也会存在。既然如此，你又凭什么说你对基因拥有所有权呢？现实中，如华大公司等一些机构组织正是以研究普遍性基因信息为由大规模无偿获取公众基因信息，而且自认为这种获取行为并没有侵犯被获取主体的相关法律权利。但事实是，该行为不仅侵犯了公众的基因权利，甚至还威胁到国家安全。还有一种情况会让所有权归属问题变得更为复杂，那就是基因信息的公共性。所谓基因信息的公共性是指一个人的基因序列信息单个来看没有什么价值，只有在和大规模人群的基因序列信息加以比对分析后才能成为有价值的基因信息。如果一个人的基因序列信息没有什么特别之处，基因权利归属问题不大。但如果一个人的基因信息比较特异，对于科学研究或医学实践有很大的样本和案例参考作用，这时基因的公共性就会更加凸显、权利归属问题就会更加尖锐。

除此之外，基因信息还具有另外一个特性，也会导致基因权利权属问题，这就是基因信息的测序和解读具有复杂性。人类基因组即人类基因总和是由 30 多亿个脱氧核糖核苷酸分子按照特有的顺序串联起来的，要获取其完整的信息绝非某个科学家在短时期内能够完成，需要大量的科技人员长期协助配合，一个科学家团队耗费很大精力和时间有可能只解决其中一个问题。比如，搞清楚一个基因位点在何种程度上、以何种方式影响了人类的哪一种生理特性。这个科学家团队可不可以说，自己经过长时间努力研究，发现了人类基因组信息的一般性规律，因此具有建立在人类基因组信息上的专有法律权利？实践中发生过一些比较典型的基因权属案件，例如，"麦利亚德公司人类基因专利纠纷案"。[1]2009 年 5 月 12 日美国纽约一群由癌症患者、医生、研究专家组成的原告，对麦利亚德公司、犹他州立大学研究基金会等 12 名被告提起了诉讼。原告诉称，BRCA1 和 BRCA2（与乳腺癌和卵巢癌相关）是自然产物而非发明创造，不应被授予专利，

---

〔1〕 参见《你的基因谁做主？人类基因专利权之争》，编译自《纽约客》，CAN WE PATENT LIFE？载 https://www.guokr.com/article/436925/，2023 年 3 月 3 日访问。

法院应当判决被告拥有的人类基因专利 BRCA1 和 BRCA2 违反美国宪法无效。但被告之一麦利亚德公司辩称，在过去的 30 年里美国专利局已经颁发了数以万计的基因专利，相信法院会判决他们的基因专利合法有效。罗伯特·斯威特法官撰写了一份长达 152 页的判决认为，麦利亚德公司的此项基因专利应为无效。该案中如果法院不撤销该基因专利，很有可能会有许多患者因此病重甚至死亡。相反的例子是，渐冻症抗争者蔡磊不是为了通过基因专利权谋取个人利益，而是为了拯救和他一样遭遇不幸的无数渐冻症患者的生命权。为了早日攻克渐冻症这种基因疾病的世界性医学难题，不但倾其所有，还和妻子一起直播带货捐助科研团队研发药物。虽然基因信息具有复杂性，但我们相信和希望在蔡磊破冰团队的不懈努力下，一定会解决这个复杂的基因疾病难题。

以上案例给我们的启示是多方面的：首先，基因权利保护的重要性。基因权利必须进行国家保护，否则会引发很多严重的社会问题和法律问题。不仅是财产、名誉、隐私甚至连人的生命健康都会遭受侵害，不仅是个体/群体甚至连社会/国家都会遭受侵害；其次，基因权利保护的复杂性。基因权利的国家保护比较复杂，很多时候是在各种利益衡量及权利冲突之间作裁决，涉及新兴权利保护及如何体系化配置法律权利问题；最后，基因权利保护的宪法性。由于基因权利是基于基因产生的新的综合性的基本权利，很可能涉及人的生命、健康和人格利益等基本人权是否受到侵犯，基因编辑、基因检测技术的运用还会关涉人们实现美好生活的最大人权问题。故基因权利仅靠私法人格权保护步履维艰、难以奏效，必须依靠国家权力为后盾、有必要上升至宪法层面进行国家保护。

（二）基因权利国家保护的依据

保护一般的法律权利要有实在法上的规范依据，作为新兴权利的基因权利也要有保护依据。不过，这里所说的保护依据不仅仅是既有的法律规范依据，而是包括自然法、法律原则、法律精神以及其他社会性规范等在内的保护依据。如果仅仅局限于既有的实证性法律规范，就只能在有限的法律权利体系内转圈圈，不但不能扩展既有法律权利体系，还会导致法律失去对变动不居的社会生活的规范力和调整力，使法律文本僵死而失去实践活力。当然也不能矫枉过正，将伦理道德观念、政治意识形态、社会舆论氛围等外在于法律的诸多因素一股脑搬运至基因权利的确立和保护当中。自从基因权利纠纷和法律保护问题进入人们视野以来，对于如何进行规范调整和有效保护，如何寻找保护依据，有的学者主张依据私法人格权保护模式，有的学者主张依据宪法基本人权保护模式。本书认为，依据私法人格权保护具有一定的局限性，依据宪法基本人权保护基因权利势在必行。

1. 私法人格权保护依据的局限性

有学者在对人类基因的双重性质、法律地位和价值进行分析后，认为"基因权利是人基于自己的特定基因而享有的权利，属于人格权范畴，人类基因本质上是一种人格利益，通过法解释的路径能够在私法上生成基因权利概念"。[1]另有学者从基因的双重性质面向对基因的私法保护提出疑问："将人类基因或基因信息视为财产法益，承认其具有财产价值而给予保护，其可能引起法释义学与法政策上的效应如何？将基因或基因信息视为人格法益的延伸，给予相对化的人格自主保护，是否能够提供足够的权利保护？"[2]在笔者看来，这种基因权利的私法人格权保护是否真正有实效也是值得商榷的。仅从私法角度确认和保护基因权利，不仅达不到法解释学和法政策学上想要的效果，也不能够给基因权利主体提供足够的权利保护。之所以认为基因权利应由私法保护，其推论的基点是基因权利是人基于自己的特定基因而享有的权利，也就是说抓住了基因诸多特性中的一个即自体性。但除了自体性以外，基因还具有的基因信息公共性特征被有意无意忽略了。更重要的是，现实中大量发生的基因权利被侵犯的例子所反映出来的公众基因权利意识淡薄、基因权利纠纷隐蔽复杂、基因权利权属界定模糊、基因信息监管不力、基因保护规范缺失等复杂问题也被忽略

〔1〕 王康：《基因权的私法证成和价值分析》，载《法律科学（西北政法大学学报）》2011年第5期，第57页。

〔2〕 蔡维音：《"人性尊严"作为人类基因工程之基础法律规范理念》，载李瑞全、蔡笃坚主编：《基因治疗与伦理、法律、社会意涵论文选集》，唐山出版社2003年版，第59页。

了。如此看来，"把基因权利仅仅当作是民事权利是不够的，基因权利是公民基于基因之上产生的综合性的基本权利"。[1]既然基因权利是综合性的基本权利，仅通过私法上的人格权保护具有保护主体的个体性、保护类型的单一性、保护效果的局限性，应提升基因权利保护的位阶，纳入宪法层次的国家义务进行多元化、体系性保护。

　　2. 宪法基本人权保护依据的体系性

　　私法人格权保护是以个体为原点建构基因权利保护模式，然而这种模式实质上是"以具象的个人作为唯一主体的旧思维模式"。[2]人类基因信息不仅具有自体化的识别性，还具有亲族之间的延续性、群体之间的平等性及关联性，以及可以预测未来风险的识别能力。新的情境共同塑造了基因权利的个体与群体、当前与未来的基因利益共存，共同维系着人类命运共同体。在生命科技迅猛发展的时代背景下，这些基因利益之间的紧张对抗关系日趋激烈。个体性的基因信息披露很可能会引发群体性的污名化，基因编辑和设计婴儿也会侵害人格尊严乃至影响整个人类共同体的命运。因此，"需要全面考虑基因信息在持有、流通、分配过程中的个体和共同体维度，从权利个体化走向权利共同体，从新自由权利伦理走向社群主义伦理，建构'共同体—国家'的基因权利立法模式，并将维护人类尊严作为立法的顶层设计，以此建立一个融贯的法律结构，从而实现基因个体、基因共同体的现在利益与未来利益的平衡"。[3]基于基因权利保护"共同体—国家"的立法模式转向和维护人类尊严的立法顶层设计，宪法基本人权保护模式势在必行。

　　个体作为基因权利主体固然重要，但从维护人类尊严作为立法顶层设计出发，将国家作为基因权利所体现的公共利益（法益）保护主体则更为

---

　　〔1〕　张小罗、张鹏：《论基因权利——公民的基本权利》，载《政治与法律》2010 年第 5 期，第 117 页。

　　〔2〕　吴梓源：《从个体走向共同体：当代基因权利立法模式的转型》，载《法制与社会发展》2021 年第 1 期，第 208 页。

　　〔3〕　吴梓源：《从个体走向共同体：当代基因权利立法模式的转型》，载《法制与社会发展》2021 年第 1 期，第 189 页。

重要。举例来说，中国是世界上鼻咽癌患者最多的国家，大约有80%的鼻咽癌患者都在中国并且大多集中在华南几个省，仅广东省的患者就占到全国的60%左右，以至于该病还有一个别称"广东癌（Cantonese Cancer）"。该病的致病因素有很多，居住气候、饮食习惯、生活环境、病毒感染等都有可能。值得深思的是，为什么华南地区尤其是广东省的患者这么多？[1]科学家们猜测这个现象是否和群体遗传基因有关。众所周知，癌症是一种基因性疾病，正常细胞逐步变成癌细胞归根结底是由于基因的改变，也就是常说的基因突变。2019年6月17日中国和新加坡的科学家们在《自然·遗传学》上发表论文，称该研究团队从广东省的人群中发现了两种比较特殊的EB（Epstein-Barr）病毒，如果不幸感染上这两种病毒，患鼻咽癌的概率会比正常人高十几倍。通过分析上百份EB病毒样本，科学家们推断这两种EB病毒很可能是在华南地区尤其是广东境内进化传播开的，也就是说这大概率是和特定群体的基因有关。我们可以从基因权利保护的国家义务视角进一步追问：如果没有国家支持科学家们持续性大规模对此问题进行研究的话，结果会是什么？如果我们固守着基因权利个体化的私法利益观的话，科学家们怎样展开持续性大规模的研究？难道要科学家们一个一个地进行谈判协商分别获取研究对象的许可？因此，基于维护人类人格尊严的权利共同体，想要真正实现基因权利从应有权利变为法定权利和实有权利，必须基于宪法基本人权国家保护模式去推进。

在既有宪法文本中寻找能够涵摄基因权利的相关条款，然后对其进行宪法解释及国家保护，这一看似折中之举实则为综合性的优选方案才是基因权利保护的可行方向。这项工作，在美国由作为自然法思想和美国式人权思想载体的《美国联邦宪法第九修正案》来完成，在日本由《日本宪法》第13条"幸福追求权"来完成，在我国由《宪法》第33条第3款"人权条款"和第38条"人格尊严权条款"共同来完成。不过，虽然基因权利保护有了宪法上的"根"，但这些还只是抽象性、概括性的一般性规

---

〔1〕 参见《世界罕见鼻咽癌，为什么偏偏"青睐"广东人？》，载 https://m.thepaper.cn/baijiahao_5422763，2023年3月5日访问。

定，在确认和保护某项基因子权利时还需要进一步具体化。基因权利在宪法上的规范依据及权利核心本质是人格尊严，基因权利属于比较直接、明确反映和维护人格尊严的新的综合性基本权利。人格尊严是人之所以为人的先于国家而存在的本质性因素，意思是人格尊严不是由于国家存在而存在，国家存在的本质目的和合法性理由必然包含保护公民人格尊严。国家存在的功能是为公民提供安全、稳定而持久的生活保障和与社会发展水平相适应的福祉，是为了公民避免陷入暴力、贫穷、愚昧。保护公民人格尊严是国家的存在本质和行动目的，并非一定要在法律文本中明确地规定出来。例如，我国宪法文本中并没有明确列举规定生命权、环境权、发展权、个人信息权、数字人权和基因权利，但并不能说我国宪法就不保护这些体现基本人权的未列举权利和新兴权利。正如《美国联邦宪法第九修正案》所规定的"本宪法对某些权利的列举，不得被解释为否定或轻视由人民保留的其他权利"。基因权利体现的是从摇篮到坟墓与人相伴而生的人格尊严保护。总的来说，对于基因权利的宪法确认和国家保护，需要结合宪法概括性人权条款、人格尊严条款以及未列举权利理论进行具体解释和适用。

三、基因权利国家保护的方法

基于本书第四章所论证的新兴权利国家保护的具体方法，我们得出基因权利国家保护的方法有：①通过宪法人权解释框架和未列举权利保护基因权利；②通过立法创制保护基因权利；③通过司法推定保护基因权利；④通过合理配置国家职权保护基因权利。

（一）通过宪法人权解释框架和未列举权利保护基因权利

虽然我国《宪法》第二章"公民的基本权利与义务"中并没有明确列举规定基因权利，但基因权利是新兴的综合性基本权利，体现出基本人权的价值功能，"可适用宪法第 33 条第 3 款：'国家尊重和保障人权'的规定接纳基因权利"。[1]基因权利的权利核心本质是人格尊严，"基因权利导

---

〔1〕　张小罗、张鹏：《论基因权利——公民的基本权利》，载《政治与法律》2010 年第 5 期，第 120 页。

源于对人性尊严的保障",〔1〕还可通过宪法解释从第38条"人格尊严权条款"中推导出规范依据。宪法原理上，古今中外没有哪一个国家的哪一部宪法可以将公民应当享有和国家应当保护的基本人权全部列举出来。人权是应然加实然的原则性、概括性、基础性权利，新的社会事实出现、新的关系情境改变都会形成新的人权种类，这是制宪者在宪法文本中暗含的人权价值。事实上，原初的制宪者不可能准确预知今天会有哪些新的社会变化、哪些新的人权种类，往往就以原则性、概括性规定的形式，在宪法基本权利体系的稳定性、开放性与社会流变之间预留一个有待宪法解释填补的空间。我国《宪法》第33条第3款"人权条款"和第38条"人格尊严权条款"就属于有待宪法解释填补的空间，可以作为基因权利国家保护的宪法法源。

明确这一前提之后，接下来就需要对基因权利进行宪法解释的具体操作：其一，要么是基因权利本身就是宪法上的基本权利条款，或是基因权利保护能够通过未列举权利理论找到宪法规范依据，我国基因权利国家保护显然采取的是后一种模式。基因权利作为宪法上新的综合性的基本权利，从主观权利来讲意味着公民可依据基因权利受侵犯要求国家履行保护义务，从客观法来讲意味着国家基于维护人类尊严的共同体价值秩序，为了公民的人格尊严、隐私、财产不被侵害，必须履行保护基因权利不被侵害和积极创造基因权利实现条件的义务。其二，基因权利宪法解释由谁来启动、怎么启动？目前来看，我国采取的是全国人大常委会为主体的解释方式，这种解释方式能否有效借助宪法人权条款和人格尊严权条款实现基因权利国家保护？全国人大常委会的宪法解释主要是从抽象的、合宪性审查的角度来进行的，对于基因权利纠纷中比较具体的个案审查及司法判断而言，该审查方式尚有待商榷。所以，应加强最高人民法院司法解释的规范续造作用和法官在具体基因权利案件解释中的个案保护作用。另外，在已有宪法人权条款和人格尊严权条款法源依据的前提下，随着社会实践、

---

〔1〕　张小罗：《基因权利初论》，载《法学评论》2010年第3期，第91页。

司法判例和类案同判的逐步积累，待各方面立法条件成熟后可以借鉴《个人信息保护法》的渐进入法方式，考虑制定一部《基因权利保护法》对基因权利保护专门进行调整规范。

（二）通过立法创制保护基因权利

世界范围内第一部比较全面的专门性基因立法是 1997 年 11 月联合国通过的《人类基因组与人权世界宣言》，该文件确立了基因研究的自由和保障，明确了在基因研究中对人权和人类尊严的保障要求。目前为止，我国在基因权利保护方面专门性的立法有：1993 年国家科委颁布的《基因工程安全管理办法》、2003 年科技部和卫生部联合制定的《人胚胎干细胞研究伦理指导原则》、2007 年卫生部制定的《涉及人的生物医学研究伦理审查办法（试行）》和 2019 年 7 月 1 日国务院施行的《人类遗传资源管理条例》。其他的还有《农业生物基因工程安全管理实施办法》《人用重组 DNA 制品质量控制技术指导原则》和《人体细胞治疗及基因治疗临床研究质控要点》。在这些法规、规章和办法中，当属国务院《人类遗传资源管理条例》最新也最为全面。该条例属于行政法规，对人体基因组、基因遗传物质的器官、组织、细胞等遗传材料，从采集和保藏、利用和对外提供、服务和监督、法律责任等方面进行了较细致的规定。不过，从基因权利保护角度来看，该条例只是着重于防范对人体基因的器官组织等遗传材料的非法采集利用、对外提供等行为责任，而对于基因权利的种类、确立和保护等问题并没有规定，对于基因隐私权、基因知情权、基因专利权、基因财产权等具体基因权利也没有作出规定。总体来看，我国现行基因立法呈现的特点是：①立法层次较低下，规范位阶多为法规以下且整体上尚属初创阶段，还不能够应对当前基因生物科技迅猛发展的态势；②立法内容较狭窄，基因权利是包含多个子权利的权利束，涉及人的尊严、隐私、安全、财产、生命健康及经济价值等多个方面，但现有基因权利法规规章多是就某一方面的立法；③立法形式较单一，现有基因立法主要是依靠行政权力规制的行政立法居多，民法、刑法等部门法尤其是宪法对基因权利的相关规定尚显空白。

对于任何一项权利保护而言，立法保护当是首要考虑的、最为规范的、不可或缺的。科学合理的权利立法，从公民权利面向来说可以为权利行使提供清晰的内容和范围，从而防止权利冲突和权利泛化。从国家义务面向来说可以为义务履行提供清晰的边界和责任，从而防止保护不足和保护过度。根据对当前基因权利立法的现状分析，并借鉴域外基因权利立法成功经验和结合我国权利实践，笔者认为由全国人大制定一部专门的《基因权利保护法》较为必要且较为可行。概因生命科技发展如此之快，对民众的社会生活已经产生了方方面面的深入影响。譬如，基因编辑婴儿、基因细胞检测、基因就业歧视、基因专利纠纷等现象，已在伦理道德、政治决策、经济发展、社会舆论等方面引发了许多基因权利保护问题。如果立法者怠惰、不及时进行立法规制，将会侵害基因权利个体的人格尊严乃至人类共同体的尊严。具体操作上，立法机关创制《基因权利保护法》可分为两步走：第一步，先用总则的形式总体规定权利保护对象及其客体，准确定义基因、基因信息、基因隐私、基因财产、基因专利等概念和类型，在此基础上规定相应的权利类型、保护内容、保护方式、侵权行为、归责原则、侵权责任认定等。再用分则的形式具体规定如基因检测、基因治疗、基因编辑、基因歧视、基因专利、基因数据滥用等权利主体、行为类型、保护方式和责任承担等；第二步，以这部全面规范基因权利确认和保护的专门性法律——《基因权利保护法》为基点和参照系，在宪法人权条款的规范指引下，对现行与基因权利相关的法规、规章和办法进行修改、补充或废止。在立法创制过程中，注意厘清《基因权利保护法》与相关法规、规章和办法之间的法律位阶和冲突关系，梳理矛盾之处、填补空白之处。这项立法创制工作完成后，基因权利国家保护的"宪法+部门法"规范体系就初步呈现。

（三）通过司法推定保护基因权利

通过宪法解释和立法创制保护基因权利是必要但非充分的方法。一般来说，一项法律权利尤其是宪法上的基本权利应该会得到更好的保护，但实际上并非如此。在我国，宪法基本权利规定较为原则性、抽象化，需要再一次具体化为部门法上的法律权利，才得以明确实体上的权利内容和便于程序上的保护操作，这也正是有些学者否认宪法具有直接适用性的理由。有学者提出"在宪法上规定某种权利，不如在实际上保障这种权利来得更加重要。宪法权利的有效性，取决于对其实际的保障"。[1]对此，笔者认为宪法是公民权利的保障书，在实际上保障某项权利固然重要，但在宪法上规定某项权利同样重要。如果宪法上没有规定某项权利，部门法上的某项具体权利就缺少宪法权利渊源。缺乏宪法根基的司法保护就名不正言不顺，公民实际上的权利保障也就无从谈起。进一步，如果宪法上没有规定某项权利或是有规定但不够清晰，那么势必会把确认和保护的重任转嫁给司法，司法将会面临不能承受之重！

在基因权利的国家保护义务中，司法机关离民众更近，司法保护彰显民众看得见的朴素正义，司法推定当是基因权利国家保护必要且重要的关键一环。当公民的基因权利遭受侵犯需要保护时，或者公民认为国家保护义务不足或过度保护时，首先想到的就是行使诉权诉诸司法救济保护自身的新兴利益要求。当某项基因权利刚刚萌发，立法创制时机还没有成熟时，也只能诉诸司法保护。退一步来说，某项基因权利即使入法入宪了也不一定意味着实在化的问题就解决了，想要真正获得实在化的效果还需要可操作性的司法救济程序。在基因权利的司法救济程序中，首先需要解决的是"可诉性"难题。判断某项基因权利是否具有可诉性有三个标准：①能否通过自力救济解决，能够通过自力救济解决的话就无需司法诉讼；②受害方和加害方双方力量强弱、主体性质对比；③受保护的利益是否具有基本人权的重要性、遭受侵害的性质和程度。在判断基因权利纠纷是否具有可诉性时，可以基于这三个标准进行利益衡量和综合判断。明确了可诉性标准，还需要明确基因权利侵权行为的构成要素。因为任何权利受到侵犯都有侵权行为，行为是否具备规范性的法律要素也是判断是否具有可诉性的标准之一。从司法救济的程序要素来看，侵犯基因权利需要三个构成要

---

[1]　林来梵：《从宪法规范到规范宪法：规范宪法学的一种前言》，法律出版社 2001 年版，第 94 页。

件：①侵权主体的性质和范围。现实中主要有国家机关、科学研究机构、基因科技研发公司、一般性企业及个人；②侵犯基因权利的方式。包括积极作为形式的侵权（如基因编辑）和消极不作为形式的侵权（如基因歧视）。实践中需要特别注意的是国家机关消极不作为形式的侵权；③侵犯基因权利的内容。从权利内容来看，基因权利束中有哪些具体类型就有哪些侵权行为，如基因专利权、基因平等权、基因知情权、基因人格权、基因财产权、基因隐私权等都可能成为侵犯基因权利行为的内容要素。因此，司法救济中的可诉性难题得以解决，通过司法保护基因权利得以实现。

（四）通过合理配置国家职权保护基因权利

迄今为止，基因的多重属性及基因权利的新兴性特征凸显出来的只是冰山一角。没有人能说现在已经知晓了基因生命的密码，掌握了基因科技的来龙去脉，更没有人能说生命科学和基因科技对人类社会的影响已能被全部应对。至于生命科学和基因科技会给人类带来什么样的福祉、造成什么样的灾难、给伦理道德和现行法律带来什么样的挑战，人类现在还只是在不断地探索实践之中。这样一来，无论是通过宪法解释、立法创制还是司法推定方式保护基因权利，都可能在调整基因权利纠纷过程中有空白、遗漏、冲突和滞后。那么，此时最好有一种相较于宪法解释、立法创制、司法推定而言积极主动的、灵活应对的调整和保护方式，能使国家义务履行及时跟进基因科技最新发展，能有效应对基因科技对公民权利及社会造成的不利影响。这就需要我们将目光转向国家职能转变、国家职权配置的政治国家背景下，这种方式就是在调整基因权利纠纷中合理配置国家职权。那么，合理配置国家职权有哪些优势以及如何保护基因权利呢？

对此，我们举例来阐明：冰岛基因译码公司是世界上从事基因研究的巨头之一，其之所以能在短短 20 多年内发展成为世界基因研究巨头，原因主要有两个：其一是该公司研究方向和经营思路比较清晰。冰岛世居的主体民族主要是维京人，由于独特的地理和历史因素，维京人一直保持着较为固定的族群同构型，因而群体基因也保持着高度的同构型，成为多基因疾病研究的理想样本。冰岛总人口在 33 万人左右，在基因信息的搜集、分析及成本控制方面都有优势。冰岛基因译码公司就瞄准了本国这块"基因资源金矿"，率先开始冰岛人基因的搜集、存储和分析研究工作。在研究工作中，该公司充分利用了冰岛医疗科研和医疗服务部门保存的大量翔实的医疗记录，希望能够在全部冰岛人基因信息样本的基础上分析出导致糖尿病、心脏病、哮喘等一些疾病的基因，从而研发出靶向性新药。该公司负责人曾表示，他只需按下一个按键就可以找到全冰岛携带 BRCA2 突变基因的人，携带 BRCA2 突变基因的女性患乳腺癌的风险是 85%。2020 年12 月 8 日该公司获得 2020 年冰岛总统出口奖，以表彰其在生物和健康技术上的发展；其二是有一个不可或缺的关键性因素，即来自冰岛国家层面的大力支持。冰岛政府积极鼓励冰岛人把基因样品提供给基因译码公司，前后大约有 11 万人向该公司提供了基因样品。1998 年 12 月冰岛议会通过了一项法案，授权该公司经营冰岛国家医学数据库，此举意味着允许该公司获取使用所有冰岛病人的数据。该公司还拥有绝大多数冰岛人的家谱，根据这些家谱的记载可以追溯至 18 世纪以来冰岛人的迁徙、聚居、婚姻、世代更迭等非常具体的情况记载。[1]这些都是基因研究得天独厚的国家条件。很显然，如果背后没有冰岛国家的倾力支持和政府的职权配置，仅凭基因译码公司自身是根本做不到的。当然，不可能指望每个国家政府都能像冰岛那样积极主动、不遗余力地去履行职权义务，但为了国民的生命健康、人格尊严，国家创造现实条件推进基因研究、合理配置政府职权保护基因权利却是必要和可行的。

基因具有自体性、公共性、人格财产属性的特征，因此关涉国家对个体及共同体尊严的价值秩序维护。例如，某公司想要研发一种治疗癌症的药物，需要获取和比对分析大规模特定人群的基因信息，其中国家职权义务不可或缺。众所周知，新型药物的研发前期投入大、周期长、风险高。

---

〔1〕 参见《冰岛基因解码公司研究：通过古冰岛基因组揭示人类种群的形成》，载 https://www.prnasia.com/story/212630-1.shtml，2023 年 6 月 6 日访问。

假设该公司在投入巨额资金后终于研发成功，现在推向市场的新药疗效好但价格高，很多患者急需这种新药救命却买不起。电影《我不是药神》就真实地反映了这种情况，引起社会强烈反响。在此情况下国家该怎么办呢？此时，国家和政府就不能放任不管任由恶性事件发生，国家有义务运用公共管理职权行使保护职责。当然，国家要基于财力物力资源的现实条件合理配置和行使职权，而不能简单粗暴地运用行政权力命令研发公司降低价格，或不顾企业生存强行要求其对困难患者群体免费提供药物。从利益衡量、比例原则、共同体价值秩序和职权义务可行性方面综合考虑可以这样处理：一方面，当研发公司缺乏资金时可以由国家予以资金支持，条件是在新药研发出来后可以由研发公司会同药品监管、社会保险部门共同协商定价，或是事前约定政府享有一定价格区间的议价权。当然，在国家财政和医疗条件允许的前提下可以将部分新药纳入全民医保范围；另一方面，当研发公司需要获取大规模人群的基因信息时，政府可以协助动员相关人群尤其是特定疾病的患者人群提供自己的基因样本，但必须做好基因信息监管工作。同时，政府可以向提供基因样本的患者发放一定金额补助，或是代表提供样本的患者群体和研发公司协商，在新药上市后给予患者群体一定优惠。总之，国家和政府不应缺席不作为，而应主动出场积极履行国家职权义务保护基因权利，在相关基因权利主体之间牵线搭桥、平衡各方利益要求，保护患者群体基因权益的同时保障研发公司经济利益，维护人类尊严的共同体价值秩序。

通过合理配置国家职权保护基因权利的法理意蕴是"权利—权力"，基因权利是公民新的综合性基本权利，国家职权是国家运用行政权力履行保护义务。保护基础性人权是任何一个国家都本能地应该去做的事情，是国家存在的本质和目的，无关乎意愿如何。而根据国家实际能力、资源条件对新兴财产权利进行查遗补漏式的保护，就是国家能力范围内的事情。同理，聚焦于基因权利的国家保护，当涉及生命健康、平等隐私等基本人权要素时，如体现为基因平等权、基因隐私权纠纷，国家和政府应当无条件地合理配置职权保护基因人格权益。当涉及基因财产要素时，如体现为基因财产权、基因专利权纠纷，国家和政府可以区别不同现实条件合理配置职权保护基因财产权益。综上看来，通过合理配置国家职权保护基因权利，国家和政府不仅可以及时跟进支持生命科学和基因科技的最新发展，还可以有效应对因生命科学和基因科技发展给人格尊严和人类共同体带来的伦理风险和法律问题。

结　论

近年来我国学界关于新兴权利的研究成果颇多[1]，但争论也不少，司法实务界新兴权利诉讼应接不暇。对于新兴事物，我们秉持什么样的态度是合理的？既不要简单否定，也不要简单肯定。如事物所是的那样去观察、分析和研究事物的本质而后决定是接受还是拒绝，这才是正确的科学精神和研究态度。本着这种科学精神和研究态度来对待新兴权利的确认和保护问题，应该采取何种观察视角和分析框架、从哪些方面予以论证？需要我们认真对待新兴权利。本书采取宪法学"人权保护–国家义务"的分析框架，从国家义务视角展开研究。然而，新兴权利的国家保护义务研究是一个复杂论题，该论题需要展开三重递进式的论证：第一，新兴权利是什么？第二，国家为何保护新兴权利？第三，国家如何保护新兴权利？这三个问题每一个中又包含许多需要证成的子问题。对于第一个问题需要从事物的本质去探寻是否存在新兴权利。所谓"存不存在"新兴权利是从实然或者应然的角度，还是实然加上应然两种视角来解释"存在"或"不存在"新兴权利？如果持新兴权利存在论的话其概念和特征是什么？对于第二个问题可将其分解为从理论渊源和社会现实双重面向证成国家保护新兴权利的依据是什么。对于第三个问题，如何具体展开国家保护的方式从而架构出一个怎样的国家义务体系？最后，从微观层面分析，对于某项具体新兴权利国家应该如何确认和保护？

本书之所以开篇就要厘定新兴权利概念是因为新兴权利概念非常重

---

〔1〕　2023 年 11 月 1 日笔者在中国知网输入关键词"新兴/型权利"，显示期刊论文有 228 篇、学位论文有 81 篇、会议文章有 5 篇、报刊文章有 6 篇、出版图书有 3 部。

要。笔者经过梳理后发现，学者们对新兴权利的概念界定不在少数，不仅有同中有异、异中有同的观点，而且有针锋相对、不可调和的观点，具体在本书文献综述中可略见一斑。学术研究中对一个论题中的核心概念有分歧、有争鸣是很好的现象，只有在不断探讨、不断纠偏的基础上才能全面清晰地显现该概念的内涵和外延。但争鸣不是目的而是手段，通过争鸣最终要获得一个可接受、可检验的、共识性的概念。任何一个学科的发展、任何一个论题的推进都是在分歧与共识之中逐渐形成基础性的概念，在此概念基础上构建该研究领域共识性的基础理论，再进一步展开深入研究。随着计算科学、信息科学、生命科学的飞速发展和数字社会的悄然而至，高新科技全方位深入地影响和改变着我们的工作、生活和观念，各种新兴权利如雨后春笋般涌现出来。毫无疑问，这将是一场由科技革命引发的全面而深刻的社会大变革，而且大变革刚刚开始，一切都正在形成和探索之中，没有人能预测最终会演变成什么样。映射在权利理论上，对于新兴权利在这场大变革中会扮演什么样的角色、发挥什么样的功能，如何对新兴权利进行辨析、确认和保护等，整个法学界还处于初期探索阶段。无论是新兴权利的证成还是证伪都关系到既有一般权利理论本身，既有一般权利理论在响应新兴权利的新兴性、多样性及合法性论证方面显露出力所不逮迹象。对此有两种解决方法：要么从实然和应然方面都否定新兴权利，但这不利于保护现实存在的新兴权利需求和发展既有一般权利理论。要么借着研究新兴权利保护问题的契机重新审视、深度挖掘既有一般理论更深层次的内涵和外延，在此基础上形成一个包容性更强、解释力更强的权利理论。那么，哪一种方法客观可行呢？笔者认为，第一种方法是有问题的，如果新兴权利不应该或不能够存在，硬说其来自既有法律权利的推衍，很明显这就掉入了鸡生蛋还是蛋生鸡式的恶性循环中。看来只有第二种方法客观可行，但这并不意味着本书的重心是论证和发展一种新的权利理论。笔者无意于也无力于论证和发展一种新的权利理论，而只是想挖掘既有一般权利理论更为广阔的权利空间，借由肯定第二种方法来肯定新兴权利的存在，否则关于新兴权利保护的全部论证都是在沙滩上建房子。

在绪论中我们对"新兴权利肯定论"和"新兴权利否定论"做了梳理分析，在肯定性结论的基础上抛出关于新兴权利概念的思考。笔者发现，界定新兴权利概念的线索其实就来自于新兴权利否定论，是在否定之否定基础上的肯定。在新兴权利否定论者看来，所谓新兴权利本质上并不是新的权利，"新兴性"不能够成为新兴权利的证成理由。认为所有的新兴权利其实都是在既有法律权利基础上的一些换汤不换药的变种，要么是新的情境变化，要么是新的领域变化，要么是新的主体变化。但是，所有这些新的变化因素都不是证成新兴权利充足而且必要的条件。换句话说，无论出现哪种新兴权利主张，对于法律人来说只需要将既有一般权利理论进行领域化、情境化的深入解释即可，因此新兴权利是一个冗余的概念。[1]笔者认为，新兴权利否定论者内心深处一直有一个"公理体系之梦"，即由实证法律规范及其法教义学和逻辑推理构成的封闭自足的权利体系。任何一种新兴社会事实和社会关系的出现，不论在什么情境下、什么领域中、主体有什么样的变化，都没有给既有一般权利理论带来实质性的改变，都可以在既有一般权利体系中找到相对应的权利类型，即权利概念本身和既有权利具体化就能够应对。然而，权利概念的内涵和外延、既有权利具体化具有有限性，我们以恶性循环悖论对否定论观点给出了否定答案。法律论证需有破有立，先破了"新兴权利否定论"就要后立"新兴权利肯定论"，如果不能证明新兴权利存在又何谈新兴权利保护。从法律论证方法上讲，跳出恶性循环悖论要从实质性的角度去发现新兴权利的本质内容及保护必要性。

在分析实证主义法学家们看来，法学从来就不是脱离对主体及其相互关系进行辨析而建构起来的、像自然物一样独自存在的事物。因此，我们应从探讨主体及其关系的角度对新兴权利加以定义和解释。与其一头扎进"有没有"新兴权利的桎梏中，不如转而分析，在什么样的主体及其关系辨析中确立和保护新兴权利。当社会中出现新兴权利主张时，对于其是否

---

[1] 参见陈景辉:《权利可能新兴吗？——新兴权利的两个命题及其批判》，载《法制与社会发展》2021年第3期，第90~110页。

以及能否被确立为新兴权利并加以保护，关键是从权利主张是否具有充分理由和依据以及国家义务承担的必要性和可能性来甄别。国家在甄别时，是在道德权利、集体权利、习惯权利等实存的诸多权利范围内进行的。当国家对某项利益主张是否具有国家保护的充分理由和依据进行甄别后，认为理由和依据不正当或不充分时，该主张只是个别化利益要求。相反，当国家甄别后认为具备充分的理由和依据，该主张就确立为一项新兴权利。和既有法律权利的区别在于，该新兴权利是以基本人权兜底，以国家所能提供的福利条件为范围，在不断发展变化的社会实践中生成和确立的社会性权利。因为在概念定义上以国家为甄别和决定主体，国家因此要承担起保护新兴权利的义务，这也更加凸显出国家保护义务的必要性。这样一来，对新兴权利概念的认知就转换到国家义务证成。

因此，本书采取宪法学"人权保护-国家义务"的分析框架从国家义务反观新兴权利研究。从权利义务的一般原理来说，没有无权利的义务，也没有无义务的权利，对公民权利保护而言，权利和义务更是一对相互依存不可分离的范畴。只承担义务而没有享有相对应的权利，这种义务就是一种单方面的责任或负担。只享有权利而不承担相对应的义务，这种权利实质上不是权利而是特权。谈及权利必须在义务的框架内进行，所以研究新兴权利应当在国家义务的框架内展开；从新兴权利的属性来说，因为新兴权利是具有新兴性属性、尚未法定化的社会性权利，不可避免地具有脆弱性、不确定性等问题，想要克服这些问题依靠个体化的力量显然是不行的，依靠社会性组织的力量也不可能解决实质性问题，最终还是要依靠国家权力的力量。依靠国家力量就是让国家承担保护义务，国家承担保护义务就是通过立法、司法和行政保护，将新兴权利实现为公民实际享有的实有权利。

本书从社会基本需求来论述新兴权利国家保护的来源，是因为：第一，从个体性需求分析。个体之所以主张新兴权利是因为有着需求驱动。仅仅依靠形式化推理就能够证成和实现新兴权利是一种幻想，权利必须有实质性内容，权利的实质性内容之一就是权利个体的需求。每个人都有利益需求，有的正当、有的不正当、有的可普遍化、有的较为独特。需要注意的是，从作为新兴权利实质性内容的要求来看，需要关注的不是个体的诸如"我想获得某份工作以谋生或实现我的理想""我不想让别人知道从事什么工作"等关于具体的个别化需求的内容，而是通过这些具体的个别化需求内容体现出来的生存、隐私、安全、自我实现等可普遍化的共同需求。当我们探讨这些需求从产生到如何实现时就进入了人权领域，人之所以为人的权利在于公平地实现正当性的需求。对于每一个人来说，实现温饱、安全、自尊、自我实现的需求是基本人权。既然如此，从应然人权上说这些基本需求就应该成为国家保护的权利内容。换言之，当某项权利是以这些基本人权需求为内容时就有了保护的正当性基础，不论是法律权利还是新兴权利都关涉基本人权，国家保护新兴权利就是保护基本人权。第二，从社会性需求分析。个体需求反映出的是自然法意义上的被保护需求，是人之所以为人"应该"被保护的需求。保护这种需求的实现不需要另外再具备什么前提条件，因此这些大多是一些基础性人权需求，国家对此承担无条件的保护义务。但还有一些需求和实现条件有关，以至于现实中条件具备与否就决定了此类需求是否应该受到保护，这类需求被称为社会性需求。社会性需求来自两种途径：第一种从个体性需求开始，个体产生需求往往会与别人的需求相冲突。经过博弈、协调之后或者是某一方胜出需求实现，或者是相互妥协出现新的需求；另一种是个体产生需求，虽然没有和其他主体发生需求冲突，但就国家和社会所能提供的条件而言或者是完全实现不了，或者是有条件实现，或者是部分实现。这两种途径下产生的需求就是社会性需求。社会性需求是国家有必要和有能力予以实现的需求，也被称为公民的福利性需求，因而与福利国家保障息息相关。现代社会国家保障公民社会性福利需求的实现，是通过设计社会政策制度体系来进行的。在国家所能提供的既有资源条件的基础上，国家设计社会政策体系时会尽可能地从不同方面周密考虑，尽量关切社会不同需求群体、不同领域和不同事项之间的利益平衡，以此实现社会整体的福利最大化。第三，从个体性需求和社会性需求综合分析。一方面，国家保障个体基本需求的实现是保护基本人权的必要性要求，在宪法上通过列举和未列举的基本权利共同体现出来；另一方面，国家保障社会性需求的实现，建立在国家的资源条件基础上，通过社会政策体系体现出来。这两方面结合就能够给我们提供一个国家保护义务的清单，且关键之处在于，这同时也是一份可以按图索骥发现并证成新兴权利的清单。之所以这么说，我们可以用一个非常简单的结论进行说明：在国家保护义务范围内剔除相对应的宪法权利，其余的就是新兴权利的列表，根据这份列表我们可以寻找国家保护新兴权利的依据和方法。

　　在全书行将结束之际，我们较为详尽地论证了新兴权利是什么，国家为何以及如何保护新兴权利，即新兴权利国家保护的理由、依据和方法这一核心问题。总体来看，本书是在问题提出及分析证成的模式下展开的。因此从整体脉络来看，全书呈现出"概念界定与论证→'为何保护'分析与论证→'如何保护'分析与论证→具体实例检验"这样一个分析思路及论证结构。之所以进行这样的设计和写作，是为了避免落入新兴权利保护研究中两种研究模式的窠臼：第一种是感性的零散化的研究模式。用本书的分析思路及论证结构进行对照的话，该模式呈现出"如何保护分析与论证→具体实例检验"的研究思路和结构，笔者称之为"掐头型"研究模式。在既有新兴权利研究中这种模式数量最多，要么是直接略过或有意回避核心概念界定，要么是不加论证直接抛出一个概念，要么是不加说明直接引用一个概念，在此基础上直接主张存在着某项新兴权利，具有何等重要性，应该怎样去实现和保护。这种研究模式的优点是能够及时应对社会事实和社会关系变化中涌现出来的新兴权利要求。但弊端也是明显的，就是对何谓新兴权利缺乏辨析和证成。如果不加区别随意主张，新兴权利泛滥就在所难免。第二种是理性的形式化的研究模式。该模式呈现出"概念界定与论证→'为何保护'分析与论证"的研究思路和结构，笔者称之为"去尾型"研究模式。新兴权利研究中基础理论研究当属必要，尤其是在这样一个新兴权利研究分歧丛生的现状下，基础性的理论研究可以在基本概念界定、理论梳理等方面形成一定的学术共识，进而在整体上推进新兴权利保护研究的深入。但新兴权利是社会性权利，如果仅仅停留在理论证成的阶段，对其权利证成来讲始终是不充分的，也会脱离其社会实践性的一面。缺乏实证研究和经验素材的证成结论很难令人信服，必须高度关注社会事实和社会关系的生成与演变，关注具体新兴权利的确立与实现，正所谓实践是检验真理的唯一标准。总而言之，在新兴权利的国家保护义务研究中，既不能"掐头"，也不能"去尾"，而要"首尾兼具"，从核心概念的界定→为何保护的依据→如何保护的方法→具体权利的证成都要具备，形成一个完整的论证锁链。

行文至此，笔者深深地感受到新兴权利研究方兴未艾，新兴权利的国家保护义务势在必行。如何从国家义务的视角持续深入地推进新兴权利的理论与实践，如何继续深挖国家保护新兴权利的依据和方法，可能是今后我们法律人必须担负的时代责任。本书尝试进行一些理论和实践上粗浅的探讨，以期为学界新兴权利的研究提供些许学术智识。无论支持还是反对，本书的论证观点都是有贡献的，因为在这个论题的研究道路上其他学者就会知道此路通抑或不通，对于整个研究群体来讲又多了一条正确路径或少了一种错误可能，至少提升了正确的概率。当然，由于本人才疏学浅、学术水平有限，写作当中或许还存在着这样那样的问题和不足之处，如对国家保护的方法探讨不够深入、实例展现不够丰富，未来需要深入挖掘可操作方案及具体新兴权利的保护。但无论是与非、对与错都是本人研究过程中收获的宝贵财富和激励自己继续努力的精神食粮。新兴权利研究的价值意义恰在于，"动态地保障人们权利的不断实现、扩充权利体系的内容、形成一个优良的权利文化、以一种正当而有效的方式化解冲突、实现法治以及控制权力等"。[1]未来，我们应当秉持开放与谨慎的双重态度，从国家保护义务的角度持续深入地研究新兴权利，这是一件非常具有学术价值和实践意义的事情。无论是对实现人民幸福生活这一最大人权，抑或是完善以宪法人权保障为核心的中国特色法律权利体系，还是对加快中国式法治现代化、构建中国式新兴福利国家，这都是一个契机！

---

〔1〕 朱振：《认真对待理由——关于新兴权利之分类、证成与功能的分析》，载《求是学刊》2020年第2期，第116页。

参考文献

一、中文著作

[1]《马克思恩格斯全集》（第6卷），人民出版社1961年版。

[2] 白斌：《宪法教义学》，北京大学出版社2014年版。

[3] 李振山：《多元、宽容与人权保障——以宪法未列举权之保障为中心》，元照出版社2005年版。

[4] 李瑞全、蔡笃坚：《基因治疗与伦理、法律、社会意涵论文选集》，唐山出版社2003年版。

[5] 李迎生等：《当代中国社会政策》，复旦大学出版社2012年版。

[6] 林来梵：《从宪法规范到规范宪法：规范宪法学的一种前言》，法律出版社2001年版。

[7] 郭道晖：《法理学精义》，湖南人民出版社2005年版。

[8] 郭道晖：《人权论要》，法律出版社2015年版。

[9] 蒋银华：《国家义务论——以人权保障为视角》，中国政法大学出版社2012年版。

[10] 余军：《未列举宪法权利：论据、规范与方法——以新权利的证成为视角》，中国政法大学出版社2017年版。

[11] 刘志强：《人权法国家义务研究》，法律出版社2015年版。

[12] 王春业：《法律文件审查的公民启动研究》，法律出版社2011年版。

[13] 汪行福：《分配正义与社会保障》，上海财经大学出版社2003年版。

[14] 张薇薇：《宪法未列举权利比较研究》，法律出版社2011年版。

二、中文论文

[1] 白斌：《宪法中的人格尊严规范及其体系地位》，载《财经法学》2019年第6期。

[2] 蔡立东：《为什么"数字人权"是第四代人权》，载《数字法治》2023 年第 3 期。

[3] 陈楚风：《中国宪法上基本权利限制的形式要件》，载《法学研究》2021 年第 5 期。

[4] 陈国栋：《新型权利研究的体系化与本土化思维——以公法权利体系为论域》，载《江汉论坛》2019 年第 10 期。

[5] 陈景辉：《权利可能新兴吗？——新兴权利的两个命题及其批判》，载《法制与社会发展》2021 年第 3 期。

[6] 陈乃新：《论区域发展权的法律标准及其责任形式》，载《黑龙江社会科学》2011 年第 6 期。

[7] 陈肇新：《基于法律形式性悖论的新兴权利证立机制》，载《苏州大学学报（哲学社会科学版）》2020 年第 6 期。

[8] 邓志宏：《违宪审查机制的建立与完善》，载《人民论坛》2014 年第 36 期。

[9] 刁芳远：《新型权利主张及其法定化的条件——以我国社会转型为背景》，载《北京行政学院学报》2015 年第 3 期。

[10] 丁晓东：《论"数字人权"的新型权利特征》，载《法律科学（西北政法大学学报）》2022 年第 6 期。

[11] 杜健勋：《国家任务变迁与环境宪法续造》，载《清华法学》2019 年第 4 期。

[12] 杜强强：《概括权利条款与基本权利限制体系——对我国〈宪法〉第 51 条的另一种建构方案》，载《人权》2023 年第 1 期。

[13] 段卫利：《新兴权利案件的裁判方法分析——以欧盟"被遗忘权第一案"为例》，载《学习与探索》2019 年第 6 期。

[14] 段卫利：《新兴权利的证成标准分析——以被遗忘权为例》，载《河南大学学报（社会科学版）》2022 年第 4 期。

[15] 高一飞：《数字人权规范构造的体系化展开》，载《法学研究》2023 年第 2 期。

[16] 龚向和、董宏伟：《经济发展要求下社会权保障的合理区间》，载《思想战线》2015 年第 1 期。

[17] 龚向和、刘耀辉：《基本权利的国家义务体系》，载《云南师范大学学报（哲学社会科学版）》2010 年第 1 期。

[18] 龚向和：《人的"数字属性"及其法律保障》，载《华东政法大学学报》2021 年第 3 期。

[19] 龚向和：《数字人权的概念证立、本原考察及其宪法基础》，载《华东政法大学学

报》2023 年第 3 期。

[20] 管华：《从权利到人权——或可期待的用语互换——基于我国宪法学基本范畴的思考》，载《法学评论》2015 年第 2 期。

[21] 郭春镇：《法律中"人"的形象变迁与"人权条款"之功能》，载《学术月刊》2010 年第 3 期。

[22] 韩大元：《宪法文本中"人权条款"的规范分析》，载《法学家》2004 年第 4 期。

[23] 侯学宾、李凯文：《人体冷冻胚胎监管、处置权的辨析与批判——以霍菲尔德权利理论为分析框架》，载《苏州大学学报（哲学社会科学版）》2016 年第 4 期。

[24] 侯学宾、郑智航：《新兴权利研究的理论提升与未来关注》，载《求是学刊》2018 年第 3 期。

[25] 侯学宾、闫惠：《新兴权利保护实践中的司法中心主义》，载《学习与探索》2022 年第 1 期。

[26] 黄鹏：《数据作为新兴法益的证成》，载《重庆大学学报（社会科学版）》2020 年第 5 期。

[27] 霍宏霞：《新兴权利的用语梳理》，载《汕头大学学报（人文社会科学版）》2017 年第 6 期。

[28] 雷磊：《新兴（新型）权利的证成标准》，载《法学论坛》2019 年第 3 期。

[29] 李海平：《区域协调发展的国家保障义务》，载《中国社会科学》2022 年第 4 期。

[30] 李涛：《第五届"新兴（型）权利与法治中国"学术研讨会综述》，载《社会科学动态》2019 年第 2 期。

[31] 李勇：《独身女性生育权的证成及其实现路径》，载《山东女子学院学报》2022 年第 1 期。

[32] 刘风景：《国家"尊重"人权的语义及辐射》，载《学术交流》2019 年第 3 期。

[33] 刘练军：《姓名登记规范研究》，载《法商研究》2017 年第 3 期。

[34] 刘小平：《新兴权利的证成及其基础——以"安宁死亡权"为个例的分析》，载《学习与探索》2015 年第 4 期。

[35] 刘叶深：《为新兴权利辩护》，载《法制与社会发展》2021 年第 5 期。

[36] 刘志强：《论"数字人权"不构成第四代人权》，载《法学研究》2021 年第 1 期。

[37] 吕忠梅：《环境权入宪的理路与设想》，载《法学杂志》2018 年第 1 期。

[38] 罗亚海：《人工智能"未来法治"语境下财产权创新研究》，载《江汉论坛》

2020 年第 4 期。

[39] 马长山：《数字时代的人权保护境遇及其应对》，载《求是学刊》2020 年第 4 期。

[40] 马长山：《智慧社会背景下的"第四代人权"及其保障》，载《中国法学》2019 年第 5 期。

[41] 孟融：《政治国家如何回应新兴权利——一个理解新兴权利的"国家"视角》，载《河南大学学报（社会科学版）》2020 年第 4 期。

[42] 聂佳龙、史克卓：《论作为"新兴权利"的公民启动权》，载《广州社会主义学院学报》2013 年第 2 期。

[43] 冉从敬、刘妍：《数据主权的理论谱系》，载《武汉大学学报（哲学社会科学版）》2022 年第 6 期。

[44] 任江：《从普遍到个别：政治经济学视角下的新兴权利范式论》，载《苏州大学学报（哲学社会科学版）》2017 年第 5 期。

[45] 任喜荣：《信访制度的属性与功能检讨——作为"新兴"权利的信访权》，载《法商研究》2011 年第 4 期。

[46] 任颖：《数据立法转向：从数据权利入法到数据法益保护》，载《政治与法律》2020 年第 5 期。

[47] 孙山：《从新兴权利到新兴法益——新兴权利研究的理论原点变换》，载《学习与探索》2019 年第 6 期。

[48] 孙跃：《法律方法视角下新兴权利的司法困境类型与应对》，载《北京交通大学学报（社会科学版）》2021 年第 1 期。

[49] 帅奕男：《基本权利"新样态"的宪法保障——以互联网时代公民通信自由权为例》，载《法学评论》2018 年第 6 期。

[50] 钭晓东、叶舟：《国家环境义务溯源及其规范证成》，载《苏州大学学报（哲学社会科学版）》2020 年第 1 期。

[51] 汪习根、吕宁：《区域发展权法律制度的基本原则》，载《中南民族大学学报（人文社会科学版）》2010 年第 2 期。

[52] 王保民、祁琦媛：《新兴权利的行政立法保护》，载《北京行政学院学报》2018 年第 2 期。

[53] 王春业：《法律文件审查的启动权：公民的一项新兴权利初探》，载《河南大学学报（社会科学版）》2014 年第 3 期。

[54] 王方玉：《权利的内在伦理解析——基于新兴权利引发权利泛化现象的反思》，载

《法商研究》2018 年第 4 期。

[55] 王方玉：《新兴权利司法推定：表现、困境与限度——基于司法实践的考察》，载《法律科学（西北政法大学学报）》2019 年第 2 期。

[56] 王方玉：《新兴权利司法证成的三阶要件：实质论据、形式依据与技术方法》，载《法制与社会发展》2021 年第 1 期。

[57] 王方玉：《自然、法律与社会：新兴权利证成的三种法哲学路径——兼驳新兴权利否定论》，载《求是学刊》2022 年第 3 期。

[58] 王进文：《基本权国家保护义务的疏释与展开——理论溯源、规范实践与本土化建构》，载《中国法律评论》2019 年第 4 期。

[59] 王进文：《宪法基本权利限制条款权利保障功能之解释与适用——兼论对新兴基本权利的确认与保护》，载《华东政法大学学报》2018 年第 5 期。

[60] 王锴、李泽东：《作为主观权利与客观法的宪法环境权》，载《云南行政学院学报》2011 年第 4 期。

[61] 王康：《基因平等权：应对基因歧视的私法政策》，载《东方法学》2013 年第 6 期。

[62] 王康：《基因权的私法证成和价值分析》，载《法律科学（西北政法大学学报）》2011 年第 5 期。

[63] 王庆廷：《新兴权利间接入法方式的类型化分析》，载《法商研究》2020 年第 5 期。

[64] 王庆廷：《新兴权利渐进入法的路径探析》，载《法商研究》2018 年第 1 期。

[65] 王小钢：《个体清洁空气权何以可能——兼论环境权利的宪法表达》，载《吉首大学学报（社会科学版）》2020 年第 6 期。

[66] 魏文松：《论新兴权利的国家保护义务》，载《学术交流》2020 年第 9 期。

[67] 魏治勋、张新语：《新兴（新型）权利研究的最新进展——以首届"新兴（新型）权利与法治中国"研讨会入选论文为分析对象》，载《东北师大学报（哲学社会科学版）》2017 年第 1 期。

[68] 魏治勋：《新兴权利研究述评——以 2012～2013 年 CSSCI 期刊相关论文为分析对象》，载《理论探索》2014 年第 5 期。

[69] 吴梓源：《从个体走向共同体：当代基因权利立法模式的转型》，载《法制与社会发展》2021 年第 1 期。

[70] 习近平：《坚定不移走中国人权发展道路，更好推动我国人权事业发展》，载《求

是》2022 年第 12 期。

[71] 习近平:《在北京大学师生座谈会上的讲话》,载《中国高等教育》2018 年第
9 期。

[72] 谢晖:《流浪权三探——立足于流浪权及其相关义务的探讨》,载《苏州大学学
报(哲学社会科学版)》2016 年第 3 期。

[73] 谢晖:《流浪权再探——一份学理上的检讨》,载《苏州大学学报(哲学社会科
学版)》2015 年第 3 期。

[74] 谢晖:《论新型权利的基础理念》,载《法学论坛》2019 年第 3 期。

[75] 谢晖:《论新型权利生成的习惯基础》,载《法商研究》2015 年第 1 期。

[76] 谢晖:《论新兴权利的一般理论》,载《法学论坛》2022 年第 1 期。

[77] 杨正宇:《新兴权利立法保护"启示录":激进败笔抑或创新之举——以美国半
导体芯片特殊立法保护为例》,载《河南大学学报(社会科学版)》2016 年第
4 期。

[78] 姚建宗、方芳:《新兴权利研究的几个问题》,载《苏州大学学报(哲学社会科
学版)》2015 年第 3 期。

[79] 姚建宗:《新兴权利论纲》,载《法制与社会发展》2010 年第 2 期。

[80] 岳经纶、刘洋:《新兴福利国家:概念、研究进展及对中国的启示》,载《中国社
会科学评价》2020 年第 4 期。

[81] 翟翌:《福利权的底线及社会保障权的扩张解释新方案——以人格尊严为视角》,
载《东北大学学报(社会科学版)》2012 年第 4 期。

[82] 张昌辉:《新兴权利确认:司法路径的正当性阐释》,载《宁夏社会科学》2017
年第 2 期。

[83] 张建文、高悦:《从隐私权的立法与司法实践看新兴权利保护的综合方式》,载
《求是学刊》2019 年第 6 期。

[84] 张建文:《新兴权利保护的基本权利路径》,载《河北法学》2019 年第 2 期。

[85] 张圣斌、范莉、庄绪龙:《人体冷冻胚胎监管、处置权归属的认识》,载《法律适
用》2014 年第 11 期。

[86] 张薇薇:《"人权条款":宪法未列举权利的"安身之所"》,载《法学评论》
2011 年第 1 期。

[87] 张文显:《构建智能社会的法律秩序》,载《东方法学》2020 年第 5 期。

[88] 张文显:《新时代的人权法理》,载《人权》2019 年第 3 期。

［89］张翔：《环境宪法的新发展及其规范阐释》，载《法学家》2018 年第 3 期。

［90］张翔：《基本权利的体系思维》，载《清华法学》2012 年第 4 期。

［91］张小罗、张鹏：《论基因权利——公民的基本权利》，载《政治与法律》2010 年第 5 期。

［92］张小罗：《基因权利初论》，载《法学评论》2010 年第 3 期。

［93］张晓君：《数据主权规则建设的模式与借鉴——兼论中国数据主权的规则构建》，载《现代法学》2020 年第 6 期。

［94］张钦昱：《新型权利之检讨与义务之勃兴——群体性权利的视角》，载《思想战线》2021 年第 1 期。

［95］张泽健：《权利无法新兴吗？——论既有权利具体化的有限性》，载《法制与社会发展》2022 年第 3 期。

［96］张卓明：《中国的未列举基本权利》，载《法学研究》2014 年第 1 期。

［97］张梓弦：《感情法益：谱系考察、方法论审视及本土化检验》，载《比较法研究》2022 年第 1 期。

［98］郑旭文：《基本权利的国家保护义务》，载《福州大学学报（哲学社会科学版）》2012 年第 6 期。

［99］郑智航：《数字人权的理论证成与自主性内涵》，载《华东政法大学学报》2023 年第 1 期。

［100］周赟：《新兴权利的逻辑基础》，载《江汉论坛》2017 年第 5 期。

［101］朱振：《认真对待理由——关于新兴权利之分类、证成与功能的分析》，载《求是学刊》2020 年第 2 期。

［102］［日］関哲夫：《法益概念与多元的保护法益论》，王充译，载《吉林大学社会科学学报》2006 年第 3 期。

三、翻译著作

［1］［德］格奥格·耶利内克：《主观公法权利体系》，曾韬、赵天书译，中国政法大学出版社 2012 年版。

［2］［德］克劳斯·奥菲：《福利国家的矛盾》，郭忠华等译，吉林人民出版社 2006 年版。

［3］［德］亚图·考夫曼：《法律哲学》，刘幸义等译，五南图书出版公司 2000 年版。

［4］［美］L.亨金：《权利的时代》，信春鹰、吴玉章、李林译，知识出版社 1997

年版。

［5］［美］C. 丹尼斯、R. 加拉格尔：《人类基因组：我们的DNA》，林侠等译，科学出版社2003年版。

［6］［美］布兰登·科尔比：《解读基因》，迟文成译，上海科学技术文献出版社2013年版。

［7］［美］杰克·唐纳利：《普遍人权的理论与实践》，王浦劬等译，中国社会科学出版社2001年版。

［8］［美］弗里德曼：《选择的共和国：法律、权威与文化》，高鸿钧等译，清华大学出版社2005年版。

［9］［美］乔尔·S. 米格代尔：《强社会与弱国家：第三世界的国家社会关系及国家能力》，张长东等译，江苏人民出版社2012年版。

［10］［美］亚伯拉罕·马斯洛：《动机与人格》（第3版），许金声等译，中国人民大学出版社2012年版。

［11］［美］约拉姆·巴泽尔：《国家理论——经济权利、法律权利与国家范围》，钱勇、曾咏梅译，上海财经大学出版社2006年版。

［12］［日］大沼保昭：《人权、国家与文明》，王志安译，生活·读书·新知三联书店2003年版。

［13］［日］吉野贤治：《掩饰：同性恋的双重生活及其他》，朱静姝译，清华大学出版社2016年版。

［14］［日］武川正吾：《福利国家的社会学：全球化、个体化与社会政策》，李莲花等译，商务印书馆2011年版。

［15］［日］小山刚：《基本权利保护的法理》，吴东镐、崔东日译，中国政法大学出版社2021年版。

［16］［英］詹姆斯·格里芬：《论人权》，徐向东、刘明译，译林出版社2015年版。

［17］［英］A. J. M. 米尔恩：《人的权利与人的多样性——人权哲学》，夏勇、张志铭译，中国大百科全书出版社1995年版。

［18］［英］鲍桑葵：《关于国家的哲学理论》，汪淑钧译，商务印书馆1995年版。

［19］［英］莱恩·多亚尔、伊恩·高夫：《人的需要理论》，汪淳波、张宝莹译，商务印书馆2008年版。

［20］［英］理查德·蒂特马斯：《蒂特马斯社会政策十讲》，江绍康译，吉林出版集团有限责任公司2011年版。

［21］［英］Pete Alcock 等主编：《解析社会政策（上）：重要概念与主要理论》，彭华民主译，华东理工大学出版社 2017 年版。

［22］［英］Pete Alcock 等主编：《解析社会政策（下）：福利提供与福利治理》，彭华民主译，华东理工大学出版社 2017 年版。

［23］［英］亚当·斯密：《国民财富的性质和原因的研究》（下卷），郭大力、王亚南译，商务印书馆 1974 年版。

［24］［挪］艾德等：《经济、社会和文化的权利》，黄列译，中国社会科学出版社 2003 年版。

四、博士学位论文

［1］杨学科：《数字宪治主义研究》，吉林大学 2020 年博士学位论文。

［2］汤晓江：《高新生命科技应用的法律规制研究》，华东政法大学 2017 年博士学位论文。

［3］张思思：《作为宪法权利的环境权研究》，武汉大学 2013 年博士学位论文。

［4］张小罗：《基因权利研究》，武汉大学 2010 年博士学位论文。

五、裁判文书

［1］最高人民法院［2019］最高法知行终 127 号行政判决书。

［2］最高人民法院［2022］最高法知民终 13 号民事判决书。

［3］北京市朝阳区人民法院［2015］朝民初字第 26222 号民事判决书。

［4］北京市第二中级人民法院［2000］二中知初字第 128 号民事判决书。

［5］北京市第二中级人民法院［2014］二中民终字第 06490 号民事裁定书。

［6］北京市海淀区人民法院［2007］海民初字第 17465 号民事判决书。

［7］北京知识产权法院［2015］京民终字第 00392 号民事判决书。

［8］广东省佛山市禅城区法院［2005］佛禅法民四知初字第 21 号民事判决书。

［9］广东省深圳市中级人民法院［2019］粤民终字第 22765 号民事判决书。

［10］广西壮族自治区梧州市中级人民法院［2016］桂 04 刑终字第 28 号刑事裁定书。

［11］湖南省长沙市中级人民法院［2016］湘 01 行终字第 452 号行政判决书。

［12］山东省济南市历下区人民法院［2010］历行初字第 4 号行政判决书。

［13］江苏省南通市中级人民法院［2015］通中民终字第 02659 号民事判决书。

［14］江苏省无锡市中级人民法院［2014］锡民终字第 01235 号民事判决书。

[15] 辽宁省大连市中级人民法院［2014］大民二终字第 01143 号民事判决书。

[16] 浙江省杭州市中级人民法院［2020］浙民终字第 10940 号民事判决书。

六、中文报刊文章和电子文献

[1]《两姐妹以侵犯"祭奠权"为由起诉大姐》，载 http://mobile.rmzxb.com.cn/tranm/index/url/shehui.rmzxb.com.cn/c/2016-06-28/889838_ 3.shtml.

[2]《"基因歧视第一案"分析：基因检测滥用侵犯隐私》，载 https://www.chinanews.com/fz/2010/08-12/2463646.shtml.

[3]《聚焦"基因编辑婴儿"案件》，载 https://baijiahao.baidu.com/s？id＝1654381999650781785&wfr＝spider&for＝pc.

[4]《现行宪法施行三十周年三十大宪法事例、2012 年度中国十大宪法事例发布暨学术研讨会》，载 http://fxcxw.org.cn/dyna/content.php？id＝3315.

[5]《研究人员完成迄今最大规模的中国人基因组测序》，载 http://m.xinhuanet.com/2018-10/05/c_ 1123521243.htm.

[6]《基因战争，笼罩人类的新阴影》，载 http://www.81.cn/gfbmap/content/2018-11/08/content_ 220116.htm.

[7]《澳人类基因专利案引发哲学与伦理道德思考》，载 https://gd.lascn.net/ydgz/ydgz/0935516600.html.

[8]《冰岛基因解码公司研究：通过古冰岛基因组揭示人类种群的形成》，载 https://www.prnasia.com/story/212630-1.shtml.

七、外文著作和论文

[1] Alan R. White, *Rights*, Oxford University Press, 1984.

[2] Alon Harel, *Why Law Matters*, Oxford University Press, 2014.

[3] Andrew D Murray, "Should States Have a Right to Informational Privacy？" Mathias Klang & Andrew Murray Edited：*Human Rights in the Digital Age*, GlassHouse Press, 2005.

[4] Bart Custers, "New digital rights：Imagining additional fundamental rights for the digital era", *computer law & security review*, Vol. 44（2022）.

[5] Daniele Ruggiu, *Human Rights and Emerging Technologies：Analysis and Perspectives in Europe*, Pan Stanford Publishing Press, 2018.

［6］ Darcia Narvaez（eds.）, *Basic Needs, Wellbeing and Morality: Fulflling Human Poten-tial*, Palgrave Macmillan Press, 2018.

［7］ David Banisar, "The Right to Information in the Age of Information", Rikke Frank Jørgensen Edited: *Human Rights in the Global Information Society*, Cambridge Press, 2006.

［8］ Dingledy, Frederick W, "Owned: Property, Privacy, and the New Digital Serfdom", *Law Library Journal*, Vol. 110, No. 3（2018）.

［9］ Franz. Werro, *The Right To Be Forgotten: A Comparative Study of the Emergent Right's Evolution and Application in Europe*, the Americas, and Asia, Springer Press, 2020.

［10］ Gloria González Fuster, *The Emergence of Personal Data Protection as a Fundamental Right of the EU*, Springer Press, 2014.

［11］ J. Bentham, "Anarchical Fallacies", in J. Waldron（ed.）, *"Nonsense Upon Stilts":Bentham, Burke and Marx on the Rights of Man*, Methuen, 1987.

［12］ Joas, Hans. , *The Sacredness of the Person : A New Genealogy of Human Rights*, George-town University Press, 2013.

［13］ Joseph Raz, "Human Rights in the Emerging World Order", *Transnational Legal Theo-ry*, Vol. 1, No. 1（2010）.

［14］ Judith Baker, *Group Rights*, University of Toronto Press, 1994.

［15］ Lawrence Hamilton, *The Political Philosophy of Needs*, Cambridge Press, 2003.

［16］ Lorrie Faith Cranor Steven S. Wildman, *Rethinking Rights and Regulations: Institutional Responses to New Communication Technologies*, The MIT Press, 2003.

［17］ Neus Torbisco Casals, *Group Rights as Human Rights: A Liberal Approach to Multicultu-ralism*, Springer Press, 2007.

［18］ Rebekah Dowd, *The Birth of Digital Human Rights: Digitized Data Governance as a Hu-man Rights Issue in the EU*, Palgrave Macmillan Press, 2022.

［19］ Sokratis K. Katsikas & Alexander B. Sideridis, *E-Democracy-Citizen Rights in the World of the New Computing Paradigms*, Springer Press, 2015.

［20］ Susan Perry&Claudia Roda, *Human Rights and Digital Technology: Digital Tightrope*, Palgrave Macmillan Press, 2017.

［21］ Sue Donaldson & Will Kymlicka, *Zoopolis: A Political Theory of Animal Rights*, Oxford University Press, 2011.

［22］Trinckes, John J. & Jr., "How healthcare data privacy is almost dead······ and what can be done to revive it!" *Current Reviews for Academic Libraries*, Vol. 55, No. 1 (2017).

［23］Warner, D., "Human Rights in the Emerging Global Order: A New Sovereignty?" *Journal of Refugee Studies*, Vol. 13, No. 3 (2000).